U0682622

本书由江苏大学专著出版基金资助

本书系中国博士后基金项目(2012M521025)、江苏省教育厅高校哲学社会科学研究基金资助项目(2012SJB790010)、江苏大学高级人才启动基金项目(12JDG002)、江苏省知识产权研究中心资助项目"产业转型升级中的专利运营：理论与实务"的阶段性成果

集群式
产业转移
与升级机制研究

孙华平 著

RESEARCH ON MECHANISM
OF INDUSTRIAL RELOCATION
AND UPGRADING
OF CLUSTERS

江苏大学出版社
JIANGSU UNIVERSITY PRESS

镇江

图书在版编目(CIP)数据

集群式产业转移与升级机制研究/孙华平著.—镇江：
江苏大学出版社,2013.2
ISBN 978-7-81130-424-4

Ⅰ.①集… Ⅱ.①孙… Ⅲ.①产业经济学－研究－中
国 Ⅳ.①F121.3

中国版本图书馆 CIP 数据核字(2013)第 037513 号

集群式产业转移与升级机制研究
JIQUNSHI CHANYE ZHUANYI YU SHENGJI JIZHI YANJIU

著　者/	孙华平
责任编辑/	顾正彤　张　平
出版发行/	江苏大学出版社
地　址/	江苏省镇江市梦溪园巷 30 号(邮编：212003)
电　话/	0511-84446464(传真)
网　址/	http://press.ujs.edu.cn
排　版/	镇江文苑制版印刷有限责任公司
印　刷/	丹阳市兴华印刷厂
经　销/	江苏省新华书店
开　本/	890 mm×1 240 mm　1/32
印　张/	9.375
字　数/	260 千字
版　次/	2013 年 5 月第 1 版　2013 年 5 月第 1 次印刷
书　号/	ISBN 978-7-81130-424-4
定　价/	38.00 元

如有印装质量问题请与本社营销部联系(电话：0511-84440882)

序　言

在中国经济转型升级与和谐社会建设的进程中,一个不容回避的问题就是城乡和区域间发展的不平衡。促进城乡和区域经济的融合与发展是扩大我国内需、缩小东中西部差距的需要,也是实现经济发展方式转变的需要。从产业发展的角度看,破解这种不平衡可以通过有序推进产业转移来实现。产业的梯度性转移是经济发展的一般规律,对于欠发达地区的经济具有拉上效应。但在市场经济体制不完善且二元经济社会体制存在的情况下,如果不能处理好产业区域间转移与农村劳动力流动的关系,则有可能导致出现产业和劳动力在空间上的逆流现象,从而难以实现资源的优化配置,反而会增加经济系统的交易成本。因此,如何尽可能发挥市场机制而不是行政手段对要素流动及产业空间优化配置的作用,进而协调产业转移和劳动力尤其是农民工的流动,成为当前迫切需要解决的问题。

作为介于市场和企业之间的一种网络型产业组织形态,产业集群已经成为推动我国外向型经济发展与提升区域产业竞争力的重要载体。既有的产业集群升级研究大多基于竞争力范式和全球价值链模式,较少结合产业转移来进行动态视角的系统分析。从我国相对发达的东部地区看,改革开放30多年来形成的一大批产业集群正处于转型升级的关键阶段。经济发展带来要素禀赋条件的变化,各区域如何顺应综合比较优势演化的趋势动态调整发展战略以推进产业集群可持续发展,已经成为各级地方政府的当务之急。目前,集群式的产业转移已经在我国的东中西部省份之间和内部开始出现。那么,这种现象背后的机制是什么？集群式产业转移对各区域经济发展的影响如何？会不会形成东部产业空心化问题？东部产业集群又如何在这种背景下实现动态的转型升级？

作者在本书中对上述问题做出了初步回答。本书结合中国国情提出了一个基于综合比较优势演化的集群式产业转移和升级的推拉理论框架，并分析了产业集群演化的动态路径和产业转移中企业与地方政府的双层次博弈关系，然后基于对浙江各地和安徽皖江地区进行的实地调研以及对统计数据的计量实证，回答了集群式产业转移的动力机制、粘性机制和多维模式，并从生产性服务业发展的视角分析了产业集群升级的具体路径，最后提出了促进产业集群升级和产业有序转移的政策举措和实施路径。通过理论分析和实证研究，本书得出以下结论：

首先，由于体制原因、内生性沉没成本的存在以及信息和物流成本的影响，在可以预见的短期内，集群式产业转移粘性较强。农村劳动力和产业的逆向流动会打破产业转出地经济与社会的原有均衡和秩序，同时也会极大地影响产业集群的升级路径。此外，如果地方政府对这种态势形成一种预期的话，则会大大降低解决农民工问题，尤其是解决农民工社会保障问题的激励。一个国家或地区的产业转移和集群升级模式由其综合比较优势演化路径所决定。由于不同地区的要素资源禀赋、产业结构及各种环境约束条件的不同，因而其未来的演化路径会有所差异。综合比较优势演化和产业集群升级的路径不一定是线性和连续的，常常表现为非线性演化，在实现升级的过程中很可能会出现"分岔"。在目前我国经济还没有实质性面临"刘易斯拐点"的情况下，具有劳动力吸纳功能的正向性集群效应成为产业转移粘性的主导因素，从而对集群升级有显著的正面影响。但是加入滞后期的专利量对数值的回归和动态GMM（Generalized Method of Moments，广义矩估计）回归表明，产业转移粘性的影响虽然仍然为正向，但在统计上的显著性均有所降低。从长期动态的角度看，集群效应导致的产业转移粘性在弱化,从而倒逼浙江等东部地区产业集群加快升级步伐。应加快发展生产性服务业如物流、金融、营销系统控制及文化创意产业尤其是服务外包产业等,以支持东部产业集群的有效升级。

其次,产业转移中,不同经济主体的行为具有强烈的利益导向。在中国现行体制环境下,产业转移中的企业和地方政府行为经常陷入"囚徒困境",偏重于经济增长导向的绩效考核机制与任期限制是导致产业转移中各区域难以合作的重要原因之一。从长远趋势看,理性区域合作具有必然性,产业转移成为推动区域协调发展和实现包容性增长的战略选择。但中央政府的产业转移政策要发挥效果,还需要充分调动地方政府的积极性,建立区域经济社会利益协调机制和具体的产业协调模式,并进行一系列的制度创新,这样才能提高产业转移政策的有效性,实现产业结构调整与优化的目标。从全国层面看,区域产业转移尚未出现大面积的跨行政区发展态势,省内转移仍是主流,区域包容性绩效较差。区域产业转移的流向遵循距离衰减规律,我国的产业转移往往是由企业内部交易成本上升或国家政策的调整、劳动力和土地价格上涨以及环境污染规制、市场需求变化等引起的。

再次,产业集群作为一个复杂的非线性系统,其动态演化有着内在的规律性,集群发展中的路径依赖有可能导致产业集群发展的锁定或衰落。本书的分析表明,在线性空间中,厂商间的古诺竞争会引起空间集聚,而厂商间的伯川德竞争会导致部分产业空间转移。产品差异化程度的提高能够降低需求的价格弹性,降低竞争强度,促进产业集群实现有效升级和可持续发展。由消费者多样化需求驱动的对生产性服务业的引致需求,能够提高产业集群内各协作企业的生产经营效率,因而加快发展生产性服务业可以有效支撑产业集群的升级。从演化的视角看,由于浙江外向型经济比重高且严重缺乏自然资源,因而成为我国产业转移的最典型转出地,其综合比较优势在于制度创新和机制创新带来的协同优势。总体上看,浙江集群式产业转移已经渐成规模,但集群式产业转移粘性明显。成本因素和市场因素是浙江集群式产业转移与升级的两大主导动力;集群式产业转移的方式较为多元化,但主要属于增量式转移。从安徽等产业承接方的角度来看,转移来的企业主体不仅包括国内的民营企业,外商投资企业的比重也很高,说明东部发展外向型经济的模式有可能复制到中西部地区。因而,如何保护环境实现可持续发展是一个值得重视的问题。

总体来看,本书的研究成果在理论和实践方面均具有很强的启发意义,但本书构建的综合比较优势演化论的理论研究框架还是比较初步的,需要进一步深化研究。未来应结合中国制度变革的演进及产业转型升级的过程,对该理论框架的更多内容进行进一步的充实并规范化,以期能形成有中国特色的产业转移和产业集群升级理论假说。另外,对集群式产业转移的调研和实证分析样本数据的选取也仅限于我国的部分区域,还应做更多的实地调研以验证理论假设。作为本书作者的导师,我由衷地期望作者以本书的研究为新的起点,将集群式产业转移与升级的内在机制和综合比较优势演化的理论研究不断深入下去,为科学指导我国经济转型升级和区域包容性发展的实践作出新的理论贡献。

浙江大学中国农村发展研究院院长　黄祖辉

2012 年 10 月 28 日

目 录

1 导 论

    产业革命以来的两个多世纪中,人类的生产力和生活水平得到了空前的提高。从空间演化的视角看,产业发展的中心尤其是工业中心一直处于动态变迁之中。"世界工厂"的地理变迁历史正是产业空间演化的生动写照。先是英国在产业革命的推动下成为"世界工厂",人类进入蒸汽时代;20世纪初,美国在第二次科技革命的推动下成为新的"世界工厂";20世纪70年代,日本依靠"技术立国"战略成为当时的制造业中心;到了21世纪初,中国成为新的"世界工厂",包括中国在内的新兴经济体成为全球经济长期增长的重要驱动力。如今,世界经济正处于一个重大的转折时代。2008年发端于美国的金融危机愈演愈烈,且随着2011年的欧债危机而加剧,使得世界经济的复苏前景变得更加不明朗。世界的生产与贸易结构也发生了重大的变化。随着世界专业化分工的加深与贸易自由化的发展,全球生产价值链出现了分散化与碎片化的趋势,同时产业链网的全球整合力度与深度日益加大。国际贸易模式也日益由传统的产业间分工、产业内分工向产品内复杂网络分工及生产性服务贸易模式转移。

    从我国相对发达的东部沿海地区看,改革开放30多年来形成的一大批产业集群正处于转型升级的关键阶段。如何促进产业集群的转型升级已成为当前我国面临的一个紧迫而重大的现实问题。由世界金融危机导致的外部需求萎缩严重影响了我国对外贸易的可持续发展,加之改革开放30多年来累积的经济结构不合理、区域经济不平衡、内需不足以及贫富差距过大等问题,推进区域包容性发展战略势在必行。改变我国东中西部相对脱离和独立发展的格局,促进区域经济的深度融合与发展是扩大内需、缩小东中西部差距的需要,也是实现经济发展方式转变的需要。与此同时,由于交通的便利化和通讯的日益发达,伴随经济全球化和信息化而来的国际产业转移和区际产业转移趋势日趋明显,尤其是新近出现了我国区际的集群式产业转移现象。那么,集群式产业转移会带动集群升级及区域经济协调发展和包容性增长么?古往今来,解决贫富差距、实现共同富裕都是人类的永恒梦想,同时也是一个世界性的难题。本书认为,积极推进集群式产业转移与升级进而推动包容性发展是建设和谐社会的可行路径,实行包容性发展战略有可能实现人类的共同富裕这个梦想。

本书基于包容性发展战略并结合绿色经济和服务经济的发展趋势,在清晰界定相关概念的基础上,分析了我国区域产业转移和集群升级的动力机制与变迁模式及其相互影响,重点探讨了集群式产业转移中的粘性问题,尤其是制度粘性和技术粘性的作用机理及其对区域包容性发展的影响。然后通过在浙江各地和安徽皖江地区的实地调研分析,结合中国国情,着重分析产业集群升级和产业转移的理论基础及实际绩效,并基于对浙江县级面板统计数据的计量分析,回答了我国集群式产业转移与升级的多维模式和路径,以及与产业集群升级的互动影响,最后提出促进产业有序转移和产业集群升级的政策举措。

1.1 研究背景

改革开放 30 多年来,我国经济获得了令全世界瞩目的高速增长。2010 年,我国正式超过日本成为全球第二大经济体。2012 年,中国超越美国成为世界第一货物出口大国。在此过程中,我国制造业实现了突飞猛进的发展,成为我国高速成长的动力引擎。在我国劳动力丰富从而具有明显的劳动密集型产业比较优势的条件基础上,东部沿海地区利用本地发展外向型经济的区位优势和便利,以及从中西部地区迁移来的大量劳动力,在国际市场上取得了竞争优势①。在这个过程中,基于分工和专业化协作的一批大地方产业集群对我国经济增长起到了巨大的推动作用。但 2008 年以来,在席卷全球的金融危机影响下,世界经济格局与外贸市场发展环境发生了一定的变化,数据显示近两年中国出口增速已开始放缓。与此同时,我国的宏观经济与内需市场也开始面临新的机遇。随着各种要素价格的持续上涨及流动性过剩导致的通胀的到来,企业必会将成本转嫁给消费者。那么,作为"世界工厂"的中国是否正在丧失其制造业的竞争优势?各地的产业集群如何实现转型升级?

企业将产品生产的部分或全部环节由某地区转移到另一个地区,这种经济现象微观上叫企业迁移,在中观上则是叫做产业转移。经济的发展往往伴随着产业转移,产业转移的实质是生产力的空间转移,是市场经济发展到一定程度之后出现的必然现象。在经济全球化和信息化的背景下,国际和区际产业转移迅猛发展。随着我国融入经济全球化进程的加快,尤其是以 2001 年我国加入世贸组织为标志,以跨国公司为主导的国际资本大举进入我国,作为国际产业转移主要形式的 FDI(Foreign Direct Investment,海外直接投资)流入量不断攀升。我国利用外资数量已连续多年位居发展中国家的首位,历年(1983—2010)利用外资额见图 1-1。据统计,截至 2009 年底,我国累计批准设立外商投资企业达到68.3 万家,实际外商直接投资额达到 9 454 亿美元。2009 年,我国外资企业工业产值、税收、出口分别占全国的 28%,22.7%,55.9%,直接吸纳就业人口达 4 500 万②。2010 年,我国

---

① 蔡昉、王德文、曲玥:《中国产业升级的大国雁阵模型分析》,《经济研究》,2009 年第 9 期。

② 《截至 2009 年外商直接投资中国达 9 454 亿美元》,国际在线报道,http://news.163.com/10/0414/15/6488B1QF000146BD.html。

实际吸引 FDI 更是首次突破千亿美元大关,年增幅达 17.4%。FDI 已经成为世界经济影响我国经济最重要的渠道之一。但 2008 年以来的全球金融危机重挫了发达国家,世界市场环境发生了一定的变化。在这种背景下,我国内需市场的开发正面临新的机遇。

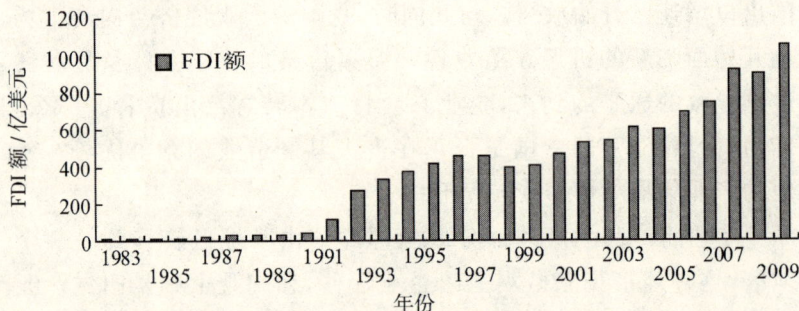

图 1-1　中国历年利用 FDI 额

(资料来源:《中国统计年鉴》。)

金融危机对东部沿海外向型经济发展模式的冲击比较大。图 1-2 是东部经济大省浙江历年(1984—2010)的利用外资额。从中可以看出,一直以来,浙江利用外资额是稳步上升的,尤其是 2000 年以后,持续上升幅度较大,但是 2006—2009 年有一个明显的下降趋势。这使得浙商更加重视国内市场的开拓,从而加快了到中西部地区投资的步伐。据浙江省经贸委调查资料,2008 年浙江产业集群经济实现工业总产值 2.52 万亿元,占全部工业总产值的 53.4%,撑起了浙江工业的半壁江山。但浙江一些曾经无比辉煌的产业集群正在走向衰落已是不争的事实,这些衰落中的产业集群的一个共同表现就是发展缓慢,难以适时地实现集群的动态升级。所以很多产业集群中的企业迁移到我国中西部办厂生产,如温州鞋业"老大"奥康集团在重庆璧山县打造了占地 2 600 亩、总投资 10 亿元的西部鞋都等。

2009 年 8 月,全球最大代工企业富士康集团的最新生产基地项目落户我国西部的重庆,8 个月后正式投产,并将首批货物运往欧洲。2010 年 1 月,惠普在中国的第二座电脑生产基地在重庆投产[1]。在此之前,山东如意集团已投资 40 亿元在三峡库区的万州建设了世界上规模最大的紧密纺基地;而我国服装行业巨头雅戈尔等企业早就在重庆设立了服装生产基地。有关数据显示,珠三角地区家具制造、皮革、服装鞋帽等行业用了广东全省用工量的 25%,却只创造了 8.5% 的增加值。

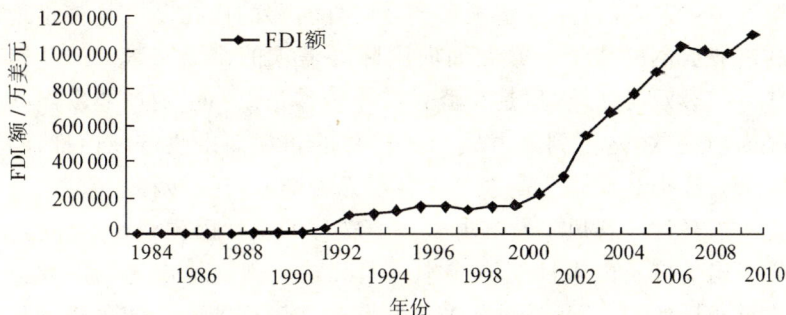

图 1-2 浙江省历年利用 FDI 额

(资料来源:《浙江统计年鉴》。)

"世易时移,变法宜矣。"无论是国内甚至世界著名企业的大举西进,还是连续出现多年的沿海企业"招工难",均表明国内的区域产业转移已迫在眉睫,而且正在形成声势。改革开放以来,我国东中西部地区发展极不平衡,而且不平衡的态势有进一步加剧的风险。改变我国区域东中西部相对脱离、独立发展的格局,促进区域经济的融合和联系,是扩大内需、缩小东西部差距的需要,也是践行科学发展观、实现经济发展方式转变的需要。我国区域协调发展面临的宏观背景和现实困境表明,解决区域经济不

---

① 《产业转移:想象与现实》,浙商网,http://biz.zjol.com.cn/05biz/system/2010/09/21/016949012.shtml。

平衡问题的出路之一就是促进产业在区域之间的有序转移。作为推动我国中西部地区承接东部沿海地区和国外产业转移的战略举措,安徽皖江、重庆沿江及广西桂东三个国家级承接产业转移示范区的相继获批并付诸实施,说明东部向中西部实施产业转移、与中西部联动发展、实现共同发展目标的号角正式吹响,全国区域产业转移的趋势形成。

在市场经济条件下,产业转移有利于实现资源优化配置,促进区域经济的协调发展。迄今为止,世界上已经发生了多次大规模的国际产业转移,发达国家产业向外转移的内在动因是移出地制造业成本的持续上升和面向国际性需求的市场扩张。产业转移有其客观必然性,但是集群式产业转移是以一定的产业发展状况为前提的,达不到集群式产业转移的条件而由政府硬性推动,效果会适得其反。企业家不仅会考虑集群式产业转移的收益,还会考虑各种转移风险及集群式产业转移的粘性因素,特别是集群的溢出效应及内生性沉没成本。尤其在我国内地市场制度建设相对滞后的情况下,集群式产业转移的速度可能不会像预想的那样快。中国作为世界上最大的发展中国家和典型的转型经济体,具有不同于发达国家和一般发展中国家的制度特征。企业微观结构的重建和国内宏观政策的放松是改革开放30多年来的主要特征。悬殊的贫富差距和区域经济发展的不平衡是当前经济发展中急需解决的问题之一。促进经济的转型升级迫在眉睫。

目前,我国正处于工业化与城镇化的加速发展阶段。虽然改革开放以来我国经济社会发展取得了巨大成就,但经济粗放型增长的格局,如产业结构不合理、产品附加值不高、竞争力弱等尚未根本改变。作为介于市场和企业之间的一种网络型产业组织形态,产业集群已经成为推动我国外向型经济发展与提升区域产业竞争力的重要经济载体。改革开放30多年来,浙江、广东等东部沿海省份以制造业为主的产业集群发展迅速,并为我国经济的持续发展作出了巨大贡献。在后金融危机时期,对浙江等相对发达的东部沿海省份而言,进一步推进经济结构优化升级、加快经济发展方式转变,一个重要突破口和主攻方向就是要促进产业集群的转型升级。

本书认为,后金融危机时期正是我国东中西部大力发展生产性服务业、促进制造业对接形成跨区域产业链网的有利时机,应加快制定有针对性的政策,以加快区域产业转移及产业集群战略升级。但既有的产业集群升级研究①大多着眼于竞争力范式和全球价值链模式,较少结合产业转移来进行系统分析。随着国际和区际产业转移规模的扩大,产业转移对不同区域产业集群升级和包容性发展的影响如何?浙江、江苏、广东等东部相对发达的区域会不会出现产业空心化?其产业转移与升级的动力和模式究竟如何?东部地区又如何在产业转移的趋势和背景下实现本地产业集群的有效升级和区域包容性发展?

本书将围绕以上问题对产业转移背景下产业集群升级的过程,尤其是对集群式产业转移与升级的内在机制进行系统研究。对前三个问题的回答是一个实证问题研究,对第四个问题的回答则是一个政策问题研究,而不管是实证研究还是政策研究都必须基于坚实的理论基础。产业集群的形成与动态演化有其内在的规律。事实上,产业集群有许多成功的例子,也有许多失败的案例。产业集群的形成、动态演化与转型升级的整个生命周期过程,与产业的区域空间动态变迁密不可分。"十二·五"期间,我国区域间的产业转移速度与效率会在很大程度上影响区域产业集群的升级及区域经济的协调发展。因此,深入研究我国不同类型的产业集群在各个演化阶段的表现特征,尤其是产业转移对产业集群的影响,以及选择何种路径促进产业集群升级,显得非常必要而迫切。

---

① 相关的详细文献回顾参见本书第二章。

1.2 意义阐释

本书基于区域包容性发展战略构建集群式产业转移与升级的综合比较优势演化理论模型,旨在更加理性客观地分析当代中国产业转移影响产业集群升级和包容性发展的作用机理,期望能够阐明产业转出地产业集群发展中的空间变迁和路径转化的影响因素,揭示产业转移的动力机制和产业集群式转移中的制约因素及内在机理,并开发出产业跨区域协作与管理的合意政策与工具,为切实实现产业集群的有效升级和区域包容性发展提供一定的参考。

(1) 理论意义

在理论方面,本书深入探求我国集群式产业转移的动力机制及对产业集群升级的影响,系统解读产业集群动态演化的空间变迁路径及创新策略,试图探索出适应中国国情的集群式产业转移和区域包容性发展理论。成功的经济发展的关键不是简单地"发挥比较优势",而是顺应并适时改变比较优势,将低技术产品生产上的比较优势逐步转变为生产富有创意和附加值高的高技术产品的比较优势。产业集群的竞争优势会随着环境的变化而渐渐丧失,其稳定性受到产业转移的重大冲击。最近的调查研究表明,各地方集群存在不同程度的风险因素与发展障碍。在东部沿海的广东和浙江省,外源型集群出现了"候鸟经济",导致集群"空洞化";内源型集群由于发展过程中存在的"路径依赖",随着原有的比较竞争优势逐渐丧失,经济的发展出现了瓶颈,集群面临转型与升级。产业集群面临着"锁定"的路径依赖风险。与此同时,随着近年来东部地区产业集群发展进入结构调整与转型升级阶段,沿海地区原有的体制优势、政策优势、地缘优势和成本优势在趋于弱化,大量劳动密集型、资源型产业将向我国的中西部地区和东南亚国家转移。在经济转型升级过程中,产业转移与产业集群发展模式是否矛盾?区际产业转移对产业集群的升级有何影响?

在经济全球化背景下,一国或地区的产业能否充分地利用本地的动态比较优势并顺利进行产业转移与升级将决定其长期绩效。长期地看,产业转移有利于生产的专业化分工,可以避免地区产业同构以及重复建设等问题,对于我国产业结构优化与升级具有重要意义。产业转移对我国已经并将继续产生深远的影响:一方面,随着我国经济的快速增长和国外投资的大量涌入,国际产业转移对我国产业的转型和升级起着非常重要的作用;另一方面,在中央"统筹区域经济协调发展"的部署下,随着区域经济协调步伐的加快,地区间的集群式产业转移也在蓬勃发展。

因为我国地方政府可以通过制定相应的区域政策影响企业的行为和预期,因而本书通过构建两层次博弈理论框架,对我国现行体制环境下的集群式产业转移中的企业和地方政府行为进行深入剖析,指出理性区域合作必然性的长远趋势。然后基于相关调研的实施和对大量资料的梳理,分析我国区域集群式产业转移与升级的动因、模式与运行机制,并结合对"刘易斯拐点"的探讨,剖析了区域产业转移与劳动力要素流动的关系及协调机制。之后,基于产业集群的集聚机理分析产业集群演化到一定阶段后的产业转移的必然性,从产业集群演化过程中的稳定性视角分析其周期链特征,并结合诸多案例来分析产业集群升级的必然性及实施路径。然后,结合绿色经济和服务业兴起的发展趋势分析,以创意和设计等产业为典型代表的生产性服务提升产品质量、促进企业实施差异化战略的内在机理,以此来设计选择集群的创新路径。

（2）实践价值

由于本书的研究很大程度上着眼于现实问题,因而属于"问题导向"①。问题来源于实践,而实践是理论来源的基础,理论是

---

① 如果仅仅将西方的经济学模型不做任何修正地直接套用于对中国经济问题的研究,可能会得出误导性的结论,应当根据中国的情况进行些调整和修正。摘自人大经济论坛"教育与经济学教育版",http://www.pinggu.org/bbs/viewthread.php?tid=420929&page=1。

实践的总结和提升。理论研究的意义和目的在于指导实践并应用于实践。本书是理论研究、实践调研与观察思考的结果。通过较为全面系统地考察集群式产业转移与升级的机制,为制定合理的产业转移和产业集群升级政策提供有效指导。

中国通过承接国际产业转移,已经成为名副其实的全球制造业基地。然而随着劳动力成本的提高和中国人口结构的快速变化,人口红利、廉价劳动力的比较优势以及支撑外贸出口高速增长的国际环境也在改变,中国经济快速发展的传统依赖因素正在消减和逆转。人口红利的结束将对中国未来经济社会发展产生深远影响,意味着今后的经济发展,不能再依靠劳动力数量的无限供给,而要转到全要素生产率的提高上来[①]。事实上,从微观角度讲,对中国经济起实质性推动作用的是自下而上的民营企业的成长,具体表现为在全球化条件下基于我国改革开放而成长于农村家庭工业和由乡镇企业转制而来的诸多地方产业集群。基于柔性专业化为特征的产业集群是一种有效的空间组织模式,可以有效地破解土地、资源和环境等制约因素,有利于优化产业布局,促进区域经济的可持续发展。经济全球化条件下,产业集群对世界的财富创造和对国际贸易的重要性日益凸显,并且集群之间相互联系密切。在这种情况下,产业集群成为区域经济增长的重要动力源和创新载体,有效提升了区域竞争力,也成为经济发展到一定阶段的必然趋势。然而,新时期我国东部的产业集群面临劳动力成本、土地资源及水、电等生产要素短缺,以及包括税收等在内的综合性商务成本的持续上升的困境,已经形成产业集群升级的巨大压力。浙江集群的很多企业转移到我国中西部地区或东南亚及非洲地区,某些企业把总部迁到上海等地。区际集群式产业转移有可能会造成浙江产业的空洞化,进而影响浙江产业

---

① 蔡昉、王德文、曲玥:《中国产业升级的大国雁阵模型分析》,《经济研究》,2009 年第 9 期。

集群的升级路径和模式。

根据发达国家的历史经验,要素价格的持续上升具有刚性特征,这有其内在的规律。经济转型升级是各国迈向现代化的必由之路。如美国依靠信息技术的重大突破和广泛应用,积极推动了产业创新和产业融合,实现了向知识经济的转型升级;日本与韩国在自然资源匮乏的条件下,依靠技术模仿和吸收再创新,实现了由重化产业为主向技术密集型产业为主的转型升级。经济转型升级是各国经济发展走向成熟的必然趋势和客观选择,是经济发展高级化过程的表现形式。发达国家和新兴工业化国家转型升级的成功经验,深刻启示我们必须加快经济转型升级。由于区位条件、资源禀赋、制度与文化及一些偶然因素的共同作用,区域经济发展不平衡是区域经济发展中的一种客观现象。对政府而言,要积极推进区域经济协调发展,促进各区域开展经济合作。欠发达地区承接发达地区的产业转移,接受发达地区经济扩散的积极影响,是改变区域不平衡、实现协调发展的一条重要途径。但简单复制生产模式到另一地域而不改变生产过程的技术特征,不仅会导致欠发达地区经济发展的低端路径锁定,还会带来环境污染等负外部性问题。

目前,我国正处于经济社会转型的关键期。区际集群式产业转移的展开标志着我国制造业结构调整和增长转型的全面加速。对多数制造业企业而言,在买方市场的条件下,最有生命力、最有价值的是企业对总部经济和物流渠道的控制。另外,信息时代的来临使得借助先进资讯系统重构产业链环节及其网络以获得竞争优势成为可能。基于信息化背景产生的生产性服务业是现代服务业的核心。所以大力促进生产性服务业发展对制造业的升级意义重大。因此,本书试图探索国家经济转型升级的基本思路及路径,对区域产业转移及产业集群升级的相关问题进行更加深入的探讨,并以此提出适合未来我国区域产业布局的发展对策。在结合具体区域案例研究的基础上,本书最后提出了促进区域产业转移及产业集群战略升级的基本思路与对策建议。各地政府可以分别采取加强政府规划、营造承接集群式产业转移的环境、扶持生产性服务业发展等引导区域产业的有序转移和升级。东部沿海地区产业转型升级仍需加快,并应结合城镇化进程加以推进。而中西部地区需要提高承接集群式产业转移的制度建设和能力建设。

1.3 研究方法

研究方法是分析解决问题的工具和手段。要洞悉经济现象的本质,必须坚持正确的方法并深入到经济现象之中去。为此,本书以系统论为基础,采用理论分析和实证检验相结合、以主流经济学方法为主的集成方法,并兼容社会调研方法、管理学案例研究等在内的各种方法。具体而言,包括以下研究方法:

(1) 系统论分析方法

系统论是一种深厚的哲学思想,强调把研究对象作为一个总体来看待,体现着整体性和结构化的思想。"开放的复杂巨系统存在于自然界、人自身以及人类社会,只不过以前人们没有能从这样的观点去认识并研究这类问题①。"例如区域经济中的各产业发展是一个动态大系统,每一产业组成部分彼此联系、互相影响。产业经济的每一组成部分又各是一个系统,比如服务业中的生产性服务业、消费性服务业等。事实上,产业组织的 SCP(Structure-Conduct-Performance,结构—行为—绩效)分析范式所体现的结构主义就非常强调整体性。系统论方法就是把关注的对象看做一个互相联系的体系来把握和认识,而不是割裂地看待问题。产业转移和产业集群升级是一个硬币的两面,二者相互联系,难以分割。作为一个复杂系统,产业集群的动态演化和升

① 钱学森、于景元、戴汝为:《一个科学新领域——开放的复杂巨系统及其方法论》,《自然杂志》,1990 年第 13 期。

级往往伴随着产业转移,而产业转移同样是各地区促使集群升级
的路径选择的一部分。

(2)博弈论等数理经济分析方法

以分析不完全市场为重点的博弈论已经成为现代经济学的
理论"新宠",甚至改变了经济学、社会学和政治学等理论的面貌。
虽然它仍不尽完善,但其重要性已为学界所公认。本书应用博弈
论分析了区际产业转移中的地方政府和企业的决策行为。除此
之外,在集群分析中,运用数理推导模型,基于企业选址的微观视
角,通过构建古诺竞争模型和伯川德竞争的数理模型分析了企业
的选址行为引起空间集聚和产业转移的内在机制;基于集群效应
和企业投资决策中的内生性沉没成本思想分析了集群式产业转
移的粘性因素;还运用包括演化经济学及空间经济学在内的数理
推导模型和制度规则运行与政策分析等方法分析了产业集群演
化的稳定性和创新路径选择。

(3)案例研究的方法

现场案例研究方法强调从实践中来、到实践中去,是管理学
和制度经济学非常重要的一种分析方法,常常提供给我们真实的
场景和深刻的洞见。在缺乏产业集群和产业转移大样本统计数
据的情况下,应用这种方法非常必要。这种方法能够使研究者观
察到大量统计数据背后的细节信息,从而为现实问题的解决提供
切实可行的政策思路。本书通过对浙江省内的宁波服装(170
份调查问卷)、诸暨珍珠、织里童装和安徽省的繁昌服装等若干
地区典型集群内抽样企业问卷调查研究及深度访谈,并结合对
温州鞋业、台州缝纫机等集群的二手资料进行多案例内容分析
和比较分析,深入探究不同类型产业集群的动态特性、周期链
的演化机理和区域转移与升级机制,得出相应启示,并进行相
应的对策研究。

(4)实证分析和规范分析相结合的方法

实证分析(Positive Analysis)着重回答经济社会现象"是什

么"的问题,从理论上来说,不带任何价值判断和伦理立场,与规范分析相对应。实证分析强调通过数据验证研究者提出的假说或模型,确认客观世界的事实状态。规范分析(Normative Analysis)则回答经济社会现象"应当是什么"的问题,是所有社会科学研究的根本方法。当然,任何研究社会科学的人都不能声明发现了绝对真理①。规范分析与一定的价值判断相联系,依据客观事实试图探索经济社会更为理想的运行路径和政策治理措施。本书采用实证分析和规范分析相结合的方法。实际上,实证分析往往与规范分析结合运用,先做一定的规范判断,并提出各种合意的假设等,再运用统计学或计量经济学的方法进行检验。如果各种检验通过,则在一定概率下预定的假设成立,否则就要进行修正假设或提出新的假说,重新进行各种检验。本书运用计量经济学的方法,通过对 1991—2009 年浙江省 69 个县(市、区)的面板数据进行实证分析,以考察浙江集群式产业转移与升级绩效的具体情况,并和模型推导以及案例研究进行对比印证。

1.4　研究思路及框架

(1) 研究思路

要探讨区域产业转移及其对产业集群升级的影响规律,关键是找到能够分析集群升级与区域产业转移的理论框架。从根本上说,区域集群式产业转移是产业在空间重新布局的过程,是区际产业分工动态变化的过程。因此,区域集群式产业转移与升级的理论框架首先应该是一种区域分工理论。经典比较优势论及其后继者要素禀赋论本来是作为一种国际贸易理论而提出来的,因其用各国之间的资源禀赋差异导致的比较优势来解释国际贸易的原因,因此,比较优势及要素禀赋论也

---

① 吉姆·柯林斯、杰里·波勒斯:《基业长青》,中信出版社,2009 年。

被认为是一种国际(区际)分工理论。产业的区域转移要受到众多因素的影响,而诸多因素构成了不同的合力。只有在推拉力(包括推力和拉力)大于区域产业粘性时,产业才能从一个区域向另一个区域转移。

本书的基本思路:立足于我国经济的转型升级和结构调整背景,基于未来较长一段时间内的世界经济全球化趋势并以我国区域经济协调发展中的集群式产业转移为对象,构建综合比较优势演化为基础的推拉理论模型。其中,产业的要素密集度是决定区域产业转移原因和客体的重要因素,因而各区域拥有的各种要素资源禀赋的差异是决定区域集群式产业转移的根本原因;而偏好、需求的差异化和动态调整构成区域产业转移的主要推动力。本书对传统的比较优势论进行了动态拓展,不仅考虑了自然要素,而且考虑了社会要素,包括非常重要的制度建构和政策规制、中观层面的市场规模需求和微观层面的企业家创新精神、战略信息等要素。这些广义的要素禀赋因素在产业比较优势的演化过程中对推动产业集群的转移和升级意义重大,综合比较优势演化决定了一个区域的产业适宜度。本书分别对影响产业转移和升级的因素及其内在机理进行了系统的研究,针对我国东部区域的典型产业集群,结合本地的市场需求和技术水平等条件,研究了如何有效利用本地的各种资源禀赋促进产业有序转移和产业集群的动态升级。

(2) 技术路线

本书在文献综述和理论研究的基础上,基于在浙江各地和安徽皖江地区的调研,运用多案例比较分析及计量经济方法,分别从产业转出地和产业承接地的角度,实证地看集群式产业转移的运行模式、动力机制及其对产业集群升级的影响机理,证明集群式产业转移粘性的关键作用,而东部的产业集群升级急需生产性服务业的大力发展,并进行跨区域产业链协同运作(具体技术路线如图1-3所示)。

(3) 构成内容

本书包括导论、文献综述、基于综合比较优势演化的集群式

产业转移与升级的作用机理分析、实证分析、主要结论和待研究
问题等五部分内容。

第一部分是导论,即第一章。提出区域包容性发展战略下集
群式产业转移机制与升级研究这一选题的背景及研究目的,同时
说明了本研究具有的重要理论意义和实践价值,以及研究的基本
思路、框架结构、研究方法、数据来源及主要创新点等。

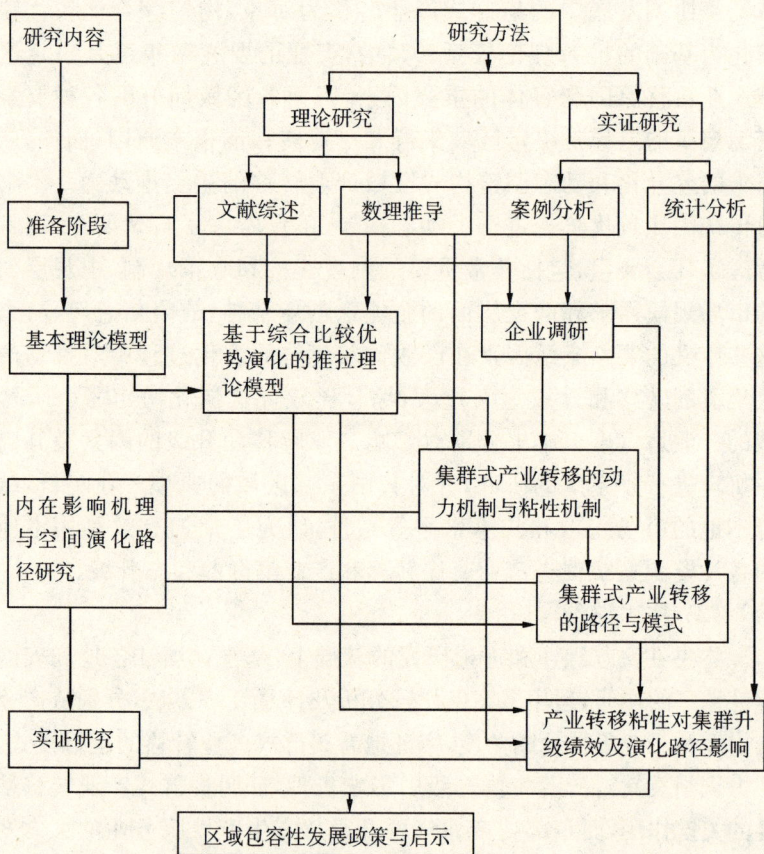

图 1-3 本研究的技术路线图

第二部分是文献综述,主要是第二章。基于国内外已有研究

对产业集群升级及产业转移和区域包容性发展的文献进行了回顾和评述,并清晰界定了本书研究中相关概念的内涵与外延。

第三部分主要是理论分析,包括第三章、第四章和第五章。主要是结合区域包容性发展战略构建基于综合比较优势演化的产业转移和集群升级的理论框架,进而展开作用机理分析。其中,第三章结合综合比较优势演化理论和产业集群生命周期理论以及中国国情,着重分析产业集群升级和产业转移的理论分析框架和基础。基于两大维度从理论上分析集群效应和沉没成本导致的集群式产业转移粘性,推导出基于推拉模型的产业转移与产业集群升级的理论分析框架。第四章研究集群式产业转移与升级的动力机制。产业集群的发展和演化有其内在规律,在产业集群演化的过程中,稳定性非常重要,它直接影响到政府政策的制定和实施。集群发展中的路径依赖既有可能导致产业集群的稳定发展,也有可能导致产业集群的锁定或衰落。本章结合复杂非线性系统理论,从产业集群演化基本动力的视角构建技术创新和扩散为内生的产业集群演化模型,来探讨产业集群演化的稳定性特征,最后探讨通过发展生产性服务业实施产业集群创新的路径和产品差异化战略选择。第五章分析集群式产业转移与升级的粘性机制。中国改革开放以来由政府主导而形成的区域经济发展梯度现象有力地说明,政府的决策和发展战略对区域经济发展具有重大的影响与作用。产业是资本流动的载体,企业是集群式产业转移的主体,中国地方政府可以通过制定相应的区域政策深刻影响企业的行为和预期。故本章采用博弈论,分企业和地方政府两个层面探讨了其各自在集群式产业转移中的相互作用和适应关系。

第四部分主要是实证分析,包括第六章和第七章。主要为集群式产业转移和升级的路径与模式的案例研究和实证分析。第六章基于在浙江各地和安徽皖江地区的实地调查研究及典型案例分析,来回答集群式产业转移与升级的路径与模式。研究表明:成本因素和市场因素是浙江产业转移的两大主导因素;目前的集群式产业转移的方式较为多元,包括市场扩张、资源综合利用、企业重组、厂房租赁等方式,但主要属于增量式转移,较少进行存量式转移。这主要是基于集群效应和沉没成本的产业转移粘性以及产业承接方的制度环境及其衍生的各种风险。从产业承接方来看,转移来的企业主体不仅包括国内企业,外商投资企业的比重也很高,说明东部发展外向型经济的模式有可能复制到中西部地区。第七章以东部的发达省份浙江省为例,实证分析了产业转移与产业集群升级的互动影响。通过对浙江省 69 个县(市、区)1991—2009 年县际面板数据的计量经济,实证分析产业转移与产业集群升级的互动影响。研究表明:工业化程度和产业转移粘性对产业集群升级具有显著影响,而经济服务化的程度尤其是生产性服务业的发展对产业集群升级的影响不甚显著。未来浙江等东部地区应该大力发展生产性服务业,尤其是服务外包产业,以支持浙江产业集群的有效升级。

第五部分是第八章,主要是研究总结与未来研究展望。在总结全文的基础上,综述本研究的主要结论,就如何促进产业有序转移和产业集群升级及包容性发展等问题提出相关政策建议,并对论文创新突破、存在的问题与不足及未来的可能研究方向等进行讨论。

1.5 数据来源

实证研究尤其需要清晰说明数据的来源,因为数据来源的不同及数据处理方法的差异有时会得出大相径庭的结论,而可重复性是科学性的重要特征。所以数据的收集和整理是非常基础性的工作,它往往成为经济学实证研究的核心问题。很多经济学问题的研究经常会碰到因没有数据而无法进行实证检验的难题。本书的数据来源分为以下几个部分:

(1)调研数据(一手数据)。管理学的研究尤其强调一手调研数据的重要性,因为管理研究与活生生的现实更为接近。本书的调研数据基于笔者在浙江各地和安徽皖江地区的实地调研,主要包括:2008年4月笔者随课题组参加的对湖州织里镇童装产业集群为期一周的实地调研;2009年7月和2010年6月两次赴诸暨珍珠山下湖镇对珍珠产业集群进行的总计超过一周的实地调研;2010年8月在安徽皖江地区芜湖繁昌县进行的为期约一周的实地调研和访谈,尤其是对孙村镇服装工业园管委会的调研和访谈。另外,由于工作单位的便利性,笔者组织学生和朋友于2010年6月至8月间对宁波服装产业集群进行了三次大规模问卷发放,收集了包括雅戈尔、杉杉等在内的大中小企业调查问卷170份。期间,还对宁波服装协会进行了调研,并获赠相应的产业发展统计资料①和调研数据。在2010年10月开幕的第十四届宁波国际服装服饰博览会期间,笔者又进行了补充调研,获得了大量宝贵的数据,并对宁波服装产业的发展有了很多切身的了解和体会。

(2)二手数据(包括统计数据和案头资料)。经济学和社会学的研究主要依赖于二手数据,目的是使用大样本数据证明各种理论假说。要研究和认识经济社会现象,并进而对社会进行有效的管理,就要应用社会指标体系。而在社会指标体系的各个具体指标之间,尤其在涵义、口径范围、计算时间和空间范围等方面,都必须是相互衔接而有联系的,这样才能综合而全面地认识社会现象之间的数量关系、内在联系及规律性。本书计量经济实证所采用的浙江省69个县(市、区)1991—2009年的各种面板数据,包括FDI、人均GDP、贷款余额、货运量等变量的数据均来自历年《浙江统计年鉴》,各种专利数据来自浙江省知识产权局和国家知识产权局网站;诸暨的数据来自《诸暨统计年鉴》。对温州鞋业、绍兴纺织业、台州缝纫机等集群发展案例的二手资料则主要来自期刊和网络。各地区及全国的工资数据来自于"中经专网教育

① 宁波服装业全景式立体材料参见陈国强:《中国服装产业蓝本寓言——宁波服装观察》,中国纺织出版社,2008年。

版"。同时,借助"国家动态地图网"中的地图制作功能,绘制了反映全国各地区在不同时间段中经济地理变动的情况,以说明产业转移中的粘性因素。还有一些二手数据系摘自其他研究者的成果,已在文中做了说明或标注,并列在参考文献之中,特此致谢。

1.6 可能的创新

与目前已有的国内外相关研究相比,本书研究可能的主要创新点为:

(1)结合中国的国情和 HK(Hidalgo-Klinger,产品空间模型)模型提出了基于综合比较优势演化的推拉模型和理论分析框架。将产业集群升级和产业转移结合起来系统化考虑,并结合产业集群效应和沉没成本理论分析了集群式产业转移和升级中的粘性因素;构建了企业和地方政府的双层次动态博弈的分析框架,并推导出地方政府在产业转移中进行区域合作的临界条件与政策选择。

(2)结合复杂非线性系统理论并运用数理推导等方法,从产业集群演化的基本动力视角构建了包含制度创新及技术创新与扩散为内生的产业集群空间演化和产业转移模型,探讨了产业集群动态演化的稳定性特征和空间路径转化的影响因素,然后探讨了发展生产性服务业及实施产品差异化战略促进产业集群创新和升级的内在机理和实施路径。

(3)结合现场调研并运用多案例研究方法、统计分析方法及计量分析方法,深入探究了浙江典型地区和安徽皖江地区产业转移和集群升级的动因、模式、制约因素以及粘性机制。尤其是运用浙江省 69 个县(市、区)1991—2009 年的县际面板数据对区际产业转移影响产业集群升级的绩效和路径进行了计量经济实证研究和检验,并提出了实施产品差异化战略、大力发展生产性服务业等政策建议。

2 集群升级与产业转移研究概况

纵观世界经济的发展历史可以看出,每一次全球化的加速发展总是伴随着大规模的国际产业转移。应当说,产业转移已经成为世界经济动态演化的重要特征,而我国目前已成为产业转移的主战场。一直以来,跨国公司都是国际产业转移的主体。新时期随着经济全球化和信息化的加深,国际产业转移已深入到跨国公司之间和跨国公司内部;而诸多新兴市场国家内部如中国也开始了大规模的区际产业转移。同时,作为介于企业和市场之间的一种网络型产业组织模式,地方产业集群已经成为推动我国外向型经济发展与提升区域产业竞争力的重要组织载体。以跨国公司为主导的全球价值链和以柔性分工为基础的地方产业集群的互动会大大影响我国区际产业转移的方式和流向。本章的主要内容是对集群式产业转移的研究文献进行综述。笔者首先清晰界定相关核心概念的内涵与外延,然后对国内外已有研究中关于对产业集群升级及产业转移的相关文献进行回顾和评述。

2.1 产业集群与产业转移的概念界定

目前学术界关于产业转移的概念与含义并没有达成一致的意见。有学者指出,产业转移和产业集群是互相抑制的两种模式,而产业转移容易导致"梯度陷阱"。概念的清晰界定是理论研究和实证分析的前提。为便于分析,笔者首先对本书中的相关概念包括产业转移和产业集群升级的内涵及其外延进行界定。

本书的产业集群(Industrial Cluster)一般指我国较为普遍的

传统劳动密集型产业集群,而不是发达国家多见的创新集群。另外,为避免概念混淆,笔者把相对宏观的产业集聚①看成微观上产业集群发展的一个阶段。因为产业集群是一个复杂的有机整体,而不仅仅是产业在地理上的空间集聚。笔者认为产业集群是指在一定区域内相关产业集聚在一起形成较强竞争力的经济现象。这种竞争力的来源可以是集聚经济、规模经济和范围经济,也可以是运输成本的节约或者创新知识的外溢等。而产业集群升级是指产业集群获取高附加值能力的持续提升,它是一个多维度的动态发展过程。它的实现需要依托产业集群的大规模生产与配套系统的完善,包括各种先进生产设备、工艺流程与技术的应用以及严格的质量管理和环境管理,尤其是现代化的营销物流系统、创意及研发设计与商业渠道控制等服务业层次的提升。其升级的最终体现就是研发的新产品持续推向市场并被消费者广泛认可,拥有产品定价权并获得相应的市场势力。

根据实践中的调研,笔者认为产业集群在镇域范围内界定是最合适的,但相应的统计资料却不公开或缺失,因而很难获取全面的面板数据。又因为村庄一级各种生产要素尚不齐全,且村委会仅仅是基层群众性组织而不是独立的行政组织单位,没有决策自主权,难以形成基于合作网络而存在的产业集群,故笔者把产业集群的地理纬度限定在县域范围。某些地区可能由于几个县的产业集群发展迅速,已经连接起来,如绍兴和萧山的纺织业集群、鄞州区和奉化市连成一片的服装业集群等。因而本书某些章节也以地级市为范围进行统计资料的获取并进行实证研究,如温州市皮鞋业集群、宁波市服装业集群、台州市缝制设备产业集群等。

广义的产业转移(Industrial Relocation)是一个动态的产业

---

① Fujita M, Krugman P and Venables A J. The Spatial Economy:Cities, Regions, and International Trade. MIT Press, 1999.

空间演化过程,其基础是企业微观层面的迁移,往往表现为区域层面的产业空间运动①;而产业集群作为一种网络状产业组织模式,则是一个描述相互联系紧密的相关企业、中介服务机构和政府等相互关系的有机整体②。笔者认为,系统论视角下的产业转移和产业集群升级在很多时候犹如一个硬币的两面,因而两者并不矛盾,都是要素区域流动形成的各具特点的产业内或产业间的运动方式。产业转移说明的是空间运动的动态过程,而产业集群升级同样是产业随价值链攀升的空间演化过程,因而集群式产业转移兼容这两个方面的运动过程,是二者的辩证统一。所以,文中提到集群式产业转移概念时,不仅包含了产业集群的空间转移,也同时包含了产业集群升级的内涵。

笔者认为,所谓产业转移是某一区域通过一段时间的经济发展形成了相对于其他地区的综合比较优势,在区域与区域之间各种生产要素包括资源与制度等条件不均衡情况下,某些产业从某一区域转移到另一区域的一种经济演化过程。笔者认为比较优势仍然是区际贸易和产业转移发生的前提,也是产业转移研究的理论基础。但笔者对传统的比较优势进行深化,考虑现代经济中的诸多要素禀赋,将其发展为综合比较优势,并从动态演化的视角看待。从产业经济学的角度分析,产业转移的一个重要结果就是促进区域间产业分工体系的形成。从新空间经济学的角度分析,产业转移是产业空间结构的自组织动态演化的一个关键环节,是中心区域产业的扩散过程的表现。如无特别说明,本书中的产业转移主要指中国区际产业转移,而且一般是指经典意义上的产业转移,即从高梯度地区转移到低梯度地区的产业转移。分析的重点侧重于中观产业层面,但也包括宏观层面,并联系到企业迁移的微观层面,尤其是后面几章实证的研究,都是以微观实地调

---

① 陈建军:《产业区域转移与东扩西进战略——理论与实证分析》,中华书局,2002 年。

② Porter M E. The Competitive Advantage of Nations. The Free Press, 1990.

研和访谈资料为基础,结合宏观的政策环境和经济全球化的背景,进而努力得出中观产业层面的空间转移和集群升级的规律。

2.2 产业集群升级研究状况

产业的空间集聚和动态演化是区域经济发展中出现的一个很重要的经济社会现象。产业的空间布局和动态发展问题也一直是经济学和地理学领域的研究热点[1]。在经济全球化的时代,产业集群已经成为区域经济发展的一个重要标志。从杜能开始关注产业的区位问题以来,产业的空间布局和发展问题就一直是经济学界试图突破的领域。先有马歇尔的"外部经济"的三方面论述[2]和韦伯的工业区位论[3]及 Hotelling 的寡头垄断企业区位选址模型等经典论述,后有克鲁格曼等新经济地理学派(NEG, New Economic Geography)的深入拓展,众多经济学家和管理学家的空间经济研究几乎穷尽了所有可能的角度和方法,尤其是产业集群概念一经迈克·波特首次提出就风靡开来。经济学家发现产业集群现象大量地存在于世界各国,不管是发达国家或地区[4],还是发展中区域[5]都很普遍。由此,各种学派从不同角度对产业集群进行了深入详尽的研究。但无论是德国的区位学派、美国的竞争战略和新经济地理学方法,还是欧洲的产业区和产业集群创新研究学派,都是以明确的基于其具体国情和具体环境条件

---

① 安虎森:《空间经济学教程》,经济科学出版社,2006 年。

② 马歇尔:《经济学原理》,商务印书馆,2005 年。

③ 韦伯:《工业区位论》,商务印书馆,1997 年。

④ Krugman P. Increasing Returns and Economic Geography. Journal of Political Economy,1991(99).

⑤ Nadvi K and Schmitz H. Industrial Clusters in Less Developed Countries: Review of Experiences and Research Agenda. Institute of Development Studies Discussion Paper No. 339, University of Sussex, 1994.

形成的实践经验作为理论构建基础的①。正如黑格尔所言,"凡是存在的就是合理的",存活下来的生产模式必有其生存之道。所以研究国内的集群升级和产业转移一定要基于我国国情和现实情况进行理论的拓展或深化,然后进行相应的总结。

马歇尔曾说过,"经济学家的麦加在于经济生物学,而不是经济动力学。例如,均衡这个术语就是静态的机械类比"。我国30多年的改革开放过程伴随了剧烈而迅速的制度变迁,从动态演化的视角观察我国的集群升级是非常合适的,尤其是在后金融危机的时代,各地的产业集群普遍面临转型升级的压力。虽然实践中产业集群升级的问题早就得到各级政府的大力关注,但由于我国在1999年左右才开始在理论上研究集群问题②,所以对产业集群升级问题的理论与实证研究最近几年才开始活跃起来。早先的产业集群研究多关注集群这种产业组织模式的竞争优势所在、产业集群的起源和演化以及集群竞争力的度量及面临的各种风险等问题。刘珂是较早关注集群升级的学者。她在界定产业集群升级内涵和机理的基础上,从创新网络、集群品牌和集群外向度的视角研究了产业集群升级,并以许昌发制品、天津自行车产业集群和台湾个人电脑(PC)业集群等案例进行了比较分析。她认为产业集群升级是产业升级的一种具体形式,集群升级更强调地理区位及其制度文化的相关性联系③。张公嵬阐释了产业集群升级的内涵,分别从产业的转入和转出两个角度探讨珠三角产业集群升级问题,认为结合产业转移推进产业集群升级是一条可行的实施路径④。阮建青结合浙江一个农村产业集群的典型案例

---

① 孙洛平、孙海琳:《产业集聚的交易费用理论》,中国社会科学出版社,2006年。
② 我国的集群研究可追溯到1999年仇保兴的著作《小企业集群》及2001年王缉慈等的著作《创新的空间——企业集群与区域发展》的出版。
③ 刘珂:《产业集群升级研究》,黄河水利出版社,2008年。
④ 张公嵬:《珠三角产业转移与产业集群升级路径分析》,《现代管理科学》,2008年第1期。

的实际跟踪调研,从理论和实证两方面深入研究了集群中的企业是如何利用集群的分工协作优势跨越资本壁垒的限制,并一步步实现产品质量的升级的过程①。应当说,上述研究较好地把产业集群的理论分析与我国的实际国情有机地结合了起来,从而把我国的产业集群研究向前推进了一大步。下面笔者从集群升级的理论基础、集群升级的过程和集群升级的方式、集群升级的影响因素等四个方面来详细地梳理一下目前国内外产业集群升级研究的文献。

2.2.1　产业集群升级的理论基础

目前,产业集群升级的基础理论是以竞争力为基础的全球价值链理论,其目的是通过嵌入全球价值链从而顺利实现产业集群的一步步升级。全球价值链理论起源于波特提出的价值链理论。价值链理论是结合产业分工的细化趋势而对企业价值创造过程的一个详细解剖工具,对产业实践具有较强的指导意义,以至于后来发展出微笑曲线理论。后来格里芬等②把价值链方法与产业组织的研究结合起来,通过对美国零售业价值链的研究,提出了全球商品链(Global Commodity Chain,GCC)分析方法。在此基础上,Henderson对全球价值链的驱动力进行了更加深入的研究③,再后来随着理论认识的深入和实践的发展,逐步形成了全球价值链(Global Value Chain,GVC)的理论体系。Kaplinsky结合产业集群升级的动态路径分析了产业集群升级的层级特征(见表2-1),认为发展中国家的集群中,企业可以通过基于全球价值链的技术扩散对生产工艺和生产流程等进行模仿和学习,从而获得改善和提升各种能力

---

①　阮建青:《基于产业集群模式的农村工业化萌芽与成长机制研究》,浙江大学博士学位论文,2009年。

②　Gereffi G and Korzeniewicz M. Commodity Chains and Global Capitalism. Praeger, 1994.

③　Henderson J. Danger and Opportunity in the Asia-Pacific. In: Thompson, G (eds). Economic Dynamism in the Asia Pacific. Routledge, 1998.

的机会。故处于发展中国家的地方产业集群可以沿着 OEA，OEM，ODM 及 OBM 的路径持续实现成功的升级(见表 2-1)。

表 2-1　产业升级的层级特征

	工艺	产品	功能	价值链
轨道				
例子	原始设备装配 （OEA） 原始设备制造 （OEM）	原始设计制造 （ODM）	原始品牌制造 （OBM）	转换价值链 （例如,从黑白 电视机显像管 转向计算机监 视器）
活动的非实 体性水平	价值附加活动的非实体性水平逐渐增加			

（资料来源：Kaplinsky R and Morris M. Handbook for Value Chain Research. http：//www. ids. ac. uk/global，2001.）

Humphrey 和 Schmitz 更为具体地提出了产业集群升级的四种经典形式：工艺流程升级、产品升级、功能升级和链条升级(见表 2-2)。一般来讲,产业集群升级由流程升级开始,然后到产品升级,再次是功能升级或部门间升级。这样一个循序渐进的过程实质上体现了基于要素禀赋的综合比较优势的动态演化过程。发展中国家企业嵌入全球价值链的目的就是获取成功的产业升级并持续提高竞争力,从而进入到增加值更高的各种生产活动中。但事实上,全球价值链仅仅是提供了一种升级的可能,在现实中真正实现产业升级的实例很少,反而是陷于锁定的例子很多。Grabher 区分了集群锁定的三种类型：功能锁定、认知锁定和政治锁定[①]。

---

① Grabher G. The Weakness of Strong Ties：the Lock-in of Regional Development in the Rural Area. In：Grabher, G. (Ed.), the Embedded Firm on the Socioeconomics of Industrial Networks. Routledge，1993.

表 2-2　全球价值链升级模式的实践形式

升级模式	实践形式
工艺流程升级	采用先进技术或重新设计生产流程,提高产品生产流程之效率。
产品升级	改进原有产品或开发新产品以提高效率,提高产品单位增加值。
功能升级	对价值链环节进行整合,增加经济活动的技术含量。如从生产环节跨向营销或设计等高利润环节,开发新功能,提高附加值,改变在价值链中所处的地位。
链条升级	跨越到另一条新的高端价值链,或企业把在原产业获得的能力积累应用在另一个新的产业领域。

（资料来源：Humphrey J and Schmitz H. Governance and Upgrading: Linking Industrial Cluster and Global Value Chain Research. IDS Working Paper, No 120, Institute of Development Studies, University of Sussex, 2000.）

　　我国学者姚先国、朱海辨别了作为产业区主要特征的灵活专业化的两种不同模式[①]。第一种模式是不具备资产专用性、产业区内企业简单聚集的静态网络,第二种模式是具有资产专用性、产业区内企业具备长期合作关系的动态复杂网络。第一种模式向第二种模式的转化过渡被认为是传统产业区迎接全球化挑战的重要手段。实现低附加值的、主要给国外品牌加工的产业区向具有国际市场开拓能力、由集群内大企业带动的产业区演进,已经体现了全球价值链的一些内容。张辉在 Gereffi 的基础上从产业分类、动力源泉和进入门槛等九个方面对生产者和采购者驱动型全球价值链进行了比较研究[②]。田家欣和贾生华提出了网络视角下的集群企业能力构建理论模型,并运用统计分析方法对理论模型的有效性进行了检验[③]。王传宝借鉴波特的钻石模型,构

[①]　姚先国、朱海：《产业区"灵活专业化"的两种不同模式比较——兼论"特质交易"观点》,《中国工业经济》,2002年第6期。

[②]　张辉：《全球价值链下地方产业集群转型和升级》,经济科学出版社,2006年。

[③]　田家欣、贾生华：《网络视角下的集群企业能力构建与升级战略:理论分析与实证研究》,浙江大学出版社,2008年。

建了全球价值链视角下地方产业集群升级的机理模型,然后通过对宁波服装和永康五金产业集群的案例研究,提出了产业集群升级为导向的公共政策的框架①。

2.2.2 产业集群升级的影响因素

产业集群的升级是一个复杂的动态演化过程,影响集群升级的因素也较为复杂。Nelson 等倡导的现代演化经济学认为:多样性是系统演化的基础,而系统多样性使得自组织的集群升级呈现为一个开放复杂的动态过程②。首先,从微观角度看,影响产业区位变动的因素很多,企业空间集聚最直接的影响因素是运输成本和集聚经济效应。自从马歇尔阐述了企业集聚的三种效应后③,众多研究者都试图把这个思想模型化,其中新经济地理派就是其中之一。有学者从宏观角度应用新经济地理学派理论结合中国的经验证明了该理论在中国的可行性,如金煜、陈钊和陆铭以及杨洪焦、孙林岩和吴安波等。陈剑锋从理论与实践双重角度分析了产业集群的本质与特征④。罗勇和曹丽莉通过建立制造行业的工业总产值与地理集中指数的回归模型对制造业集聚程度与工业增长进行了相关分析。结果表明,1993—1997 年中国制造业的集聚程度总体呈现下降趋势;1997—2003 年制造业的地理集中程度在不断提高,集聚和地方化呈增长趋势⑤。以交通业的质变为基础的全球化发展"缩短"了空间距离,而 20 世纪末以来的信息化革命则把地球变成一个村,大大减少了心理距

---

① 王传宝:《全球价值链视角下地方产业集群升级机理研究》,浙江大学出版社,2010 年。
② Nelson R and Winter S. An Evolutionary Theory of Economic Change. Harvard University Press, 1982.
③ 马歇尔:《经济学原理》,商务印书馆,2005 年。
④ 陈剑锋:《产业集群的理论与实践研究》,武汉理工大学博士学位论文,2003 年。
⑤ 罗勇、曹丽莉:《中国制造业集聚程度变动趋势实证研究》,《统计研究》,2005 年第 8 期。

离,世界变平了。

Mccormick 在非洲六个产业集群的对比研究中发现,产业集群具有的空间集聚效应能够有效地增加市场机会。而市场机会的缺乏恰恰是阻碍企业家进入工业化的重要因素[①]。Best 等构建了集群发展的动力机制模型,并认为专业化企业之间的交流是集群发展的最基本支撑力[②]。徐康宁认为我国集群的发展和市场供给范围的扩大有关,并以景德镇陶瓷产业集群为例子进行了案例分析[③]。文嫦、曾刚通过对全球价值链理论框架的分析,探讨了该理论对中国集群升级研究的启示[④]。王缉慈认为集群内部所具有的创新活力来源于地方文化中蕴涵的企业家精神和催生新产业的企业网络,但产业集群的升级是一个复杂的动态演化过程[⑤]。臧旭恒等认为当集群地理租金耗散时,一个集群就失去了发展相应产业的外生条件,如果集群此时没有内生出足够强大的组织租金来抵制地理租金耗散所形成的离心力,集群也面临衰败的危险;当集群组织租金耗散的时候,集群如果难以通过创新走出发展的低谷,集群也终将消亡[⑥]。陈劲等认为集群中的企业发展是技术和制度协同作用共同拉动的[⑦]。

影响集群升级的最终因素是创新,创新在经济增长中的作用被熊彼特描述为"创造性破坏"。他认为创新在时间上不是均匀

---

① Mccormick D. African Enterprise Clusters and Industrialization: Theory and Reality. World Development, 1999, 27 (9).

② Best and Michael H. Cluster Dynamics, Ch. 3 in: The New Competitive Advantage: The Renewal of American Industry. Oxford University Press, 2001.

③ 徐康宁:《产业集聚形成的源泉》,人民出版社,2006 年。

④ 文嫦、曾刚:《从地方到全球:全球价值链框架下集群的升级研究》,《人文地理》,2005 年第 4 期。

⑤ 王缉慈:《超越集群——中国产业集群的理论探索》,科学出版社,2010 年。

⑥ 臧旭恒、何青松:《试论产业集群租金与产业集群演进》,《中国工业经济》,2007 年第 3 期。

⑦ 陈劲、王焕祥:《演化经济学》,清华大学出版社,2008 年。

地分布,而是有赖于企业集结成群。通过企业间的相互合作和竞争,产业集聚最终有助于创新[1]。同时,创新还是经济周期变化的主导因素。随着经济社会的发展和技术进步,影响创新和集群升级的因素有不断增加的趋势,尤其是近 10 年来,世界格局发生了剧烈的变迁。全球价值链的外部环境与国家宏观经济形势和政策,以及中观层面的区域地方政府规划及政策措施尤其是产业政策都发生了重大变化,新能源革命出现,绿色经济和低碳经济的发展成为潮流,这些都会影响到集群内微观企业间的竞合与创新强度。夏兰、周钟山等基于网络结构视角研究了产业集群演化和创新,把集群看成一个复杂网络,动态地研究了集群网络组织的生长条件,并进行了计量经济学检验[2]。

　　社会资本和制度因素对集群升级的影响日益重要。Granovetter 从社会学角度对“弱联系”进行了深入分析,从而开创性地将嵌入性理论重新带回对人的经济行为的解释和分析之中[3]。从此,社会网络分析方法在经济学、管理学尤其是在产业集群研究领域得到了广泛的应用。Markusen 认为区域制度环境对集群发展至关重要,正是它塑造了全球滑质经济空间中的众多“粘性”地区[4]。Burt 提出了结构洞的理论,该理论强调是网络成员之间否在有结构洞决定了信息与机会利用的潜力,认为不是联系的强弱程度而是弱联系和结构洞适合于探索新的独占性的知识,从而取得独特的竞争优势[5]。

---

　　①　熊彼特:《经济发展理论》,商务印书馆,1990 年。

　　②　夏兰、周钟山:《基于网络结构视角的产业集群演化和创新》,中国市场出版社,2006 年。

　　③　Granovetter M S. The Strength of Weak Tie. American Journal of Sociology, 1973(78).

　　④　Markusen A. Regional Networks and the Resurgence of Silicon Valley. Allen and Unwin, 1990.

　　⑤　Burt R S. Structural Holes: The Social Structure of Competition. Harvard University Press, 1992.

Hakansson 从网络的形成与演进角度探讨了网络组织的稳定性问题,指出了企业家创造性演化的组织功能①。青木昌彦基于"规模经济"分析了模块化生产制度的优越性②。柯武刚等认为制度培育的必要性在于人的有限理性③,而产业集群被证明是一种企业间协同发现并分享知识的有效制度安排。集群内协同创新是一个复杂的知识获取、交流、生产、转移和传播的过程,知识是协同创新的最基本资源,也是集群创新活动的实质性产出。国内方面,蔡宁等从网络主体关系不对称和"搭便车"行为导致的创新动力不足角度探讨了产业集群的"网络性风险"④。张旭昆从理论的视角深入分析了宏观经济制度的演化,并以马尔科夫链等工具进行了实证检验⑤。王仲智从网络结构的视角分析了产业集群的形成与演化,结合盛泽案例的深度分析,提出了集群升级的对策⑥。郑宏星对产业集群的演进进行了制度分析,认为集群是一个演进适应系统,并结合博弈论方法分析了中国集群演化的特征,提出了中国集群升级的制度选择⑦。孟韬首先从集群的网络组织视角做了概念界定,然后从"双网络"互嵌入手探讨了集群的动态演化,并设计出量化网络组织结构的测度指标以进行实证分析,从而对浙江省的产业集群升级提出了政策建议⑧。

---

① Hakansson H and Snehota I. Eds. Developing Relationships in Business Networks, Routledge, 1995.

② 青木昌彦:《什么是制度?我们如何理解制度?》,《经济社会体制比较》,2000 年第 6 期。

③ 柯武刚、史漫飞:《制度经济学》,商务印书馆,2000 年。

④ 蔡宁、杨闩柱、吴结兵:《企业集群风险的研究:一个基于网络的视角》,《中国工业经济》,2003 年第 4 期。

⑤ 张旭昆:《制度演化分析导论》,浙江大学出版社,2007 年。

⑥ 王仲智:《产业集群:网络视角的考察》,中国环境科学出版社,2007 年。

⑦ 郑宏星:《产业集群演进的制度分析》,中国社会科学出版社,2008 年。

⑧ 孟韬:《网络视角下的产业集群组织研究》,中国社会科学出版社,2009 年。

2.2.3 产业集群升级的过程

国外学者对产业集群发展演化过程的研究主要侧重于产业集群周期的问题,产业集群生命周期来源于产品生命周期。而我们熟知的产品生命周期理论,是将一种新开发的产品的发展过程分为新产品阶段、成熟阶段和标准化阶段,其最初的目的是用于解释 20 世纪 50 年代美国的持续存在的贸易盈余和贸易结构,并预测美国公司在 20 世纪 60 年代向欧洲投资的可行模式与做法。弗农认为,在产品的标准化阶段,生产成本成为产业布局的重要甚至是主要的决定因素,这样,欠发达国家成为最理想的生产地。美国之所以向国外转移某些劳动密集型产业,是由于企业为了顺应产品生命周期的变化,以规避某些产品生产上的比较劣势。应当说这非常符合当时美国贸易和对外投资的情况。Tichy 在弗农的产品生命周期理论基础上提出了区域产品周期理论[1]。他认为集群也有一个从产生、发展、成熟到衰亡的过程。然后,Fritz 等分析了经济周期导致的产业集群的"周期性风险"[2]。Porter 将产业集群的生命周期划分为诞生、发展与衰亡三个阶段,并着重分析了产业集群解体的原因[3]。

由于目前我国地方产业集群很多正处于升级或转型的关键时期,所以产业集群演化的机制研究因其具有很大的实用价值和理论价值,已经引起了学术界、企业界和政府管理层的广泛关注。我国学者金祥荣和朱希伟基于浙江省的典型案例分析和理论分析,认为产业特定性要素在特定地理空间的大规模集聚解释了专

[1] Tichy. Clusters: Less Dispensable and More Risky than Ever, Cluster and Regional Specialization. Published by Pion Limited, 207 Brandenburg Park, London NW25JM, 1998.

[2] Fritz O, Mahringer H and Valdenama M. A Risk-oriented Analysis of Regional Clusters. M. Steiner. Clusters and Regional Specialization. Pion, 1998.

[3] Porter M E. Clusters and New Economics of Competition. Harvard Business Review, 1998(12).

业化产业区的起源与演化①。谭志翔对产品周期理论进行了动态化的拓展。如图 2-1 所示,他将产品分成高、中、低三个层次:高端产品一般直接出口;中端产品以中间产品出口和当地组装及本地化生产为主;而低端产品则以本地化生产为主。随着产品生命周期的动态演化,各类产品系列中所包含的产品内容会有变化,创新的产品不断扩大高端产品的系列,而原来属于高中端产品系列中的一部分会成为中低端产品。这意味着,应当通过 FDI 等形式把低端产品的生产转移至国外进行;高端产品的生产主要放在本国进行,辅之以中间产品出口和国外组装;就中端产品而言,产品在国外组装的同时,生产也逐步向国外转移。

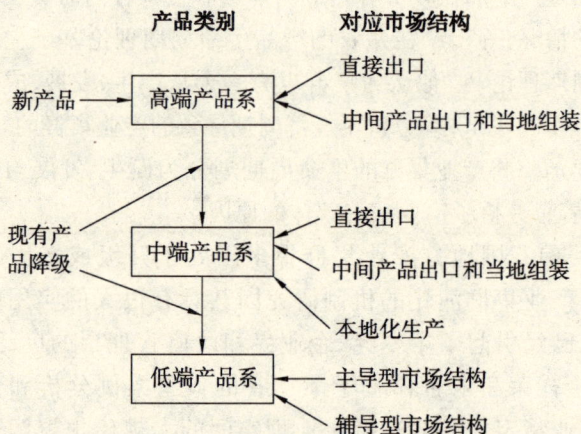

图 2-1　产品生命周期理论的拓展模型

还有一些学者从微观分类的视角探索产业集群的动态演化过程,如空间计量经济学家 Anselin 用空间计量方法对集群的空间外

---

① 金祥荣、朱希伟:《专业化产业区的起源与演化——一个历史与理论视角的考察》,《经济研究》,2002 年第 8 期。

部性进行了研究,发现不同部门之间的集群效应具有明显不同①。
Lynn 等基于产业集群的内在关系把产业集群分为三类:创新型集
群、有组织的集群和非正式集群②。魏江和申军基于集群的学习模
式,将集群空间结构的动态演进分为:分散化生产系统、原始竞争
集群、静态效率集群和成熟态集群③。秦夏明等提出了产业集群的
形态演化分析模型,将集群的要素结构分为四个阶段:基本要素集
聚、价值链集聚、社会网络集聚和创新体系集聚④。

　　陈继祥认为产业集群是一个复杂性系统⑤。刘力和程华强对产
业集群生命周期演化的动力机制进行了深入研究⑥。有的学者从生
物学或生态学的视角分析了集群的动态演化,如周浩以生态学中的
Logistics 模型为基础提出了卫星式产业集群和网状产业集群的企业
共生模式⑦;刘友金等借鉴生态学理论对产业集群演化机制进行了
研究⑧;申恩平从厂商行为的角度对企业群落演化路径进行了生态
学分析⑨。而刘恒江、陈继祥等采用复杂性科学的范式对集群演

---

①　Anselin L,Varga A and ACS Z J. Geographic and Sectoral Characteristics of Academic Knowledge Externalities. Regional Science,2000(79).

②　Lynn M and Fulvia F. Local Clusters,Innovation Systems and Sustained Competitiveness. Prepared for The Meeting on Local Productive Clusters and Innovation Systems in Brazil. 2000.

③　魏江、申军:《产业集群学习模式和演进路径研究》,《研究与发展管理》,2003 年第 2 期。

④　秦夏明、董沛武、李汉玲:《产业集群形态演化阶段探讨》,《中国软科学》,2004 年第 12 期。

⑤　陈继祥:《产业集群与复杂性》,上海财经大学出版社,2005 年。

⑥　刘力、程华强:《产业集群生命周期演化的动力机制研究》,《上海经济研究》,2006 年第 6 期。

⑦　周浩:《企业集群的共生模型及稳定性分析》,《系统工程》,2003 年第 4 期。

⑧　刘友金、袁祖凤、易秋平:《共生理论视角下集群式产业转移进化博弈分析》,《系统工程》,2012 年第 2 期。

⑨　申恩平:《企业群落演化路径与厂商行为研究》,浙江大学博士学位论文,2005 年。

化机制的非线性、动态性特征进行了分析[①];程胜等基于复杂系统的视角对产业集群的动态发展进行了深入分析,并着重解析了其演化过程中的稳定性条件尤其是产生混沌的可能性[②]。

2.2.4 产业集群升级的路径

根据前述几种升级理论,对产业集群升级方式与路径的分析也顺延过来,分别称为工艺流程、产品及功能升级等。因为本书的重点是分析功能升级的路径选择,故这里着重对通过发展生产性服务业积极支持集群升级的文献进行深入分析。产业经济学关注生产性服务业始于对产业结构的深入分析。生产性服务业概念最早于 1966 年由美国经济学家 H. Greenfield 在研究服务业内部结构及其分类时提出,其内涵是基于专业化分工的中间性服务投入。现代服务业是指那些依靠高新技术和现代管理方法、经营方式及组织形式发展起来的,主要为生产者提供中间投入的知识、技术、信息密集型服务部门,其核心是现代生产性服务业(Producer Services),即可用于商品和服务的进一步生产的中间性服务。Riddle 认为生产性服务是为生产的顺利运行而提供的、非直接向个体消费者提供的服务;生产性服务业是一个过程产业,对于促进经济系统其他部门尤其是制造业的升级能起到助推器和黏合剂的作用,有利于减少交易成本,促进经济系统的良性运转[③]。

在信息时代的背景下,生产性服务业通过与生产和其他服务活动的复杂联系,在扩大劳动分工、提高劳动生产率方面发挥了较大作用。格鲁伯和沃克认为生产性服务作为知识资本和人力资本密集型产业的载体,是有形产品创造差异化竞争优势和价值增值

---

① 刘恒江、陈继祥、周莉娜:《产业集群动力机制研究的最新动态》,《外国经济与管理》,2004 年第 7 期。

② 程胜、张俊飚:《产业集群动态演化过程的稳态和混沌分析》,《学术月刊》,2007 年第 10 期。

③ Riddle:Service-Led Growth: The Role of the Service Sector in World Develepment, Praeger,1986.

的主要源泉,有利于提高生产过程中不同阶段的运行效率和产出价值。华人学者黄少军较早研究了服务业发展的规律①。他首先结合服务经济的发展历史分析了服务的一般特征,如不可分性和服务业的公共产品特征、服务业的制度特征等,然后剖析了服务业与经济增长的内在关联机制,认为宏观统计上经济的"服务化"所掩盖的实质是经济的"信息化";发展中国家经济的服务化可能与发达国家有所不同。我国作为人均经济资源相对贫乏的发展中国家,服务业的发展还是相对滞后的,这种滞后主要是结构性的滞后。

至今国际上对服务业的分类还没有一致的意见。学术界对于生产性服务业的外延还没有形成统一的认识。汉森(Hansen)指出,现代服务业作为产品生产或其他服务的投入而发挥着中间功能,其定义包括上游的活动和下游的活动②。Howells 和Green 认为生产性服务业包括保险、金融和其他商业服务业,如广告和市场研究以及专业性科学服务等③。而 Illeris 认为生产性服务业除了市场研究还包括 R&D 等④。Daniels 将货物储存与分配、办公清洁和安全服务也包括在内⑤。

本书认为广义生产性服务业包括狭义生产性服务业(包括金融、保险、法律工商服务业、经纪等)和大部分的分配性服务业(包括商业、运输、通讯、仓储等)。在生产性服务业的统计实践中,尚没有一个公认的产业范围界定标准或指标体系,各国或地区的界定标准差异较大。如计划单列市宁波市在实际经济运行中把以下几类

①　黄少军:《服务业与经济增长》,经济科学出版社,2000 年。

②　Hansen N. The Strategic Role of Producer Service in Regional Development. International Regional Science Review,1994,23(1).

③　Howells and Green. Location, Technology and Industrial Organization in UK Services. Progress in Planning, 1986(2).

④　Illeris S. Producer Services: the Key Factor to Economic Development. Entrepreneurship and Regional Development, 1989(1).

⑤　Daniels P W. Locational Dynamics of Producer and Consumer Services. Ch. 8 in Service Industries: A Geographic Appraisal. Methuen, 1985.

作为主要的生产性服务业内容，从统计上加以界定，见表2-3。

表 2-3　生产性服务业分类体系一览表

门类		行业小类	代码	门类	行业小类	代码
金融服务	银行业	中央银行	6810	中介服务	贸易经济与代理	6380
		商业银行	6820		律师及相关的法律服务	7421
		其他银行	6890			
	证券	证券市场管理	6910		公证服务	7422
		证券经纪与交易	6920		其他法律服务	7429
		证券分析与咨询	6940			
	保险	人寿保险	7010		会计、审计及税务服务	7431
		非人寿保险	7020			
		保险辅助服务	7030		市场调查	7432
	金融信托管理		7110		社会经济咨询	7433
	典当		7150		其他专业咨询	7439
	其他未列明的金融活动		7190		职业中介服务	7460
科技和信息服务	科技服务	自然科学研究与试验发展	7510		物业管理	7220
		工程技术研究与试验发展	7520		房地产中介服务	7230
		农业科学研究与试验发展	7530		房地产其他活动	7290
		医学研究与试验发展	7540		建筑工程机械与设备租赁	7313
		社会人文科学研究与试验发展	7550		其他机械与设备租赁	7319
		海洋服务	7630		企业管理机构	7411
		测绘服务	7640		投资与资产管理	7412
		技术检测	7650		其他企业管理服务	7419
		环境监测	7660		市场管理	7470
		工程管理服务	7671		包装服务	7492
		工程勘察设计	7672		保安服务	7493
		应用软件服务	6212		办公服务	7494
		其他软件服务	6290		其他未列明的商务服务	7499

续表

门类	行业小类	代码	门类	行业小类	代码
物流	铁路货物运输	5120	创意	广播	8910
	道路货物运输	5220		电视	8920
	远洋货物运输	5421		电影制作与发行	8931
	沿海货物运输	5422		电影放映	8932
	内河货物运输	5423		音像制作	8940
	其他水上运输辅助活动	5439		文艺创作与表演	9010
	装卸搬运	5710		会议及展览服务	7491
	运输代理服务	5720	国际贸易	纺织品、针织品及原料批发	6331
	其他仓储	5890		服装批发	6332
	国家邮政	5910		其他日用品批发	6339
	其他寄递服务	5990		文具用品批发	6341
创意	其他专业技术服务（含产品设计）	7690		矿产品、建材及化工产品批发	6360
	广告业	7440		机械设备、五金交电及电子产品批发	6370
	知识产权服务	7450			
	图书出版	8821		贸易经济与代理	6380
	报纸出版	8822		邮购及电子销售	6592
	期刊出版	8823			

（资料来源：苏晓光：《宁波生产性服务业发展求突破》，《宁波经济》，2008年第11期。）

我国学者程大中基于现实的经济演进和专业化分工，在开放经济条件下分析了生产者服务的外部化过程与趋势及影响因素，并通过国际比较进行了实证检验，进而研究了中国服务业增长的特点、原因及影响。他认为生产者服务与信息技术和知识经济的发展密不可分，体现了服务业内部结构的变化。由于生产者服务存在着显著的异质性,因而在产业实践中往往是定制化的,难以规模化生产①。

刘志彪分析了服务业驱动经济增长的机制和国际服务业转移的趋势,认为长三角的制造业只有基于高级生产性服务(APS)与先进制造业的互动、协同集聚与定位,实现"现代服务业和先进制造业双轮驱动",才能成功实现在 GVC 中的持续攀升②。李善同、高传胜等结合经济服务化的全球化趋势,对生产者服务和制造业互动规律进行了深入研究,并对二者互动的影响进行了实证检验,然后通过汽车产业和物流业等典型案例剖析了发展生产者服务促进中国制造业升级的路径与方式③。蔺雷和吴贵生在企业的微观层面界定了产品质量与制造企业服务增强的关系,并基于博弈模型的构建与求解揭示了制造企业服务增强的差异化和要素替代的内在机理,然后对制造企业服务增强的不同模式的绩效进行了实证检验,并对海尔和华为等典型案例进行了深入剖析,提出了对策建议④。

2.3 产业转移研究情况

有关产业转移的研究,实际上最早是从国际视角在国际产业发展的框架下展开的,主要是对产业转移的过程描述及影响效应分析等。比较典型的如 20 世纪 30 年代日本经济学家赤松要提出的"雁阵模式论",对东亚区域内依据各自经济发展水平不同、形成的产业结构错落有致的"雁阵形态"进行了分析和总结。20世纪 60 年代以前,对跨国公司海外直接投资的理论解释是以要

---

① 程大中:《生产者服务论》,文汇出版社,2006 年。
② 刘志彪等:《服务业驱动长三角》,中国人民大学出版社,2008 年。
③ 李善同、高传胜:《中国生产者服务业发展与制造业升级》,上海三联书店,2008 年。
④ 蔺雷、吴贵生:《制造业发展与服务创新》,科学出版社,2008 年。

素禀赋论为基础的国际资本流动理论。二战后,国际产业转移大致经历了三个阶段:首先是20世纪60年代以前美国向欧洲和东亚等地转移的劳动密集型产业;其次是20世纪60—80年代,日本、德国等国家向东南亚、拉美等发展中国家的劳动密集型产业转移;第三是20世纪90年代以来,美国、日本及欧洲发达国家由于集中发展知识密集型产业和服务业而将重化工业和应用型技术产业大量向发展中国家转移。因应这些实践中的发展趋势,理论研究相次展开。经济学家缪尔达尔提出了"地理上的二元经济"概念及"二元空间结构"理论。他认为空间区位上的二元性分割是众多发展中国家区域经济发展中的一个基本特征,这种分割既有历史原因,同样也在于各地区经济发展的差别性。这就为不同区域之间的产业转移奠定了客观基础。

1966年,美国经济学家弗农(R. Vernon)提出了"产品生命周期理论",对地域间和国际产业与产品的周期性发展进程以及由此导致的产业和产品的转移作了系统的描述和理论的总结[1]。同样是在20世纪60年代,海默提出了国际直接投资理论。巴克利和卡森于1976年提出了内部化理论,在研究跨国公司对外直接投资行为时,引入了科斯的交易费用观点,侧重分析市场交易机制与企业内部交易机制之间的关系,进而阐述战后跨国公司对外直接投资的动因。借鉴新古典经济理论的分析方法,日本经济学家Kojima提出了体系化的区域产业转移理论,即"边际产业扩张论"[2]。他将新古典理论引入区域产业转移分析中,将传统的赤松要模式改造成为著名的"小岛清模式",认为产业转移是为了回避产业比较劣势、发挥潜在比较优势而实施空间移动。20世

---

① Vernon R. International Investment and International Trade in the Product Cycle. Quarterly Journal of Economics,1966(63).

② Kojima K. Capital Accumulation and the Course of Industrialization, with Special Reference to Japan. Economic Journal, 1960,70(280).

纪70年代末,邓宁提出的国际生产综合范式[OLI(Ownership Location Internalization,国际生产折衷理论)模型]理论,创建了一个重要方向,就是关注通过 FDI 获取竞争优势的问题,其间接地阐释了产业在国家间的梯度转移[①]。阿瑟·刘易斯认为对劳动密集型产业而言,发达国家或地区的劳动力成本上升是产业空间转移的根本原因[②]。这些理论表明,一方面,产业发展到一定时期就会发生产业转移,并且产业转移对移出地产业竞争力的提升、移入地产业的更新都有较为显著的促进作用。另一方面,产业转移又反过来促进了各国或地区的产业结构调整与优化。

20世纪90年代以来的第三次产业转移规模超前、形式多样、内容丰富,不仅包括传统制造业的转移,也包括服务业的转移。世界产业结构的再调整是这次国际产业转移的主要动力。基于这种情况,Porter 在产业区位理论和跨国公司发展战略理论的基础上提出了产业转移中的战略管理理论[③]。他认为,以往的国际直接投资(国际产业转移)理论只注重了对国际直接投资成因的研究,试图解释的是国际直接投资为何发生的问题,而对于国际直接投资发展演化的机制,尤其是对现有跨国公司的管理、国际竞争对跨国公司战略的影响等问题缺乏深入研究。Porter 理论的核心问题,是跨国公司在复杂的国际竞争环境下如何动态调整竞争战略,以使得组织结构适应国际商业形势的变化。

总体来看,产业转移的理论基础包括新古典主流经济学的微观区位优势理论、区际与国际贸易理论及新经济地理学等。区位优势理论假定生产要素不完全流动,有运输成本的约束,产业梯度转移的模式有靠近原料地的资源利用型和市场拓展型等,此理

---

① Dunning J. The Paradigm of International Production. Journal of International Business Studies,1988.

② 阿瑟·刘易斯:《国际经济秩序的演变》,商务印书馆,1984年。

③ Porter M E. The Competitive Advantage of Nations. The Free Press, 1990.

论推导出区域渐进均衡发展的结果。新古典主流经济学的区际与国际贸易理论是一种国际分工理论，同样是产业转移的理论基础。该理论强调发挥区域比较优势进行产业结构调整，主要从国家和区域层面基于产业发展的视角来研究产业转移的发生、发展及其变化趋势。区际与国际贸易理论假定没有运输成本及生产要素不流动，且各产业间专业化分工，其本质是贸易流动替代要素流动，长期内各地区要素价格均等化，也就是经济系统长期内会收敛于共同富有的状态。Fujita 与 Krugman 等创建的新经济地理学的中心—外围模型，遵循报酬递增与运输成本的权衡，假定劳动力要素可以自由流动，企业生产具有规模经济效应，是一种区域价值链分工模式。而母国市场效应（HME，Home Market Effect）的核心是：工业与贸易为什么会集聚[①]？ Krugman 等人认为，历史偶然性和预期在产业空间集聚中都发挥重要作用，至于何种因素的作用更大，则取决于所在的经济结构，特别是和调整成本相关[②]。梁琦利用数学模型论证了当不存在重叠区域时，在集聚中心的动态累积过程中，历史会起到重要作用；而如果存在重叠区，若初始劳动力资源配置落在该区域外，那么历史对于集聚中心的形成仍有重要作用，若初始资源配置落在区域内，则预期会起重要作用[③]。

2.3.1　产业转移的微观动因

微观视角下的产业转移主要是从企业迁移角度展开研究的。企业迁移是一种特殊形式的企业区位调整。关于企业迁移的研究分为新古典学派、行为经济学派和制度理论学派。各派从不同角度研究了企业迁移的动因及其财富效应以及企业迁移的决策

---

① Fujita M, Krugman P and Venables A J. The Spatial Economy: Cities, Regions, and International Trade. MIT Press, 1999.

② Krugman P. History Versus Expectations. Quarterly Journal of Economics, 1991 (106).

③ 梁琦：《产业集聚的均衡性和稳定性》，《世界经济》，2004 年第 6 期。

理论模型等。国内外都存在企业迁移的理论研究落后于企业迁移的实践的现象,但仍有不少学者进行了孜孜不倦的探索。国内较有代表性的研究,如白玫在其博士论文《企业迁移研究》中系统研究了中国的企业迁移,并把企业迁移分为完全迁移和部分迁移两种①;钱文荣和邹静琼通过对浙江海宁市 200 家企业的问卷调查和分析发现,企业的迁移成本和企业家对不同地区的生活满意度是影响农村企业适度集中的主要因素②。发达国家的产业转移研究主要以微观层面为主,兼有宏观视角的拓展。宏观视角的拓展往往与国际经济发展和直接投资相联系,主要表现为企业对外投资和跨国公司的研究,大多属于基于发达国家实践的FDI 流出的相关理论,侧重于从动因和模式方面进行深入的考察。上面已经概述了国际视角下的产业转移研究脉络,在此不再赘述。这里主要回顾发达国家微观企业层面的产业转移动因研究。

西方国家有关企业迁移的研究始于 1949 年。尽管许多学者从不同方面对企业迁移理论进行了广泛而深入的研究,极大地丰富了人们对企业迁移理论的认识,但目前尚未形成一个被统一认可的理论框架。在早期的企业迁移研究中,国外大多数学者强调外部影响因素的重要性。McLauglin 等从较为薄弱的工会组织和基于廉价劳动力的比较优势的视角对美国 20 世纪 50 年代制造业迁移的动因进行了分析,发现美国东北部劳动力成本的持续上升和激烈的劳资纠纷是导致企业南迁的重要原因之一③。Garwood 则进一步强调原材料和市场扩张的原因对企业迁移的

---

① 白玫:《企业迁移研究》,南开大学博士学位论文,2003 年。
② 钱文荣、邹静琼:《城市化过程中农村企业迁移意愿实证研究》,《浙江社会科学》,2003 年第 1 期。
③ Mclaughlin G E and Robock S. Why Industry Moves South: a Study of Factors Influencing the Recent Location of Manufacturing Plants in the South. Kingsport Press, National Planning Association, and Kingsport Tennessee, 1949.

重要影响①。

一直以来,政府政策等制度性因素,尤其是产业和区域创新等政策,都是影响企业迁移的重要因素,也是制度学派研究的重点。他们认为,企业迁移的经济过程是由社会文化制度和价值系统所共同影响的。在实践中,为缓解区际就业机会和实际收入的不均衡状况,二战后,西方发达国家纷纷对进行转移的企业实施各种形式的财政补助,鼓励企业迁往国内一些相对不发达的地区,以实现区域协调和共同发展。但 Cameron 等的分析结论说明,企业迁移与政府的各种区域和产业政策的实施之间呈现出负相关的关系②。而 Keeble 考察了英国 20 世纪 60—70 年代区际产业迁移的实践后认为,所有政策包括区域产业和财政政策深刻影响了企业的区际迁移,从而与上述研究得出了非常不一致的结论③。

Smith 从微观的企业迁移动因如推力、拉力和阻力的视角提出了赢利空间界限模型(见图 2-2)。他认为,基于区位的空间收益和空间成本均呈现出动态特性,故企业的区位策略也应适时进行动态调整,必要时要进行企业迁移。但企业迁移的成功与否取决于迁移中的阻力和拉力的最终博弈结果④。Ball 调查分析了伦敦金融制度对总部区位的影响,尤其是资本市场制度对企业迁移

① Garwood J D. An Analysis of Postwar Industrial Migration to Utah and Colorado. Economic Geography, 1953, 29(1).

② Cameron G C and Clark B D. Industrial Movement and the Regional Problem, University of Glasgow Social and Economic Studies, Occasional Paper No. 5. Oliver & Boyd, 1966.

③ Keeble D. Industrial Location and Planning in the United Kingdom. Methuen & Co, 1976.

④ Smith D M. Industrial Location: An Economic Analysis. John Wiley & Sons, 1971.

的重要影响①。

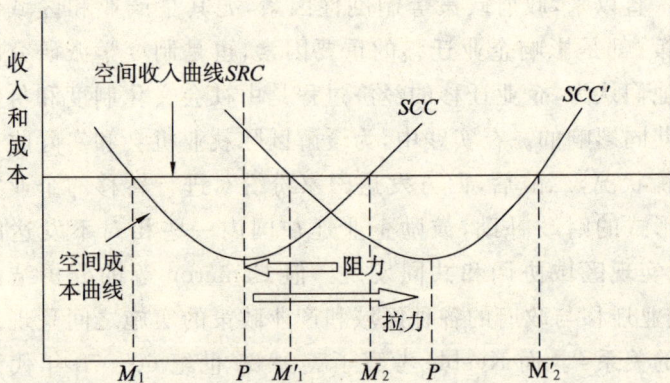

图 2-2　企业迁移与盈利空间界限

（资料来源：魏后凯：《现代区域经济学》，经济管理出版社，2006 年第
71 页。）

　　事实上，在迁移决策中，企业或行业内部因子的重要性也是
不可忽视的。首先是企业的年龄。一般而言，较新成立的企业一
般比时间较久的企业业务发展快，因而较容易实施市场扩张战略
式的迁移行为②；与此相联系，实施并购的企业也更有可能迁移，
此时，接管或收购可以被认为是企业迁移的一种替代方式。反过
来看，时间较久的老企业多植根于区域的经济和社会环境中，迁
移难度相对年轻企业而言较大。其次是行业属性。动态地看，服
务业企业一般比制造业企业更有意愿实施迁移，因为从沉没成本
的角度看，服务业企业固定设备和各种设施投资等投入较少。而
且从规模上看，服务业企业多数为中小企业或微型企业，故实施
迁移的难度较小。在实证研究方面，比较有代表性的如 Van Dijk

---

①　Ball M. Institutions in British Property Research: A Review. Urban Studies,
1998(35).

②　Dunne P and Hughes A. Age, Size, Growth and Survival. The Journal of Indus-
trial Ecnomics, 1994, 42(2).

等基于荷兰 1000 多个样本公司进行了计量实证研究[1]。

2.3.2 产业转移的宏观效应

国际直接投资理论自海默提出以来,几乎都是以发达国家的实践为样本进行研究的。但到了 20 世纪 80 年代初期,发展中国家的跨国公司开始出现,于是理论的视角开始关注发展中国家的对外投资行为。很多学者认为,产业转移可以促进产业转出地的产业结构优化调整和升级。在实践中,产业转移的实施往往表现为企业并购、资源开采与利用、市场拓展与机构扩张等形式。值得一提的是,邓宁针对折衷理论范式缺乏动态分析的严重缺陷,对发展中国家的对外投资行为实践进行了理论创新,提出了投资发展周期及水平理论。他对 67 个国家 1967—1978 年间的直接投资流量与经济发展水平的资料进行了相关分析,结果发现,一国直接投资的流出量或流入量与该国的经济发展水平呈现高度相关的关系。他把这种关系称为投资发展周期[2]。另外,投资诱发要素组合理论认为,FDI 的动因应建立在直接和间接诱发要素的组合基础上,间接诱发要素在当今国际直接投资中起着越来越重要的作用。直接诱发要素是指投资国和东道国拥有的各种生产要素,如技术、资本和信息等;而间接诱发要素则指生产要素之外的政策和环境要素。对于发达国家企业的对外直接投资,直接诱发要素起主要作用,而对于发展中国家企业的对外直接投资,间接诱发要素起到主要作用。

总的来说,将发展中国家产业转移和专业集群结合起来的研究成果还不多,这主要是因为产业转移往往是以一定的产业发展水平为前提,发展中国家在实践中处于大力发展产业集群的过程

---

① Van Dijk J and Pellenbarg P H. Firm Relocation Decisions in the Nertherlands: An Ordered Logit Approach. Regional Science, 2000(79).

② Dunning J. The Paradigm of International Production. Journal of International Business Studies, 1988(Spring).

中,作为产业转移前提的产业发展水平则相对落后。所以,发展中国家视角下的产业转移多数表现为承接,可以认为与发达国家出现的产业转移属于一个问题的两方面,因为跨国产业转移在具体的表现形式上多数是 FDI。故研究发展中国家如何吸引利用外资以及 FDI 对东道国经济的影响成为实践中和理论上非常重要的课题。学者陈建军认为,发展上的差距和文化上的相近是东亚地区产业转移相对活跃的主要原因[①]。当前,虽然世界金融危机的影响在不断加深,但产业转移的趋势不会发生根本改变。推动产业由发达国家向发展中国家转移是产业的级差,技术差距的现实存在是产业级差的实质来源。所以,产业转移就成了发达国家与发展中国家之间经济联系的主要纽带之一。

产业转移规模日趋扩大,并且出现了由单个产业到组团式、整体产业链转移的趋势,在实践中表现为集群式转移。在新时期,自然资源等初级要素所起的作用越来越小,但仍然是决定生态承载力的基本条件,而影响产业转移的因素也越来越取决于市场容量、人力资本、产业技术水平、对外开放程度和知识创新能力以及制度和文化及投资环境等各种变量。Sonobe 和 Otsuka 分析了东亚数个产业集群的发展历程,建立了一个产业集群质量升级的分析框架,并研究了企业间竞争加剧促使集群实现质量升级的途径[②]。黄祖辉、张晓波和朱允卫通过对温州鞋业产业集群典型案例的历史分析,强调了集群模式在农村工业化过程中的巨大作用[③]。Belton,Hu 和 Zhang 运用 2000 年和 2008 年的两轮跟踪调查数据,实证分析了浙江省织里镇童装产业集群崛起和动态演化的内在机制,发现集群内的企业规模日益分化,这与专业化程

① 陈建军:《产业区域转移与东扩西进战略——理论与实证分析》,中华书局,2002 年。

② Sonobe T and Otsuka K. Cluster-based Industrial Development: An East Asia Model. Palgrave Macmillan, 2006.

③ Huang Z, Zhang X and Zhu Y. The Role of Clustering in Rural Industrialization: A Case Study of Wenzhou's Footwear Industry. China Economic Review, 2008(19).

048
Research on Mechanism of Industrial Relocation and Upgrading of Clusters

度和外包(产业转移的一种形式)的比例有关,说明产业转移已经开始深刻影响集群的演化和升级①。

FDI 对东道国经济的发展带来的有利影响包括资源转移效应、就业增加效应、国际收支平衡效应以及产业结构调整效应等。在这方面有大量的理论与实证文献,在此不再赘述。虽然,不可否认 FDI 对经济增长有着巨大促进作用,但其负面影响也是值得警惕的。FDI 对东道国经济发展的不利影响包括:由于东道国处于相对劣势地位,外资的到来可能加剧竞争,国内民族产业的安全受到威胁;其次,外资的抽离可能会引起资本大规模流出从而对国际收支产生不利影响,1998 年东南亚金融危机就是外资大规模撤出引起的;另外就是对环境的不利影响。从表 2-4 可以看出,发达国家对外直接投资中严重污染行业所占比例相当之高,尤其是在制造业领域。法国 1980—1989 年对外直接投资中制造业约有 63% 是四大污染产业,而几乎所有发达国家的此项比例都在 30% 以上,说明很大一部分产业转移是"污染转移"。

表 2-4　发达国家对外直接投资中严重污染行业所占份额

国家	年份	对外直接投资中的严重污染行业所占份额/%	制造业对外直接投资中严重污染行业所占份额/%
美国	1977	19	39
	1980	22	45
	1990	19	42
英国	1974	18	27
	1981	20	35
	1987	13	38
法国	1975	22	58
	1980	26	63
	1989	17	63

---

①　Belton F, Dinghuan H, William M and Xiaobo Z. The Evolution of an Industrial Cluster in China. China Economic Review, 2010(4).

续表

国家	年份	对外直接投资中的严重污染行业所占份额/%	制造业对外直接投资中严重污染行业所占份额/%
德国	1976	23	48
	1980	22	47
	1989	19	45
日本	1975	14	42
	1980	16	48
	1989	18	31

（注：严重污染行业包括化工、石油和煤炭、冶金、纸浆造纸等四大污染行业。）

（资料来源：联合国跨国公司中心：《1992年世界投资报告》，对外贸易教育出版社，1993年，第234—235页。）

2.3.3 产业转移的影响因素

魏后凯认为从微观层面看，产业转移是企业追逐利润目标的产物。产业转移一方面是企业再区位调整的过程，同时也是企业空间策略变迁的过程。企业的营利本性决定了当外部环境发生变化、公司战略出现调整时，企业会把自己的部分或全部活动搬迁到更有利于企业发展的地方。如抢占区域新兴市场，获得生产规模经济；充分利用转入区资源、劳动力，降低企业生产成本，从而提高企业的长期竞争力[1]。王业强从理论模式、决定因素和迁移绩效等三个方面对国外企业迁移文献进行了系统回顾，认为企业迁移研究的理论和方法出现了融合发展趋势，在新古典理论框架的基础上采取制度和行为的方法逐渐成为主流，而影响企业迁移的决定因素进一步内生化[2]。张存菊和苗建军基于江苏省28个制造业的 Panel-data，从区际产业转移粘性的视角，采用固定效应模型对经济增长的影响因素进行了实证研究，发现产业转移的粘性

---

[1] 魏后凯：《产业转移的发展趋势及其对竞争力的影响》，《福建论坛（经济社会版）》，2003年第4期。

[2] 王业强：《国外企业迁移研究综述》，《经济地理》，2007年第1期。

主要受沉没成本和劳动力跨区域转移的影响。进一步地看,最主要的影响因素是沉没成本而不是劳动力跨区域转移,而且实证检验表明产业集群对产业转移的作用不是非常明显[①]。

在具体实践层面,产业转移是一种多层次的综合运动,故产业转移往往表现为国际或区际贸易、投资及经济技术合作等多种活动形式。产业转移不仅包括企业搬迁这一空间要素的转移,也包括原材料、物资、资本及市场体系等经济要素的综合性转移。贺灿飞和魏后凯采用系统的数据和计量经济方法,探讨了信息成本和集聚经济对中国外商投资区位选择的影响,认为外商在华直接投资行为面临诸多信息不对称和外部不确定性[②]。外商直接投资的区位决策是对信息成本和集聚经济的理性反映。实证分析结果表明,外商在华直接投资的区位选择取决于信息成本和集聚经济变量。此外,人力资本也是重要的区位因素。张书军、王珺、李新春和丘海雄提出在经济发展过程中,创业精神作为一种必要的支撑力量,发挥着重要作用。一方面,家族企业的涌现与创业精神大大影响着产业集群边界的拓展与经济性质的动态演进;另一方面,产业集群的成长为创业与改进家族化企业管理效率提供了有力支持和保障。他们认为,产业集群在空间布局上的聚集使得企业间较容易出现长期重复的交易,这比随机性强、零散化的市场交易更能紧密企业间的关系;另一方面,基于特定区域文化背景下的信任,企业间交易越来越多,从而形成一个复杂的网络,因而影响集群中企业的各种决策,包括迁移等战略性的措施。故一旦出现产业转移,企业往往会采取抱团式的集群转移

---

① 张存菊、苗建军:《基于 Panel-data 的区际产业转移粘性分析》,《软科学》,2010 年第 1 期。

② 贺灿飞、魏后凯:《信息成本、集聚经济与中国外商投资区位》,《中国工业经济》,2001 年第 9 期。

模式以降低各种风险①。

刘力和张健认为,产业转移往往是由大规模企业迁移引发的,企业迁移方式和绩效对产业结构升级及区域经济发展具有重要的影响②。他们基于对珠三角地区产业转移的调研,发现有近三分之一的企业考虑把最新的投资投向珠三角以外的区域。成本等相关因素是企业迁移考量的第一因素,重要性超过 30%,各种与政府干预相关的政策因素合计占到29.1%。在诸多迁移方式中,有超过八成的企业实施的是增量式生产转移,仅有约 9.8%的企业进行了整体性存量式迁移。符正平和曾素英以广东省佛山市陶瓷产业集群为典型案例,讨论了企业的复杂社会网络对集群式产业转移中企业转移模式和行动特征的具体影响。他们从网络中心性、联系强度和异质性等三个维度对企业社会网络进行了测度。研究发现:网络异质性越强,网络联系强度越弱,集群企业转移就越倾向于采取独立行动,而不是集体行动;网络异质性和网络中心性越强,集群企业就越倾向于选择性转移,而不是复制性转移,但网络联系强度对企业转移的模式没有显著的影响③。魏后凯、白玫等发现,中国上市公司总部迁移的一个显著特征就是目标区位以东部发达地区为主,表现为上行流迁移和西—东迁移居多。伴随着这种西—东迁移的是财富向北京等东部发达城市的集中。导致上市公司总部西—东迁移的动力机制是上市公司对资本流动性及融资便利程度的要求较高,上市公司总部对技术、人才和信息的可获得性要求较高,而北京等东部发

---

① 张书军、王珺、李新春、丘海雄:《产业集群、家族企业与中小企业创业国际研讨会综述》,《经济研究》,2007 年第 5 期。

② 刘力、张健:《珠三角企业迁移调查与区域产业转移效应分析》,《国际经贸探索》,2008 年第 10 期。

③ 符正平、曾素英:《集群产业转移中的转移模式与行动特征》,《管理世界》,2008 年第 12 期。

达城市恰好满足了上市公司对总部区位的要求①。

2.3.4　产业转移的实践模式

国内的区域产业转移研究起步虽然相对较晚,直到 20 世纪 90 年代起才有一些学者开始真正研究产业转移问题,但对于产业转移的实践模式却有独到的研究,众多学者总结了很多的产业转移模式并指导了我国的区域发展实践。卢根鑫是较早对产业转移问题进行系统研究的一位。他在专著《国际产业转移论》②一书中提出了重合产业竞争论,以价值盈余为核心范畴,以产业分化为起点,对产业转移进行了系统研究。石东平和夏华龙分析了国际产业转移模式与发展中国家产业升级的路径,提出了梯形产业转移论③。他们认为在产业转移和升级的低层次阶段,占支配地位的一般是基于"自然的"比较优势,而到了高级阶段,则应当创造"高级"优势,注重后发优势的利用。但在传统的比较优势理论中,生产要素在区际是不流动的或者说流动性较小。而产业转移理论则突破了生产要素在区际流动的限制,从而使比较优势理论得到了新的运用与发展。随后的产业转移研究更多的是基于国外的产业转移理论,并结合我国区域经济发展的实际情况进行研究。

陈建军认为产业转移是指生产要素宏观供需条件发生改变以后,某些产业从一个国家或区域转移到其他国家或区域的经济运动过程。根据转移的范围不同,可以分为国内产业转移和国际产业转移,国内产业转移亦称区域产业转移或区际产业转移④。从本质上说,产业转移更多的是要素综合体的移动,是资本和技

---

① 魏后凯、白玫:《中国上市公司总部迁移现状及特征分析》,《中国工业经济》,2008 年第 9 期。

② 卢根鑫:《国际产业转移论》,上海人民出版社,1997 年。

③ 石东平、夏华龙:《国际产业转移与发展中国家产业升级》,《亚太经济》,1998 年第 10 期。

④ 陈建军:《产业区域转移与东扩西进战略——理论与实证分析》,中华书局,2002 年。

术及知识的流动。在中国转型的背景下,区域产业转移表现为经营资源的转移和企业家资源的溢出,体现在微观层面就是企业的跨区域发展和产业链的空间布局与协作①。汪斌对产业转移的内涵、动因、转移类型以及内在机制包括产业转移对参与各方的影响等进行了深入系统的研究②。顾朝林认为产业转移是一个具有时间和空间维度的动态演化过程,是一个历时与共时兼容的经济现象,而不仅仅是一个空间概念,而且它既是对生产要素的空间移动的描述,也是对不同产业部门形成与演进历史的梳理③。石奇基于集成经济的视角来分析产业转移,认为产业转移是企业对市场的重组和集成,是实现经济性的一种手段,服务于企业寻求集成经济的目的④。王文成等人认为这样理解并不全面,产业转移既是一个资源流动过程,也是一个资源优化组合配置的经济过程⑤。范剑勇通过实证研究发现,改革以来长三角地区的专业化水平和市场一体化水平已有提高,产业布局已发生根本改变,但制造业结构趋同现象仍相当严重。通过新经济地理学分析框架,他认为,一体化必然带来制造业的空间转移和地区结构差异性增强⑥。

张孝锋认为产业转移是企业为了组合利用各地区的资源以保持和提高竞争优势的结果,其本质是经济全球化条件下世界产业布局的改变而导致的全球范围内的产业结构调整,一定程度上具

① 陈建军:《要素流动、产业转移和区域经济一体化》,浙江大学出版社,2009年。
② 汪斌:《国际区域产业结构分析导论——一个一般理论及其对中国的应用分析》,上海三联书店,2001年。
③ 顾朝林:《产业结构重构与转移——长江三角地区及主要城市比较研究》,江苏人民出版社,2003年。
④ 石奇:《集成经济原理与产业转移》,《中国工业经济》,2004年第10期。
⑤ 王文成、杨树旺:《中国产业转移问题研究:基于产业集聚效应》,《中国经济评论》,2004年第8期。
⑥ 范剑勇:《长三角一体化、地区专业化与制造业空间转移》,《管理世界》,2004年第11期。

有蝴蝶效应的特征①。奥默罗德提出了蝴蝶效应经济学,认为经济体系是一个处于混沌世界中的复杂系统②。俞国琴区分了衰退性转移和扩张性转移的性质差异和不同动机,认为通过跨区域的投资,把部分产业的生产转移到发展中区域进行生产是实现经济系统优化的重要方式③。戴宏伟认为产业结构调整与产业转移是互动关系,我国区域产业结构调整对产业转移有着迫切的需求④。

王忠平等认为产业转移是由长期稳定的区际贸易与投资产生的,提出区域间比较优势差异是区域产业转移的根本动力,并从区际产业转移的动力角度提出了区际产业转移的定量衡量指标,然后以我国各省三大产业发展状况为例进行了实证分析⑤。李松志等对产业转移的内涵作了广义拓展,包含了价值链不同阶段的环节转移,如销售及研发设计等,而不仅仅是生产环节的转移。他们通过对佛山陶瓷和东莞石龙两个产业转移案例的调研,分析了珠三角区域的产业转移模式,发现产业转移的方式是以"市场驱动"为主,政府只是起了辅助作用⑥。陈蕊利用改进了的产业梯度系数计算了我国 31 个省区 26 个工业行业的产业梯度系数,并绘制了产业梯度系数表,实证分析了现阶段我国区域产业转移的总体特征⑦。马子红认为中国的产业转移是生产要素的转移和聚集过程,受到各种要素报酬、市场容量和成本等因素的影响。他概括并阐述了七种区际产业转移模式:成本导向型转移、市场开拓型转移、多元化经营型转移、竞争跟进型转移、供应

① 张孝锋、蒋寒迪:《产业转移对区域协调发展的影响及其对策》,《财经理论与实践》,2006 年第 4 期。

② 保罗·奥默罗德:《蝴蝶效应经济学》,中信出版社,2006 年。

③ 俞国琴:《中国地区产业转移》,学林出版社,2006 年。

④ 戴宏伟、王云平:《产业转移与区域产业结构调整的关系分析》,《当代财经》,2008 年。

⑤ 王忠平、王怀宇:《区际产业转移形成的动力研究》,《大连理工大学学报》,2007 年第 1 期。

⑥ 李松志、杨杰:《国内产业转移研究综述》,《商业研究》,2008 年第 2 期。

⑦ 陈蕊:《区域产业梯度转移调控研究》,合肥工业大学博士学位论文,2008 年。

链衔接型转移、追求规模经济型转移和政策导向型转移模式①。
张婷婷和高新才通过对我国欠发达地区承接产业转移实证和比
较研究发现,目前我国产业转移正在启动中,西部地区承接产业
转移的力度不大,且中西部之间和西部地区不同省份之间承接能
力存在差异②。

2.4 集群式产业转移的国内外研究现状

一般认为,产业集群转移是指一个地区的产业集群整体转移
到另一个地区,但在现实中往往难以一步到位,故广义的集群式
产业转移也包括各产业链环节的转移。最新的研究表明,产业集
群提供了一整套的制度支撑和相关的服务设施,所以集群式转移
的影响因素要远远复杂于单个企业的迁移。这方面的典型文献
多为基于田野式调查的实证文献。Sammarra 把集群产业转移的
类型分为选择性转移(Selective Relocation)和复制性转移(Replica-
tive Relocation)。复制性转移表示企业把全部活动从一个地方整
体搬迁到另一个地方,也就是我们说的存量式转移;选择性转移则
意味着把一些低端环节转移出去,而保留对集群有长期竞争优势
的战略活动环节,如研发、设计和营销等③。Roberta 等通过调查
发现,意大利产业区中存在大量的新产业组织模式,产业区一直
都在进行动态的再区位调整④。Toshihiro 分析了企业异质性条

---

① 马子红:《中国区际产业转移与地方政府的政策选择》,人民出版社,2009 年。

② 张婷婷、高新才:《我国欠发达地区承接产业转移实证比较研究》,《青海社会科学》,2009 年第 1 期。

③ Sammarra A . Relocation and the International Fragmentation of Industrial Districts Value Chain: Matching Local and Global Perspectives. In Belussi, F, and Sammarra, A.(eds), Industrial Districts, Relocation and the Governance of the Global Value Chain (Padova: Cleup),2005.

④ Roberta R,Anna C and Giovanna H. Italian Industrial Districts on the Move: Where Are They Going? European Planning Studies, 2009, 17(1).

件下的贸易自由化和产业集聚,发现贸易成本的减少是导致产业空间分布变化的重要原因[①]。Valter 等通过对意大利调查数据的分析,提出了两种测度地方和全球产业集聚模式的方法[②]。Dongya 以中国的调研数据为基础,实证分析了企业规模和产业集聚间的关系,发现企业倾向于靠近市场规模大的地区[③]。

相比较而言,国内对于产业集群转移的研究可以说才刚刚起步,并没有形成一定的系统性,研究的结果也比较零散。劳动力成本上升、土地资源紧缺、环境约束趋紧以及人民币升值和外贸出口政策的变动使得我国的集群式产业转移日益普遍。鲁德银发现企业家控制权与企业迁移呈正相关关系,企业家对产业集群收益及迁移成本的预期是企业迁移的主要动因。乡镇产业集群政策体系和城镇化政策应以乡村企业家理性决策和理性迁移为政策立足点,增加公共产品和政府服务、健全市场体系、保护私有产权、尊重企业家人格精神、促进社会人文和谐环境建设[④]。隋映辉等认为,受转移对象国或地区的资源、历史、经济、市场等各方面的影响,以及发达国家企业的战略布局安排,全球产业集群转移的路径有跨国公司转移带动产业集群、产品"外包"带动产业集群和创新本土化带动产业集群三种模式[⑤]。

庄晋财、吴碧波认为,西部地区有效承接东部产业转移的重要性已经得到公认,但在承接中往往忽视产业链的整合,导致链

① Toshihiro O. Trade Liberalization and Agglomeration with Firm Heterogeneity: Forward and Backward Linkages. Regional Science and Urban Economics, 2009(39).

② Valter D G and Marcello P. Local and Global Agglomeration Patterns: Two Econometrics-based Indicators. Regional Science and Urban Economics, 2011(41).

③ Dongya L, Yi L and Mingqin W. Industrial Agglomeration and Firm Size: Evidence from China. Regional Science and Urban Economics, 2012(42).

④ 鲁德银:《企业家行为、企业迁移、产业集群与农村城镇化政策》,《财经研究》,2007 年第 11 期。

⑤ 隋映辉、解学梅、赵琨:《全球产业转移:分散化、集群路径与规制》,《福建论坛》,2007 年第 8 期。

上企业分工不明、重复建设严重。他们根据产业转移产业链特征总结了西部地区承接产业转移的四大模式,即整体迁移模式、内部化模式、梯度与逆梯度模式、集群转移模式①。黄祖辉等通过对温州鞋业和湖州织里童装等产业集群典型案例的历史分析,强调了集群模式在农村工业化和产业升级过程中的巨大作用②。王辉龙认为租的变动促进了产业的梯度转移。企业可以通过抽取租的方式把订单转给那些生产效率高于自己的生产者。租的存在和产业集群内在的联系网络使订单总是可以传到那个效率最高的生产者手上,这提高了集群整体的生产绩效③。吉敏、胡汉辉等从国家产业转移的视角,归纳了集群企业的跨国整体迁移和主导企业带动产业集群转移等两种模式④。郭丽从沉没成本等视角分析了产业区域转移的粘性⑤。李松志基于集群理论,对佛山禅城陶瓷产业转移时空演替机理进行了研究,发现市场是驱动陶瓷产业转移的主要动力⑥。张公嵬考察了我国产业集聚的变迁与产业转移的可行性,认为劳动密集型产业在我国具有发展的持续性和可能性⑦。曾咏梅概括了产业集群嵌入全球价值链的五种模式⑧。

郭力、陈浩等基于中国中部地区 6 省农户调查数据,基于产

---

① 庄晋财、吴碧波:《西部地区产业链整合的承接产业转移模式研究》,《求索》,2008年第 10 期。

② 黄祖辉:《转型、发展与制度变革——中国三农问题研究》,上海人民出版社,2008 年。

③ 王辉龙:《集群、租与产业转移:一个理论分析框架》,《华东经济管理》,2009 年第 10 期。

④ 吉敏、胡汉辉:《苏南产业集群升级的路径选择——基于产业集群式跨国转移发展的构想》,《软科学》,2009 年第 2 期。

⑤ 郭丽:《产业区域转移粘性分析》,《经济地理》,2009 年第 3 期。

⑥ 李松志:《基于集群理论的佛山禅城陶瓷产业转移时空演替机理研究》,《人文地理》,2009 年第 1 期。

⑦ 张公嵬:《我国产业集聚的变迁与产业转移的可行性研究》,《经济地理》,2010 年第 10 期。

⑧ 曾咏梅:《产业集群嵌入全球价值链的模式研究》,《经济地理》,2011 年第 3 期。

业转移的视角利用 Logit 模型对影响中部地区农民工跨省流动意愿的因素进行了实证分析,认为应加快产业梯度转移和结构调整①。范纯增、姜虹构筑了集群间互动发展的动力模型,发现集群发展呈现明显的阶段性与等级性,集群间互动结构具有不平衡性②。贺胜兵等基于企业网络招聘工资地区差异的视角,解析了为何沿海产业难以向中西部转移的原因③。庄晋财、沙开庆、程李梅及孙华平等认为,集群是一个包含社会网络和产业网络互嵌的复杂结构,并从双重网络互嵌的视角对农民工创业成长的动态演化规律进行了探讨,进而对正泰集团和温氏集团进行了深入的案例分析④。

也有部分中外学者从宏观角度应用新经济地理学派等理论分析了产业转移现象,如 Richard Arnott 从对拥挤外部性收费最优的角度,考察了城市产业集聚的主要原因⑤。Fujita 考察了智力创意时代背景下新经济地理走向一个综合空间经济学的动态分析框架⑥。郑文智认为当经济发展导致的"拥挤成本"大于由聚集经济带来的经济效应时,制造业就面临着深化改造与转移的选择⑦。陈耀等指出,我国东部沿海地区出现的产业集群迁移的

---

① 郭力、陈浩、曹亚:《产业转移与劳动力回流背景下农民工跨省流动意愿的影响因素分析》,《中国农村经济》,2011 年第 6 期。

② 范纯增、姜虹:《产业集群间互动发展的动力机制、合作强度与效应》,《经济地理》,2011 年第 8 期。

③ 贺胜兵、刘友金、周华蓉:《沿海产业为何难以向中西部地区转移——基于企业网络招聘工资地区差异的解析》,《中国软科学》,2012 年第 1 期。

④ 庄晋财、沙开庆、程李梅、孙华平:《创业成长中双重网络嵌入的演化规律研究》,《中国工业经济》,2012 年第 8 期。

⑤ Richard A. Congestion Tolling with Agglomeration Externalities. Journal of Urban Economics,2007(62).

⑥ Fujita M, Krugman P and Venables A J. The Spatial Economy:Cities, Regions, and International Trade. MIT Press, 1999.

⑦ 郑文智:《国内制造业集群式转移趋势及其约束条件研究》,《中国软科学》,2007 年第 10 期。

主要动因是企业经营成本上升①。朱华友等指出,无论是国际产业转移还是区际产业转移,在空间上都表现出明显的集群特征,是一种"分散的集中"。他们还总结了四种产业转移的集群路径与形式:跨国公司转移带动集群形成,通过龙头企业的迁移带动形成集群,制造业中生产外包形成产业集群,以及承接地工业园区的建立带动集群形成②。James 等使用微观数据实证分析了总部集聚的决定因素,发现大城市服务型总部的半径较大,集聚效应更明显③。毛广雄基于社会资本理论对江苏南北共建开发区的产业转移模式进行了解析④。D'Artis 利用克鲁格曼的新经济地理框架分析了欧盟的劳动力流动效应,并证实了核心外围结构的存在性⑤。李占国、孙久文基于空间经济学视角解释了我国产业区域转移滞缓的原因,并提出了加速产业转移的途径⑥。刘友金等运用 Hayter 区位进入理论,构建了中部地区承接沿海产业转移的竞争力评价指标体系,并分析了中部地区承接沿海产业转移空间布局问题⑦。Antonio 等分析了制造业和服务业的协同发

① 陈耀、冯超:《贸易成本、本地关联与产业集群迁移》,《中国工业经济》,2008 年第 3 期。

② 朱华友、孟云利、刘海燕:《集群视角下的产业转移的路径、动因及其区域效应》,《社会科学家》,2008 年第 7 期。

③ James C, Davis J and Vernon H. The Agglomeration of Headquarters. Regional Science and Urban Economics,2008(38).

④ 毛广雄:《基于社会资本理论的产业转移研究:江苏南北共建开发区模式解析》,《人文地理》,2010 年第 4 期。

⑤ D'Artis K. The Economic Geography of Labour Migration:Competition, Competitiveness and Development. Applied Geography, 2011(31).

⑥ 李占国、孙久文:《我国产业区域转移滞缓的空间经济学解释及其加速途径研究》,《经济问题》,2011 年第 1 期。

⑦ 刘友金、肖雁飞、廖双红、张琼:《基于区位视角中部地区承接沿海产业转移空间布局研究》,《经济地理》,2011 年第 10 期。

展规律,并考察了这种融合趋势对产业政策的启示①。刘友金认为在新一轮产业转移浪潮中,集群式转移已成为主要的产业转移模式,集群企业抱团迁徙的发生正是由于集群企业长期发展而形成的强共生关系②。

2.5 对国内外集群式产业转移研究的评述

总体来看,对集群式产业转移和升级的研究刚刚起步,结合区域包容性发展的系统研究更是鲜见。既有的产业集群升级研究多着眼于竞争力分析范式和全球价值链模式。竞争力分析框架虽然比较具有解释力,但其核心是产业集群竞争力的评价问题。对竞争力的测度一直是学界的难题,产业集群竞争力的测度更是没有学界统一的认识。全球价值链分析范式则属于静态模式分析,其分析重点在于跨国公司所主导的资源配置关系及治理模式,而忽视了产业集群的内生升级模式与路径。事实上从发展中国家的角度看,以劳动密集型为主的相对低端的产业集群嵌入全球价值链的同时常常面临路径依赖的锁定风险,往往只能处于被控制的地位。虽然集群可获得某些工序、产品及流程的升级机会,但很少能成功实现功能上的升级。而这本身并不足以提供集群内在的持续动力,因而集群发展所要求的实际有效的升级应在全球价值链分析框架之外。

国外的产业转移研究理论性较强,基于大样本统计数据和微观调研数据的实证分析也很丰富,尤以美国和欧洲的学者研究为代表。但以发达国家为主的西方产业转移研究多基于其本国国

---

① Antonio A and Carlos L G. "Can We Live on Services?" Exploring Manufacturing Services Interfaces and Their Implications for Industrial Policy Design, Working Paper Presented at DRUID Academy University of Cambridge /The Moeller Centre, 2012(1).

② 刘友金、袁祖凤、易秋平:《共生理论视角下集群式产业转移进化博弈分析》,《系统工程》,2012 年第 2 期。

情和形势,分析的对象仅仅是发达国家的跨国公司及其活动,其理论对于 20 世纪 80 年代以来迅速崛起的发展中国家的产业转移显然缺乏足够的解释力。以最流行的折衷理论为例,可以看出其仍然存在一定的缺陷。它实际上只是关于国际直接投资成因的理论,而对跨国公司的内部管理缺乏深入的探讨。其分析方法基本上是静态或比较静态的,缺少对三种优势的相互关系及其在不同时期变化动态的分析。国内虽然研究产业转移起步较晚,但针对性强,突出时效性和应用性,故既有的产业转移研究多侧重于宏观研究和政策研究,而基于统计资料的缺失和数据获取的难度,严谨的实证研究偏少。

　　本书所构建的集群升级和产业转移理论分析框架必然要基于中国的实践经验,否则只能是空中楼阁,不具有实践指导意义。在对以上文献进行梳理后笔者发现:基于我国国情将产业转移和产业集群升级结合起来的研究还不系统,对不同类型尤其是劳动密集型低端产业集群在各个阶段的动态表现特征,尤其是产业转移的粘性及其对产业集群发展的影响,以及如何避免产业集群动态演化中的路径锁定,如何在微观上激励集群企业创新、在中观上发展出成熟的生产性服务业支撑体系以及在宏观上出台合理的公共政策从而进行积极有效的产业集群升级等方面的研究还比较薄弱,值得继续进行深入研究。

3 集群式产业转移与升级的理论分析框架

改革开放 30 多年来,我国区域经济的"俱乐部收敛"现象日趋明显[①]。当前,东部地区由于土地供给几乎无弹性,加之劳动力成本上升、人民币升值和节能减排约束加强等综合因素的影响,其经济转型升级的紧迫性更加突显,因而破解区域经济发展不平衡需要进行区际产业转移。从区域经济协调发展的视角看,浙江所在的"长三角"地区有广阔的市场腹地,逐步把附加值比较低的轻型、劳动密集型的产业向周边产业成本比较低的地区转移,可以为浙江产业集群升级和承接高档次的国际产业转移腾出空间,也将使浙江乃至"长三角"区域内的欠发达地区和周边省区获得经济发达地区的经济辐射。产业升级是经济转型的内在驱动力,有一只"无形之手"在推动区际产业转移,因而产业区际转移有其必然性。这对目前我国各区域产业战略升级提出了迫切要求。

后金融危机时期正是我国东中西部制造业对接形成跨区域产业链网的有利时机。本章结合我国国情对区域综合比较优势的演化机理进行分析,提出了产业转移和产业集群升级的理论分析框架,并着重基于集群效应和沉没成本理论来分析产业转移粘性因素。在寻求集群式产业转移的机制和理论框架时,笔者发现新近提出的包容性发展理念非常契合作为区域协调发展的一个总体的规范性目标。事实上,通过实施集群式产业转移推进我国区域包容性发展显得尤为迫切。因而本章的第一部分首先分析包容性发展理念的来龙去脉,并从经济布局与对外开放转型升级

---

① 孙华平、黄祖辉:《区际产业转移与产业集聚的稳定性》,《技术经济》,2008 年第 7 期。

的角度分析产业集群形成的外部条件。

3.1 包容性发展理念的提出

3.1.1 包容性发展的提出背景

包容性发展（Inclusive Development）是一个科学新概念，最初发端于亚洲开发银行，是在包容性增长（Inclusive Growth）的概念基础上发展出来的。胡锦涛同志在 2009 年亚太经合组织领导人会议上首论包容性增长，并于 2010 年的第五届亚太经合组织人力资源开发部长级会议上再次论述了实现包容性增长的机制与路径。区域包容性发展强调通过社会公平解决收入分配不公的问题，以实现经济社会可持续发展，但其实现手段并不仅仅是分配领域的转移支付，而更强调在产业发展的起点和过程中就尽可能地包容每一个经济主体。

随着国际经济一体化步伐加快，我国产业发展所面临的环境正日益富于变化。从区域包容性发展的视角看，20 世纪 80 年代以来，我国区域发展进入了非均衡发展的高速推进期。东部沿海地区在改革开放中首先受惠于国际产业转移，外资大量涌入，经济迅速增长，东中西部经济发展和居民收入差距的扩大态势开始显露。事实证明，让有条件的地区率先发展起来，这在改革开放初期的条件约束下不失为一个理性的选择，也是我国实行对外开放政策的必然结果，因为东部沿海地区的区位条件优越。但较长时期的非均衡发展态势，使得农民工的长时期大规模空间移动对我国现存的社会保障体系、户籍制度和土地制度均构成了严峻的挑战。同时，我国区域间的经济差距逐步拉大，并形成了社会心理、生活方式、价值认同的区域性差异。这已经对社会结构的调整与和谐社会的构建造成了一定的负面影响，推进区际产业转移、促进区域经济协调发展已经迫在眉睫。

在经济发展和产业动态升级过程中，发展中国家通常面临着非常显著的制度约束,其实质就是经济增长、社会公平与制度安排之间缺乏应有的包容性。制度规定并约束了经济主体的各种权利集并界定发展机会。如果制度公平,合理的收入差别则会为理性的国民所认可和接受。总体来看,包容性发展代表着亚洲的价值观和发展观,其基础为包容性增长,概念源于社会排斥理论和诺贝尔经济学奖得主 Amartya Sen 的新福利经济学理论。我国学者李刚从历史的视角考察了"包容性增长"概念。他认为,亚里士多德以来的经院哲学、重农主义直到亚当·斯密的经济增长的论述,都是包容性增长理念的学源基石[1]。包容性发展的要旨是让全体社会成员都能公平合理地分享发展的机会、权利和成果。包容性发展强调发展权利的均等和机会的分享,不仅仅在分配的环节实现制度公平,而是在经济增长中就能够使得各阶层融入生产和经济体系。

3.1.2 区域包容性发展的内涵透析与实施路径

区域包容性发展的基础是包容性增长。研究发现,包容性的社会网络可以减少复杂经济系统的运行成本,并提高贸易绩效[2]。包容性发展要求实现个人同等参与到经济发展的可持续进程中,并平等分享经济发展的成果[3]。包容性增长的内涵是多元的,能力构建是实现包容性增长的核心[4]。区域包容性发展的核心是协调发展和共同发展,其实质是在实现区域经济增长的过程中实现公平与效率的协同,并逐步在更大范围内扩展其边界,最终实现全球

---

[1] 李刚:《"包容性增长"的学源基础、理论框架及其政策指向》,《经济学家》,2011年第7期。

[2] Kurt A. Social Capital, Inclusive Networks, and Economic Performance. Journal of Economic Behavior & Organization, 2003(50).

[3] 世界银行增长与发展委员会:《增长报告——可持续增长和包容性发展的战略》,中国金融出版社,2008年。

[4] 吴晓波:《能力构建是实现包容性增长的核心》,《人民论坛》,2011年第4期。

不同地域经济主体的平等参与和自我发展[①]。包容性增长的主旨是经济增长、人口增长和制度公平三者之间的有机协同,更关注民权民生,更能满足民众权利发展的制度公平诉求[②];根本目的是让经济全球化和经济发展成果惠及所有国家和地区,惠及所有人群,在可持续发展中实现经济社会协调发展[③]。包容性发展的核心是机会平等基础上的经济增长[④]。长期经济增长的前提条件和基本平台是制度公平,这意味着在实现经济发展的同时要做到普惠共享和以人为本。同时,包容性发展更强调实现产业部门和区域间的协调发展,这就要求建立以服务经济为主体并有机融合制造业和农业的现代产业体系。对我国传统产业集群的升级而言,就是要加快攀升全球价值链,积极发展包容度较高的生产性服务业,提升产业的附加值。同时要通过集群式产业转移实现地区平衡发展,形成分工合理、特色明显、优势互补的区际产业结构,实现区域间经济发展机会均等化和经济差距的逐步缩小。

产业集群是实现区域包容性发展的重要载体和产业组织模式。产业集群的包容性转移可以促进区域协同发展。充分发挥比较优势,提高全要素生产率,促进产业集群升级,是目前实现经济可持续增长和包容性发展唯一的选择[⑤]。随着区域综合比较优势的演化,我国产业集群中的很多企业开始大量转移到我国中西部地区,某些大企业把总部纷纷迁到大城市如北京、上海等地,力图发展总部经济,更好地服务于传统集群中的生产制造企

---

① 黄祖辉:《包容性发展与中国转型》,《人民论坛》,2011年第4期。

② 解平:《贫困地区如何实现包容性发展》,《甘肃日报》,2011年4月11日。

③ 刘明、李善同:《改革开放以来中国全要素生产率变化和未来增长趋势》,《经济研究参考》,2011年第33期。

④ 姜明伦、于敏:《中国包容性增长指数构建研究》,《江淮论坛》,2012年第2期。

⑤ 林毅夫:《潮涌现象与发展中国家宏观经济的重新构建》,《经济研究》,2007年第1期。

业[1]。然而,产业转移有可能会造成转出地区产业的空洞化,进而影响其产业集群的升级路径和模式。从经济地理的视角看,对东部相对发达地区而言,要进一步推进工业结构优化升级、加快经济发展方式转变,重要突破口和主攻方向也是要通过有序的集群式产业转移促进产业升级进而实现区域包容性发展。

实现包容性发展不可能一蹴而就,需要分阶段分步走,而且中国版图辽阔,区域差异性极大,促进区域包容性发展的实施必然是一条渐进的路径。改革开放 30 多年来,浙江现象和浙江模式已经成为区域经济包容性发展的范例,尤其是产业集群的模式使得浙江的发展体现了包容性发展的思路,不仅是社会保障领域中加大了对农民工的保障,而且在经济增长的进程中也大量吸纳劳动力就业,因而在初次分配时就体现出了包容性的一面。浙江现象和浙江模式的经济学解读也因而成为一个金矿,可能对中国模式以及中国的发展道路具有较强的启发意义。因此,本书的案例调研和实证分析数据大部分来自于泛长三角地区的浙江和安徽,展开分析内容在第六章和第七章。当然,也有部分内容涉及了其他典型区域内部和区域间的集群式产业转移问题,如珠三角地区和环渤海地区等。总体来看,区域包容性发展的研究刚刚起步,目前已经有文献研究集群式产业转移和包容性发展问题,但是从学术角度,特别是从多学科角度研究两者之间关系的文献极为鲜见。

3.1.3 产业集群形成与演化的外部条件

改革开放 30 多年来,我国经济高速发展,综合国力稳步提高,这为产业集群的生成奠定了良好的外部条件。动态地看,产业集群的形成是专业化分工演化的产物,是企业为降低专业化分工产生的交易费用和获取由分工产生的递增报酬的一种空间表现形式。集群内的企业依赖于集体公共机构来减少信息不对称和降低

---

[1] 魏后凯、白玫:《中国上市公司总部迁移现状及特征分析》,《中国工业经济》,2008年第 9 期。

转换的交易费用。产业集群的空间协调与发展是一个自我增强与渐进积累的系统演化过程,其自增强动力机制源于由产业和区域专业化分工产生的报酬递增。由于集群内部经济社会环境的变迁,有可能出现或是从原产业分工体系中分化出部分企业迁移到异地复制集群;或是伸向市场的触角越出国界嵌入全球价值链。分工扩大的过程就是集群范围逐渐扩展的过程。企业之间的分工和交易从无到有,交易从不频繁到频繁最后链结成复杂网络。

从外部条件看,长期以来,我国集群企业更多是依靠廉价劳动力的比较优势和资源能源的大量投入来赚取国际价值链低端的微薄利润。在新时期,集群企业面对劳动力成本增加、土地资源紧缺以及原材料涨价等现实约束,加大科技投入、加快产品结构调整并提高自主创新能力,已越来越成为一个重要且迫切的问题。从区域经济布局、包容性发展与对外开放转型升级的角度看,产业集群的演化和进一步发展应更强调产业集群在不同维度空间内和区域间的互动与有机协调。但是,从现实看,诸多东部的企业转移到中西部地区后虽然推动了当地的包容性发展,固然也降低了其人力、土地等要素的成本,却面临着产业链上下游配套不足、市场跟不上等情况,反而增加了物流成本和经营成本。尤其是地方政府政策不稳定和不连续的问题,让很多迁移企业的经营绩效大打折扣。因而,必须创造良好的外部条件使迁移企业与原来总部之间实现区域间的良性互动与可持续发展。这就需要通过经济体制改革优化区域经济布局,推动区域包容性发展,并实现外向型经济的转型升级。

经济体制改革的核心问题是处理好政府和市场的均衡关系。在后金融危机时代,中国经济结构亟待调整,促进产业转型升级、构建现代产业体系势在必行。产业边界的模糊与产业间的融合是现代产业体系的根本特征。当前,中国经济正处于转型升级的关键阶段,呈现出结构多元、空间多元等特点。在经济结构调整与产业升级过程中,政府和企业无疑是重要主体。改变中国制造业以量的扩张为主的模式,扬弃产业集群结构零散和低端锁定现象,需要把握产业结构演变趋势,增强自主创新能力,主动推进产业结构的转换与优化升级;同时需要大力发展现代服务业,如电子商务、物流配送、总部经济、创意经济等产业部门,这些均离不开政府部门的重要推动和支持。但在集群形成和集群式产业转移与升级中,必须更加尊重市场规律,同时强调科学发挥政府的能动作用。

处理好政府和市场之间的动态平衡关系,关键在于推进以行政体制改革为主线的政府转型。地方政府对于企业(包括国有企业和民营企业)投资的规模、产业流向和空间布局,应该进行规制性引导而不是行政"一刀切"式的规定或大规模直接补贴。这样才能体现企业的自主决策权和对市场法则与规律的尊重,才真正有利于调动企业家的积极性和首创精神。否则,不仅难以形成具有较强竞争力的产业集群,而且还可能招致国外竞争对手的各种贸易壁垒与限制。以我国的太阳能产业为例,继美国以关税壁垒来抵制中国轮胎倾销后,欧美继而将焦点转向中国太阳能的倾销问题,依靠出口为生的中国太阳能企业甚至常常面对印度等发展中国家同行企业的责难。2010 年,美国钢铁工人联合会就曾向美国贸易办公室提交了一份长达 5 800 页的诉状,列出了中国新能源产业的"五宗罪",其中就包括大规模政府补贴等。问题的核心在于:目前我国太阳能企业尚未成为真正的创新主体,而政府直接推动的产业选择、鼓励和补贴是否符合我国经济发展的综合比较优势则需要进一步的深入讨论。市场经济体制核心的问题就是政府和市场两种配置资源模式的有机协同。理顺政府与市场关系,使政府的经济职能转到提供良好的公共服务、创造良好的市场环境上来,有效地发挥市场在资源配置中的基础性作用,对消费主导的经济转型和产业升级具有决定性影响。

3.2　基于综合比较优势演化的推拉模型：一个理论框架

3.2.1　推拉模型分析框架的提出

实践是理论创新的动力与源泉。现有的产业转移和集群升级研究大多是对国外理论的学习和借鉴，结合我国国情的理论研究偏少。产业转移是市场经济制度下的必然产物。关于市场机制，亚当·斯密进行了精辟的论述。他认为："随着资本的迁移，资本所维系的产业，亦必移动。"①产业转移通过对区域内各种资源要素的整合和利用，能使区域经济发展产生整体最佳效益。随着实践的推进，我国产业转移模式日益丰富，区域产业转移理论也日益分化，与产业转移的实践结合越来越紧密。事实上，在汉朝时，中国就已经有了较发达的市场经济，并且运行顺利。司马迁在《史记》的《货殖列传》一节中写道：

> 故待农而食之，虞而出之，工而成之，商而通之。此宁有政教发征期会哉？人各任其能，竭其力，以得所欲。故物贱之征贵，贵之征贱，各劝其业，乐其事，若水之趋下，日夜无休时，不召而自来，不求而民出之。岂非道之所符，而自然之验邪？

这说明司马迁对市场机制已经有了深刻的了解。文中的"道"即供求法则，每个经济主体供求规律约束下尽量使自我利益最大化，"看不见的手"在起作用。在亚当·斯密的《国富论》中，很难发现有类似的对市场经济制度进行如此清晰却言简意赅的文字描述。产业转移实质是市场机制条件下技术扩散和产业升级的过程，转移使各区域的产业结构与区域的资源禀赋、要素价格和经济发展水平相一致，发达地区从"边际产业"入手，被转移的产业由低

---

①　亚当·斯密：《国民财富的性质和原因的研究》，商务印书馆，1972年。

级向高级梯次展开。一般来讲,转出地区的产业生产函数应先进于转入地区产业的生产函数。

理论是对实践的抽象。主流经济学分析的一般框架①(如图3-1所示)首先是对现实进行抽象和假设,然后通过推理和演绎得出相应的假说或命题,之后通过实证或案例验证假说或证伪,从而进行理论的提升或改进。本书在继承已有成果的基础上,把经济学中的静态和动态分析、理论与实证研究等结合起来把握产业空间运动与集群升级的共同规律,构建了区际产业转移和集群升级的推拉模型分析框架,全面分析了区域产业转移的动因及模式,并为产业集群升级提供启示。

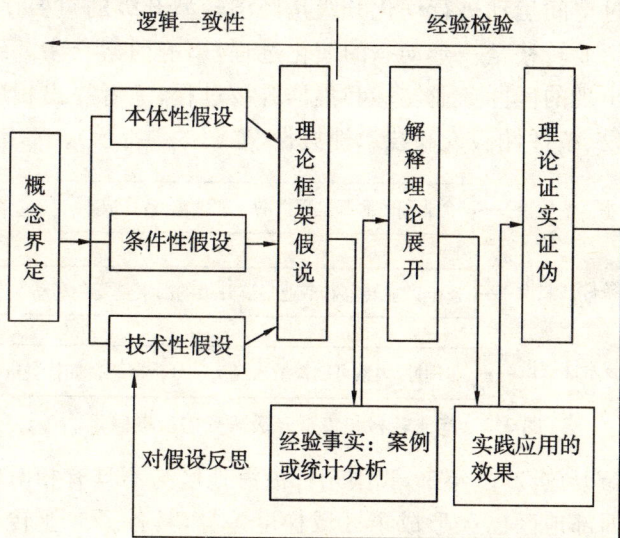

图 3-1　经济学研究的一般框架

产业转移是市场经济的产物。目前国内外的产业转移理论是以市场经济比较成熟的发达国家和新兴市场体的实践为对象

---

① 金碚:《工业经济学新体系研究》,《中国工业经济》,2005 年第 1 期。

的产业转移机制的一般理论。然而,我国城乡与区域双二元结构的国情注定了目前区域产业转移的特殊性,即具有深厚的体制性渊源。所以,不能生搬硬套国外的理论,只有从我国的实际出发,借鉴国际的经验,才是科学的态度。国内对发达地区产业转移的实证研究以及对产业转移机理及模式的研究还没有形成一个比较清晰的分析框架。当前我国正处于经济转型升级的关键时期。经济转型升级是经济发展走向成熟的必然趋势和客观选择。经济转型是中国现代化历史进程中的一个特殊时期,涉及经济增长方式与社会和谐发展的方方面面①。经济转型主要是指经济体制系统类型、功能及其运行机制的合成性变动。在这个过程中,产业通过空间运动进行优化升级是经济转型升级的重要途径,因为区际产业转移是一个动态的演化过程,影响因素众多。结合我国正在出现的区际产业转移和集群升级过程,笔者提出相应的本体性假设、条件性假设和技术性假设(如图 3-2 所示)。

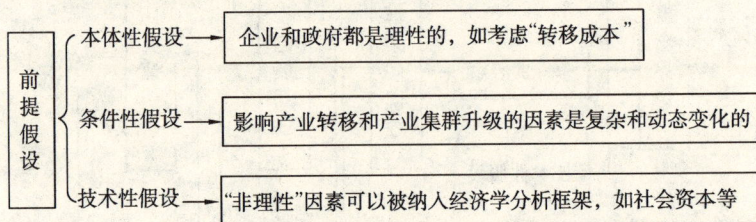

图 3-2　产业转移和集群升级研究的前提假设

改革开放 30 多年来,我国东部沿海地区与不具有相对区位优势的中西部地区已经形成了区域梯度差异,具备了产业转移需要的两个条件:一是经济发展到一定阶段;二是市场机制发挥作用。当然,区域梯度差异的存在并不是产业转移的充分条件。在现实中,同样存在逆梯度差异的产业转移,如迁移到更能发挥总部经济的地方等。事实上,不同产业的特点是不一样的,即产业存在异质

———————

① 邹至庄:《中国经济转型》,中国人民大学出版社,2005 年。

性,所以不同产业转移的动因也会不同。在此,笔者提出本书的区际产业转移和集群升级研究的分析思路和理论框如图 3-3 所示。

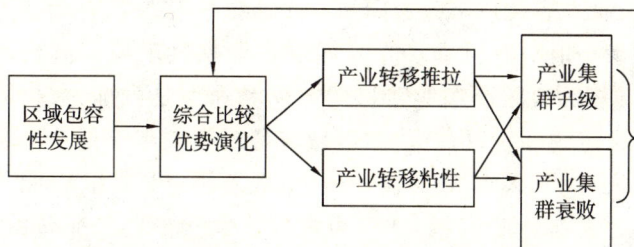

图 3-3 基于综合比较优势演化的分析框架

新时期我国经济社会正处于改革转型的关键期,要探讨我国转型关键期的区域产业转移与升级的规律,关键要建立能够分析我国区域产业转移与升级的理论框架。从根本上说,产业转移是产业在区域间重新布局的过程,也是区域产业分工的动态变化的过程。因此,产业转移的理论框架首先应是区域分工理论。传统的要素禀赋论 [HOS(Heckscher-Ohlin-Samuelson,赫克歇尔-俄林-萨谬尔逊)定理] 是作为一种国际贸易的理论提出来的。因其采用各国之间的资源差异导致的比较优势来解释贸易发生的原因,因此也是一种国际(区际)分工理论。在此,笔者结合人口流动的推拉理论,提出一个简单的产业转移和升级的推拉理论(如图 3-4 所示)。

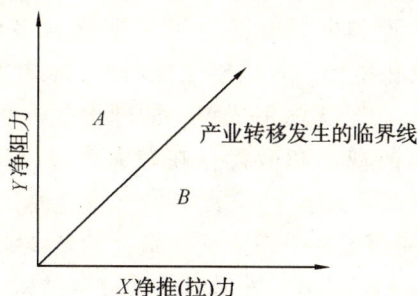

图 3-4 区域产业转移和集群升级的推拉模型

产业的区际转移受到众多因素的影响,诸多因素又构成了不同的合力。从区域的角度看,只有在推力和拉力大于区域产业粘性时,产业才能从一个区域向另一个区域转移。推力和拉力在转出地或承接地都有可能产生。区域产业粘性来源于区域产业转移的各种阻力,区域产业转移的方向和速率是由推力、拉力和阻力之和决定的。所以,产业的区域转移最终决定于推拉力和阻力的净值之和(即 X 与 Y 的比较)。一般来讲,只有当 $X>Y$ 时,产业转移才会越过临界线,才有可能发生大规模的产业转移,即有产业的空间移动 $A \rightarrow B$。那么推力、拉力和阻力的来源是什么呢?笔者认为是区域间的综合比较优势演化。长久以来,比较优势是经济学的一个核心概念,其理论脉络的发展贯穿了经济学理论发展的历史。

3.2.2　综合比较优势演化的理论内涵

萨缪尔森把比较优势论称为"国际贸易不可动摇的基础",甚至"经济学理论中的选美冠军",林毅夫则称之为"经济学家的语言"。可见这个理论在经济学大师心中的地位和经济学界的巨大影响力。但事实上一国或地区一味追求按照比较优势分工进行生产和贸易,则容易陷入"比较优势陷阱"①。

3.2.2.1　比较优势理论的来龙去脉

源于 200 多年前亚当·斯密和大卫·李嘉图的比较优势理论随着时间的流逝和世界形势的变迁,经过众多理论家的探索,也在一步步深化和拓展。对比较优势理论的拓展从外生到内生,从静态到动态,但仍然无法形成统一的理论分析框架。不同学派的比较优势理论的观点和假设存在较大差异,有时甚至相互矛盾。一个国家的产业结构和发展路径应该遵循该国的综合比较优势,并随着时间而发生动态演化。最优的产业结构一定是能够与本国经济发展相适应的,与本国要素禀赋结构、生产技术和效

---

① 洪银兴:《从比较优势到竞争优势》,《经济研究》,1997 年第 6 期。

率水平相适应的产业结构。以往的比较优势理论往往只考虑了某个因素,如劳动生产率或技术效率,或资源禀赋,或规模经济,等等。要素禀赋学说基于偏好、技术和要素禀赋的一般均衡基本框架认为,相互依赖的多种生产要素的差异是比较优势的源泉。这一学说被称为是对亚当·斯密的绝对优势理论和大卫·李嘉图相对比较优势理论的扩展和补充,并一直在国际贸易理论中占绝对统治地位。而克鲁格曼则把不完全竞争及规模经济作为前提构建了新贸易理论模型,引入了强加性、边际效用递减的效用函数,将需求和供给放在同一模型中研究贸易模式问题,并提出了战略性贸易政策,这是对前面比较优势理论的扩展①。

一个国家的经济发展及对外经济活动,不但受其国民的需求和国内资源关系的制约,也受经济、技术交往国家的需求与资源的制约。赫尔普曼和克鲁格曼开创性地把市场结构和对外贸易联系起来,对产业内贸易进行了深入系统的分析,从而开创了贸易理论的新天地②。其后,格罗斯曼、赫尔普曼则从创新与增长的角度分析了动态比较优势的来源并考察了其稳定性,并对产品生命周期模型进行了拓展,但没考虑到演化视角③。进入21世纪以来,基于企业异质性的产品内分工成为国际贸易理论的最前沿拓展之一,产品内分工是经济全球化背景下国际分工和国际贸易发展的一种新方式和新机制。这是国际贸易理论向微观层次拓展的最新努力之一。除了上述发展脉络,比较优势的动态化拓展也是重要的理论发展方向之一。

3.2.2.2 动态比较优势理论的拓展

动态比较优势分析比较重要的理论脉络主要有国家竞争蛙

① Krugman P. Growing World Trade: Causes and Consequences. Brookings Papers on Economic Activity,1995(1).
② 赫尔普曼、克鲁格曼:《市场结构和对外贸易》,上海人民出版社,2009年。
③ 格罗斯曼、赫尔普曼:《全球经济中的创新与增长》,何帆等译,中国人民大学出版社,2003年。

跳模式、干中学模型等。国家竞争蛙跳模式认为，后进国家由于
技术变迁的特点，可能超过原来的先进国家，这就是"蛙跳"过程。
因此，国家鼓励技术进步的产业政策是极为重要的。干中学模型
强调干中学(Learn by Doing)的学习效应，认为：贸易是由技术驱
动的，而不是由禀赋差异所决定的。以杨小凯为代表的于 20 世
纪 90 年代兴起的新兴古典贸易理论学派统一考察了国内贸易和
国际贸易的理论基础，基于专业化和组织分工的视角，在其贸易
理论模型中引入了含有交易费用的效用函数和边际产出递增的
生产函数、时间和预算约束函数。新兴古典贸易理论的核心是内
生比较优势理论。向国成等认为比较优势理论发生了三大转变，
其推崇的综合比较优势理论认为经济主体应该在充分利用外生
比较优势的基础上，致力于专业化基础上的内生比较优势的形成
与发展，以及交易效率的不断提高[1]。李辉文在一般均衡的逻辑
框架内系统地回顾了现代比较优势理论的发展脉络、基本框架和
特征，认为现代比较优势论本质上是开放经济条件下的价格理论
和资源配置理论[2]。

　　王世军建立了综合比较优势理论的数理模型，构造了评价综
合比较优势的指标体系和测度方法，并利用其创建和编制的一套
跨国家和时间序列的数据库对综合比较优势理论进行了实证检
验[3]。耿伟首先运用盖尔腾回归方法来确定转移期限，然后基于
马尔科夫转移概率矩阵对我国比较优势的动态变化进行分析，揭
示了我国贸易模式的自我强化特征，认为发展中国家可以在政府
的干预下遵循比较优势，从而实现产业结构的升级和贸易模式的
理想变迁[4]。比较优势虽然具有动态性，但也存在着许多客观因

　　[1]　向国成、韩绍凤：《综合比较优势理论：比较优势理论的三大转变》，《财贸经济》，
2005 年第 6 期。
　　[2]　李辉文：《现代比较优势理论研究》，中国人民大学出版社，2006 年。
　　[3]　王世军：《综合比较优势理论与实证研究》，中国社会科学出版社，2007 年。
　　[4]　耿伟：《内生比较优势演进的理论与实证》，中国财政经济出版社，2008 年。

素影响其动态情况的发挥,因此在贸易实践中有些国家的比较优势得到了较好的转换和实现,在国际贸易中获得了较好的利益和贸易地位;而有些国家的比较优势没有得到较好的转换和实现,在国际贸易中获得的利益减少和贸易地位下降[①]。因此,在不同国家之间存在着比较优势的体现和转换差异,这种差异当然主要是由于影响综合比较优势动态演化的决定因素存在差异而导致的。

3.2.2.3 综合比较优势演化论的提出

笔者认为,李嘉图提出的比较优势论尤其是现代比较优势论的逻辑结构极为优美,在数学的证明上几乎是完美的。但其理论前提的假设太多,有些假设如劳动力、资本等要素不能在国际自由流动,没有交通和信息成本等,应当说过于苛刻了;很多假设远离了当今的经济现实,尤其是在研究我国产业转移和集群升级的问题时,应当与时俱进,对该理论框架加以拓展。事实上,现代比较优势论已经不仅仅是国际贸易的一般理论,也不仅仅是产业分析的一套行之有效的分析方法,而已经成为一个开放经济条件下资源配置的一般均衡分析体系和要素价格引导的预测工具与理论(尤其是由其派生的要素价格均等化理论),其理论内生的动态性使其具有与时俱进的特性。因而,该理论不仅可以作为指导国际经济分工和国家加快发展的利器,还可以作为城市和区域发展及各类组织甚至是个人决策的理论依据。尤其是新近出现的比较优势演化论(HK 模型)较有新意,考虑了比较优势的动态特征及在现实中的复杂路径,但没有结合以前的理论进行拓展。而王世军构造的综合比较优势的理论框架虽然包容了各种比较优势的要素,但没有说明各种比较优势之间的内在逻辑关系和有机联系。笔者在此提出一个统一的分析框架:综合比较优势演化论。其理论内涵是:包容以前比较优势几大学派的核心变量,并辅以演化的

---

① 黄宁:《基于比较优势动态化的中国贸易条件研究》,人民出版社,2008 年。

视角进行考量。具体来说,主要以 HOS 模型和动态比较优势理论为基础对最新的 HK 模型进行拓展。本书提出的综合比较优势演化论体现了系统视角,协同论和全息论的思想。

　　传统的要素禀赋论认为,在一般情况下,各国的资源禀赋存在差异,故一国应生产其生产要素禀赋较为丰厚的产品,这样才会具有竞争优势,而各国则在比较优势的基础上形成国际分工链。发展中国家的产业发展除了要发挥比较优势外,还要构筑产业的竞争优势。只有培育产业竞争优势,才能最大限度地持续获得国际分工的利益,比较优势才能通过产业竞争优势得以实现。国家比较优势决定整个价值链条的各个环节在国家或地区之间如何空间配置,而企业的竞争能力则决定企业应该侧重于价值链条上的哪个环节和技术层面,以便确保竞争优势。竞争优势可以认为是"企业特有的优势",而比较优势在很大程度上是"与区位相联系的优势",但二者对于企业的经营策略都具有重要意义。比较优势是指特定产品或生产经营活动所需的投入品组合,它建立在不同国家或地区要素相对成本差异的前提下。

　　由于资源和要素的空间流动受到种种限制,因而各地资源组合或禀赋结构不同,而要素稀缺度的区别又决定了要素相对价格或相对成本的差异,故企业的市场定位决策应尊重比较优势规律。产业结构升级并不是由政府的主观意志决定的,而是有其客观规律的。因为产业结构升级与否取决于一个社会的劳动和资本等各种要素的存量和比率,即取决于它们的相对丰裕程度。因此产业结构升级的路径和方向应该让市场来决定,让企业来选择。政府要做的应该是把市场上的各种生产要素价格理顺,如资本的价格、劳动的价格以及原材料和能源价格等。如果价格扭曲,比如人为地抬高劳动力价格就会出现提早升级,同时很多农民工会失业,反而不利于整体经济效益的提高。

　　在市场经济制度下,国际贸易和产业分工的类型及国际产业竞争力的动态演化取决于各国生产要素的比价。目前,知识创新和技术创新在新兴产业发展和国际竞争中具有主导性、战略性作用,而传统生产要素的地位下降①。以信息技术、新材料、新能源、生物工程、航空航天、海洋开发等为主的新科技革命,对世界生产方式已经产生了革命性的影响。农业经济时代的生产活动主要依赖于劳动力,工业社会的生产主要依赖于资本要素,到了知识经济时代,生产价值的增值则主要是由创造性的知识来决定的。林毅夫和蔡昉等基于对"东亚奇迹"的深入分析提出了自己的比较优势战略。他们认为违背要素禀赋结构或者是比较优势的产业赶超战略,会造成沉重的代价②。日本和"东亚四小龙"在20世纪以来经济发展的每个阶段上都能够发挥基于当时要素禀赋的比较优势,其经济发展是一个循序渐进的过程,而不是脱离比较优势盲目赶超。可以看出,基于各种要素禀赋的综合比较优势,无论是静态的还是动态的,都最终决定了各国或地区的产业转移的方向和速率。

3.2.2.4 综合比较优势演化论的构成要素

笔者提出的综合比较优势演化论拓展了要素禀赋的范围,认为不仅传统的劳动、土地、资本包括技术和创新是生产要素,当今时代经济发展比较重要的信息、社会资本、企业家精神及制度禀赋等都属于重要的可拓展生产要素的范围,而且实际上,作为规模经济的需求也可以作为比较优势源泉之一,并成为独立的分工前提和源泉。从比较优势的源泉及影响因素角度看,当代国际贸易理论和实践的比较优势是多种因素相互作用的结果。因此,比较优势是一种综合优势,研究比较优势必须从综合的角度去分析。社会资本、信息及制度要素、企业家精神等具有的异质性和不可无限细分的性质,决定了作为要素组合的综合比较优势研究只能以演化的视角进行,当然,演化总是在具体的情境中进行的

---

① 芮明杰、李想:《网络状产业链构造与运行》,上海人民出版社,2009 年。
② 林毅夫、蔡昉、李周:《中国的奇迹:发展战略与经济改革》,上海人民出版社,1999 年。

（如图 3-5 所示示意）。综合比较优势演化论是对传统比较优势理论的继承和发展。从李嘉图传统理论中比较优势包括自然资源优势（外生）和获得性优势（内生），到波特的钻石理论中竞争优势包括成本优势和差异化优势，两者之间具有内在的一致性。李嘉图的自然优势可能会同时形成波特的成本优势和差异化优势；李嘉图的获得性优势也包含了成本优势的获得和差异化优势的获得。从图 3-5 中可看出，竞争优势只是比较优势动态化的目的。综合比较优势是动态演化的，其中的制度资源禀赋既是自然的给定的禀赋优势，但同时又是一种可以通过后天努力而构建的获得性优势。下面简要分析一下本理论框架中的制度（资源）、社会资本和企业家精神等要素的内涵与特征。

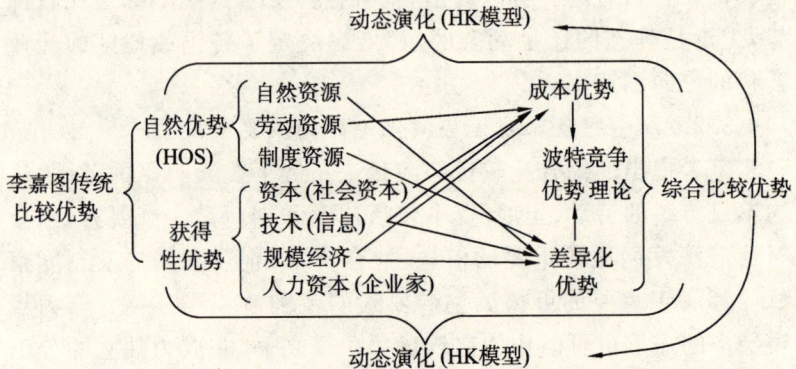

图 3-5　综合比较优势演化论的理论要素

从经济学鼻祖亚当·斯密开始就非常强调的制度和政策要素在新古典经济学兴起以后就被弃在一边，这是因为新古典学派的边际分析工具无法处理制度这种复杂的集成要素。这种现象直到 20 世纪 70 年代经济学分析方法开始大量引进博弈论等工具之后才有所改观。制度是一个社会的博弈规则[①]，起到了约束

---

① 　道格拉斯·诺思：《制度、制度变迁与经济绩效》，上海人民出版社，2008 年。

人们互动关系的作用,同时,制度构造了人们在经济社会领域里
进行生产和交换的激励①。用经济学的术语来说,制度定义和限
制个人的决策集合。制度是人类在适应环境的过程中不断创新
的结果,是人类社会发展的内生变量②。但制度一旦形成并长期
作用于人类行为,它就会深植于人的意识之中,人就会在无形中
产生对制度的依赖性,而压抑了经济主体的创新本能。这时期制
度本身逐渐从本来的内生变量转化为外生变量。

从生产要素角度看,一定时空内存在的制度既是产业转移和
集群升级分析的既定前提,又有动态演化的变迁过程,但还有部
分人为主动设计的空间,所以这部分内容有急需拓展的必要。侯
经川、黄祖辉、钱文荣发现:无论从规则安排方面看,还是从组织
安排方面看,比较优势条件都对制度安排具有决定性的影响。但
组织和制度在不断地演化和变迁,生产要素的相对价格也在动态
变化③。鉴于制度分析的复杂性,在此本书仅做了一点引论,未
作较深入的探讨。在后面章节里,本书也仅做了产业转移中的地
方政府博弈分析,关于制度质量和产业升级及经济增长的关系会
另作分析。未来笔者拟结合宏观经济学和经济增长领域的 Ram-
sey 分析框架,在国际经济学视野里对综合比较优势演化论进行
形式化处理,构建基于 Stackelberg 博弈的动态一般均衡模型,尤
其是将政府政策和社会资本等要素作为内生变量处理,并体现政
府与市场的博弈过程。不过这是一个富有挑战性的工作,因为
Ramsey 理论模型往往较难处理④,而且该模型多用于宏观经济
中财政和最优税收等问题的分析。

企业是经济社会价值创造的细胞,每一个企业都居于一定的

① 康芒斯:《制度经济学》,科学出版社,2003 年。
② 张伟:《后发优势与贸易发展》,中国社会科学出版社,2003 年。
③ 侯经川、黄祖辉、钱文荣:《比较优势与制度安排》,《公共管理学报》,2006 年第 4 期。
④ 徐朝阳、林毅夫:《发展战略与经济增长》,《中国社会科学》,2010 年第 3 期。

社会关系网络之中。哈佛大学社会学教授罗伯特·普特南认为，社会资本是"能够通过推动协调的行动来提高社会效率的信任、规范和网络"。社会资本根植于相互熟知和认识的网络中，反映了社会网络的关系特征。产业集群社会网络机制与市场机制的融合互嵌是对企业的单边层级机制的补充与扩展，是企业间不同利益相互协调并且采取集体行动的持续的互动过程。企业社会网络的辐射越广、层次越高，其交易成本就越低，就更容易得到所需要的各种资源。当独特的社会资本被产业集群网络内企业利用创造出显著的价值时，可以说，集群内企业在某种程度上就构建或拥有了基于社会资本的核心能力。在产业集群网络组织的嵌入视角下，产业集群的网络机制不仅融合了经济网络机制和社会网络机制，也融合了市场机制和层级机制。

作为介于企业和市场之间的一种组织形态，产业集群升级必然要具备整合市场机制和科层制的协调机制。社会资本积累的越多，产业之间的依赖性就越强，信任度就越高，进而交流的渠道得以拓展，交流的对象增多，形式也更加丰富。在交往互动中，产业有大量的信息在相互之间流动、扩散，因而必然会发生频繁的产业交流与合作，从而在建立关系网络时形成社会资本。社会资本的形成和积累又进一步促成了网络的扩展和强化。社会资本作为一种社会结构性资源，存在于人们的关系之中，具有共享性，即为关系网络中的整个团体所有，任何个体都没有排他性的所有权。从能力的角度来看，产业竞争优势来自于对各种要素资源的利用、配置和组合中形成的动态能力积累，即要比竞争对手做得更好。产业在战略要素市场上对于战略资源的潜在创租能力的判断需要有大量的信息。由于产业难以预见市场上哪些资源将会成为战略资源，因此对于战略资源的价值判断要求有较大的专业化的信息储量，这些信息只能依靠平时的积累和不断地获取。在产业聚集中，这些信息又是专业性和地域性的。所以，社会资本所产生的"冗余"信息就可以成为企业在战略要素市场上所需信息的重要来源。

动态地看,企业家精神是市场经济运行的灵魂,市场本身就是企业家不断创造价值和企业创新创业的过程,没有企业家也可能有简单的产品交换,但是不会有真正的市场经济。关于企业家精神作为生产要素的经济分析肇始于熊彼特,但深入的系统分析尚不多,这也是急需拓展分析并纳入主流经济学框架的要素之一。企业家的典型行为特征被熊彼特定义为创新,尤其是对各种生产要素的创新组合。一个有丰富企业家资源禀赋的国家或区域,一旦解决了创新的动力问题和创新的体制问题,潜在的"区位租"就会通过创新的扩散过程得到释放。企业家是一种独特的资源,企业家的区域集聚有其内生的文化基础和制度原因,这往往是"历史循环积累"的。这一点在浙江的改革开放实践中获得了生动的证明。浙江总体上严重缺乏自然资源,但其企业家资源历来丰富,因而其综合比较优势更多地体现为基于深厚涵养的商业文化活力和制度创新与机制创新带来的协同优势。浙江有着历代相传的商业文化和重视民间金融的发展传统,历史上有很多著名学者强调功利实用等观点,不但在当时的影响很大,而且也长远地影响着浙江人的思维模式和商业行动,以至于奠定了浙江人重实际、讲实利的思想文化基础。这使浙江人具有善于经营工商业的独特优势:宁波依托"红帮裁缝"的传统技艺大力发展服装产业;绍兴借助"日出华舍万丈绸"的传统优势,建成了闻名全国的中国轻纺城;永康利用"百工之乡"的优势,大力发展起五金产业集群等。

所有上述因素导致的某区域相对于其他区域具有的高劳动生产率和低生产成本的优势在此统称为综合比较优势。综合比较优势对某产业在某地的适宜性产生极为重大的影响。一个地区的产业升级路径由其综合比较优势演化路径所决定(如图 3-6 所示)。不同地区由于其产业结构以及各种要素资源环境约束的不同,其未来的演化路径就会有所差异。综合比较优势演化和产业集群升级的路径不一定是线性和连续的,常常表现为非线性演化,在实现升级的过程中很可能会出现"分岔"。综合比较优势演化的微观表现就是企业产品质量持续动态变化,即在产品空间的位置越来越靠近中心,而在宏观上表现为产业发展中的升级或"分岔"路径。从基期到 K_1 的时间段内,由于综合比较优势的顺利发挥,产业发展路径一帆风顺,从斜率上看一直在增加;但从 K_1 到 K_2 期,产业发展速度减慢,说明综合比较优势演化的方向已经不很顺畅,持续升级的能力没有得到足够的积累。这个时候很可能会出现产业升级路径的"分岔"路径,在微观上就表现为产品进一步提升质量困难[①],产业集群升级遇到阻碍。

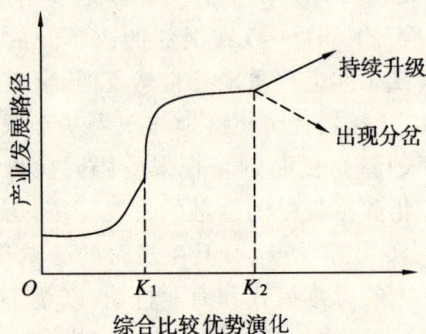

图 3-6　综合比较优势演化的示意图

　　笔者认为,规模经济产生的优势也属于综合比较优势,这也是我国作为大国的优势之一。我国幅员辽阔、人口众多,资源也比较丰富,但资源分布和经济发展具有不平衡性。我国产业转移的推进事实上正符合笔者提出的综合比较优势。但作为一个发展中的大国,我国面临城乡和区域发展很不平衡的基本特征,这也是发展中国家的基本特征。基于两个方面的整合,我国具有发

————————

　　① Hausmann 认为一种产品离其质量前沿越近,其成长性就越差;离其质量前沿越远,其成长性就越好。

展中大国的基本特征,概括起来,可以叫做"大国综合优势"。具体到一个区域而言,产业是其发展的基础,而产业发展离不开资金、土地、劳动力和发展产业所需要的原材料等要素,特别是经济落后的地区,要形成产业集聚,需要有自己独特的资源优势。而市场需求是产业发展的根本保障,尤其是发展战略性新兴产业,其根本在技术和人才,起决定作用的则是市场。一个地区的市场需求升级后,相应的产业结构就应该随之变动。

3.2.2.5 基于综合比较优势演化的产业适宜度分析

区域可持续发展所依赖的首要的异质性要素就是本地特色资源,依托本地文化的要素资源是区域产业集聚的基本前提。根据现实的观察,区域各种要素禀赋是异质的,其数量比例也不是一成不变的,而是动态演化的。笔者认为产业适宜度的变化是产业转移的基本原因,产业适宜度又是要素适宜度和市场适宜度的函数。作为"产业升级"的一种具体形式,产业集群的升级问题不仅是一个具体的产业升级问题,更是一个和地理关联并与制度文化密切相关的区位升级问题。集聚在同一区域的集群企业,出于对同一产业"食物链"的依赖而分工协作进而密切联系,因而容易实现区域内企业的联合和外部扩张。从某种程度上说,区域技术创新体系构成要素就是区域经济发展的构成要素,适宜产业的发展,因为技术上的关联可以带动相关产业的发展,为区域内技术创新簇群的发生与不断涌现提供前提和实现的基础。产业区域转移的目的是实现产业升级和产业结构调整,承接地区与产业转出地区移动的产业及其整个供应链都需要结合区域特色要素进行重新组合,才能持续提高区域产业的竞争能力,并顺利实现产业结构的转型升级。供应链整合在产业转移的动态融合中的作用是其他因素不可替代的,也是最为关键的因素。而目前,东中西部存在的结构雷同、低水平重复建设造成了各地经济发展与环境保护的矛盾,并损害整个国家的长期可持续发展。

工农业现代化的核心内容就是不断地用现代生产要素替代

传统的生产要素,将传统产业改造为现代产业。各区域应当根据
自己区域特色化的要素禀赋和产业优势,有选择地承接适宜产业
的转移和扩散,并通过适宜转移产业的溢出效应逐步培育出承接
地自己的支柱产业。利用传统产业需要的资源、劳动力、资金、高
新技术及信息等生产要素,促使传统产业与新兴产业互动耦合,
共生共荣,可以达到持续发展的目的。在实际产业转移中,要完
善市场经济体制,实现生产要素合理流动,优化经济社会资源配
置。在资源配置上营造适宜产业发展的高效制度,是实现产业转
移效应最大化的基础和保障。承接地转入的"适宜产业"在技术
上能适应承接地区相关供应链,各种供应链节点企业也较完善,
这种产业与承接地区关联产业的对接能力比较强,能发挥的增长
带动作用比较大,易于实现产业当地化。同时,承接地的移入产
业关联度越高,越易产生集聚效应,对承接地区相关产业链和供
应链越能够产生拉上效应,并对当地经济的发展构成一个完整的
供应链,产业转移效应也越显著,且还能形成供应链的集群效应,
促进承接地在经济竞争中增强竞争能力。

全球化是一个非线性的涌现过程,与之伴随的产业空间运动
也表现出非线性的运动轨迹。对一个区域而言,产业转移的基本
动因是区域综合比较优势的动态演化与变迁。综合比较优势的含
义丰富,包含前面提及的各种要素层面的比较优势,以及制度质量
层面的比较优势。综合比较优势的另一来源是生产系统中伴随的
收益递增。收益递增和经济学传统意义上的"规模经济"内涵并不
一样。规模经济强调单一组织内部随着产量增加而伴随的单位成
本下降的过程并达到一个最佳规模经济点。相比较而言,收益递
增是正反馈复杂性机制的一种表现,它强调组织报酬或产量的指
数化增长,尤其是在后福特社会柔性生产体系的背景下,信息时代
的网络化趋势模糊了单一组织的边界,改变了经济及财富的运行
机制与方式,从而使得非线性的复杂性涌现成为可能。组织间不
断增加的协同关系和横贯网络使得知识经济时代的组织学习和知

识交流更有效率,从而更加助推了收益递增的非线性涌现。

杨小凯等学者以专业化分工为基础尝试把空间因素纳入经济学理论框架并对经济聚集进行了重新阐述,是自马歇尔以后的一次重大理论创新。他们将制度分析以及分工、交易费用与交易效率等核心概念和一般均衡的分析工具引入经济聚集的研究中,不仅给人们一种方法上的启迪,而且使得该问题的研究对于现实经济更具解释力①。基于经济集聚的收益递增也会导致路径依赖。收益递增的反馈机制通过网络把偶然出现的小概率事件的效应放大,并随着系统的演化产生更大的非线性涌现现象②。复杂性的分析显示,信息时代生产系统内部产生的微小扰动会导致分叉的产生,但收益递增和路径依赖也可能会带来锁定(Lock-in)效应,锁定效应描述了一种远离"均衡"的非最佳状态。当然,均衡是动态的,而且不一定仅仅存在一个最佳的"均衡"。但是,锁定的存在说明网络社会中制度性的扭曲过程一旦被锁定就难以被扭转。传统理论较多注重可流动要素,而对较难流动的区域要素如制度、社会资本等要素的关注不足。

制度在经济社会发展中具有重要作用。制度学习与模仿是后发国家利用后发优势的根本性手段。政府的推动、技术的学习或模仿,能够在发展的初期带来比较好的效果,如经济增长率提高,社会福利得到改善等。但如果没有制度变革作为保证,这种增长很可能不能长期维持。制度变迁所带来的制度效率的提高将是经济增长的有力保证。获得成功发展的落后国家的经验表明,制度变迁和经济增长始终呈现出非常高的关联度。制度最为核心的功能是给市场经济中的"经济人"提供激励与约束。明晰的产权制度是企业技术创新、管理创新的内在动力。这一功能的发挥是通过抑制"经济人"的机会主义行为或者提供有效信息降

---

① 杨小凯:《专业化与经济组织》,经济科学出版社,1999年。

② 约翰·厄里:《全球复杂性》,李冠福译,北京师范大学出版社,2009年。

低不确定性而降低交易费用。制度的重要性还体现在对服务业尤其是生产性服务业的发展提供基本保证。在信息化的时代,只有推进工业化和信息化的不断融合,努力发展生产性服务业和服务贸易,扩大具有自主知识产权和知名品牌的商品出口,发展中国家才能避免陷入"比较优势陷阱",从而实现比较优势的动态变化。目前,很多台资企业纷纷把工厂从东部沿海地区搬迁至中西部省份和城市,如湖北、重庆等,以缓解劳动力成本上涨的压力。企业通过产业转移,不仅实现了资源的有效利用,而且得到了当地政府的政策支持[①],可以利用政府的税收优惠、银行贷款等条件来实现企业的持续成长。对企业来说,追求经济效益最大化是其首要目的,市场推动力和拉引力这两股力量的共同作用,加快了产业区域转移的步伐。

3.3 集群升级中的产业转移粘性分析

在综合比较优势演化的过程中,笔者结合实际的调研认为,应特别关注产业集群升级中的产业转移粘性问题。虽然理论推导证明我国区际产业转移应该大规模发生了,但事实上中央政府的诸多政策推动并没有使我国很多产业由东部向中西部大规模迁移。张存菊和苗建军把区际产业转移粘性因素分为生产要素变量、产业发展变量和政策因素变量三类,并作了定性分析。他们还把政府的政策作为一种阻力因素进行了考察,认为地方政府往往鼓励企业在所管辖的地区内进行转移,这是由于地方政府更加关注的是本区域的经济发展,而区域间的产业转移将影响到转出地的竞争力以及就业率。总体来看,这方面的系统性分析较少。

3.3.1 基于集群效应的产业转移粘性分析

产业集群的转移既受到产业转移一般驱动因素的影响,也受

---

① 关于产业转移中的政府政策和制度要素的分析见第五章。

集群自身的特点影响。产业集群提供了一整套的制度支撑和相关的服务设施,对劳动力的就业形成巨大的吸引力,从而带来蓄水池效应。所以集群式转移的影响因素要远远复杂于单个企业的迁移,集群效应使得企业迁移的难度更大,也使得产业转移粘性加大,但同时影响也更为深远。同时,产业转移呈现地理集聚的特征,产业集聚提高了生产率,降低了厂商成本,产业通过集聚产生的外部规模经济有利于提高产业的国际竞争力。产业集群内企业由于地理上的临近性,通过商品和辅助活动相联系而组成了复杂网络。产业集群各网络节点由于集群效应使得成本下降,并提供了一套独特的制度支持与服务,从而对企业区位转移和劳动力流动产生了一定的抑制作用,加大了产业转移的机会成本。

由集群效应带来的声誉增加和就业流动性的便利,凸显了产业集群对劳动力的吸纳效应。尤其是通过国际贸易和外商直接投资的嫁接融合,江浙一带的大量内生型产业集群已经通过OEM方式融入所在产业的全球价值链,部分龙头企业更是已经实现了从 OEM 向 OBM 的跨越,有些企业甚至实现了与全球价值链的动态匹配与升级。罗浩基于二元经济模型中劳动力无限供给的假设,认为我国东西部劳动力的高度流动性使得沿海地区获得了大量廉价劳动力,因而东部发达地区的实际工资水平很大程度上低于官方统计的平均工资数据[①]。我国中西部农民工和东部农村剩余劳动力的几乎无限供给,导致了沿海发达地区外来劳动力实际工资增长缓慢,从而导致当地劳动密集型产业转移产生较大的粘性。下面笔者从宏观区域视角考察我国区域工资水平的变化来说明基于劳动力汇集效应的集群优势对产业转移的影响。

各地区及全国的工资数据来自于中经专网教育版[②],主要是1989—2005 年各省区市及全国的职工年平均货币工资。为了更

---

① 罗浩:《中国劳动力无限供给与产业区域粘性》,《中国工业经济》,2003 年第 4 期。
② 中经专网教育版网:http://10.15.61.96/index/index.asp。

直观说明自 1989 年以来中国工资分布的经济地理变动状况,笔
者将 1989—2005 年的数据划分为:1989—1992 年(以 1989 年代
表)、1993—1997 年(以 1992 年代表)、1998—2001 年(以 1997 年
代表)和 2002—2005 年(以 2001 年代表)四个阶段。划分的依据
是:1992 年邓小平南方讲话后出现了经济建设的高潮,1997 年亚
洲发生金融危机,2001 年中国加入 WTO,这些大的事件对经济
运行会产生较大影响,而且大的事件一般会从下一年度开始显现
其影响力。故笔者对四个时间段的数据均取平均值后(避免非平
稳的观测值的影响),以各地区的数值除以全国的平均值,以反映
该地区经济状况在全国的地位。在得到这些比值之后,借助国家
动态地图网①中的作图功能,笔者绘制了反映四个时间段中的经
济地理变动的图形(见图 3-7—图 3-10)。

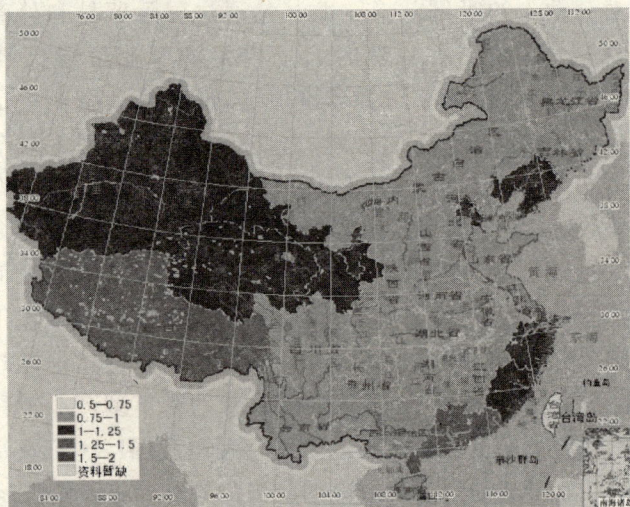

图 3-7　各地区人均工资和祖国大陆平均值之比(1989)

---

①　国家动态地图网:http://www.webmap.cn/index2.php.

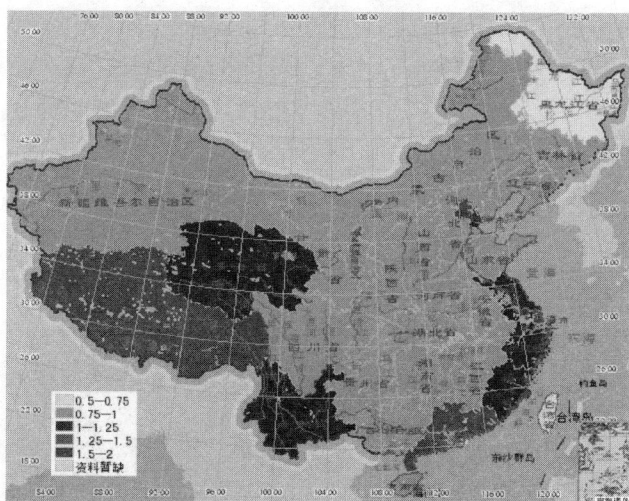

图 3-8 各地区人均工资和祖国大陆平均值之比(1992)

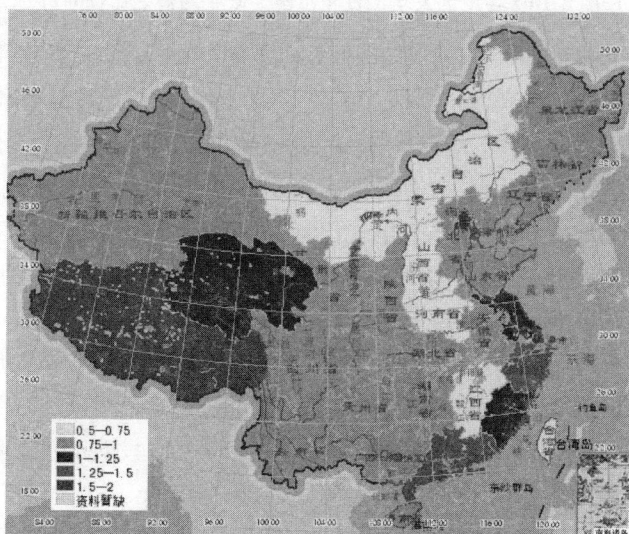

图 3-9 各地区人均工资和祖国大陆平均值之比(1997)

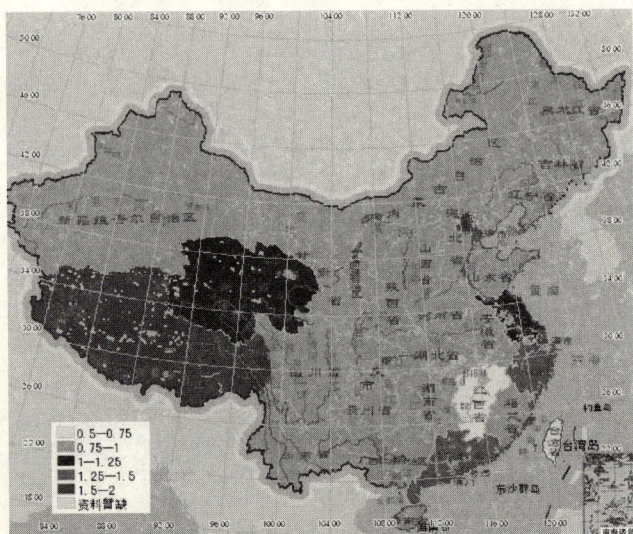

图 3-10　各地区人均工资和祖国大陆平均值之比（2001）

　　以上各图对中国自改革开放以来的区域人均工资水平及其变动状况作了直观的描述。可以看出，除北京、上海等直辖市一直远高于全国平均水平外，建立市场体制初期，人均工资水平区域分布是两边（西北、东南沿海大部分地区及西藏）高、中间（中部地区及东北大部分地区）低。但随着改革开放的推进，经济发展快速的东南地区继续保持高于全国平均值的水平，西北的新疆、甘肃等则降到平均值之下。值得注意的是，西藏的人均工资一直是全国平均水平的 1.25 到 2 倍，这可能和西藏得到中央政府较多的补贴有关，也和西藏人口基数（截至 2009 年，不足 300 万）较小有关。通过同期人均 GDP 水平的比较可以发现，地区间人均工资的差距不如人均 GDP 差距大，尤其是广东、浙江等经济先发地区，其人均 GDP 是同期全国平均值的 2～4 倍，而人均工资仅为全国平均值的 1.5～2 倍，这表明廉价的劳动力是促进其经济发展的重要推动力。而且如果考虑到这些省市是农村剩余劳动力的主要流入地①,按实际参与劳动的人数计算的平均工资则会更低。这充分说明了产业集群对劳动力的吸纳效应。由于东部地区的实际工资增长缓慢,从而导致当地劳动密集型产业转移产生粘性,区际产业转移迟滞。

3.3.2 基于沉没成本的产业转移粘性分析

在新古典经济学的完全竞争或完全可竞争市场结构中,由于企业或个人被认为具有完全理性和完备信息,因而不存在交易成本和信息成本,从而也就不会存在沉没成本。故西方主流经济学里面的经济主体在理性决策时不会考虑沉没成本,仅按照预期的边际成本等于边际收益的原则进行经济决策。因而在理论研究中笔者发现,沉没成本(Sunk Cost)理论的价值多被西方主流经济学界忽视,仅有部分产业组织的文献关注到。但事实上沉没成本在现实经济实践中的方方面面的作用都极为重要,经济主体不可能不考虑沉没成本的重要影响。企业往往在决策前就会考量到沉没成本,如我们常说的"留有后路"。再如造船企业为防止被"套牢",在接海外生产订单时会考虑到所投入的设备、原料等成本的灵活转换性,万一海外市场萎缩,则能改为他用或进入相近行业继续经营。沉没成本是包含时间和空间的动态概念,难以事前给定,从而超越了静态的生产成本和交易成本概念。由于可能会产生不可逆行为与滞后效应,所以沉没成本的理论和实践研究空间极为广阔。

总体来看,经济学家们大多把沉没成本与固定成本的概念联系起来,而且也是在新古典框架下来进行分析的,如 Baumol 等认为固定成本会随生产的停止而消失,而沉没成本则不会随生产的停止而消失。但经济活动中的理性经济人不会考虑沉没成本,除

---

① 陈仲常、臧新运:《农村劳动力转移的区域差异与跨区流动度的估量》,《经济问题》,2006 年第 1 期。

非是为了企业竞争战略①的需要,因为沉没成本可以在一个较长时间内创造收益流,但却永远不能加以回收,而固定成本只是在短期内才是沉没的。企业迁移的行为理论认为不仅需要考虑迁移成本,而且企业迁移之前会考虑到涉及的沉没成本如各种广告投入及厂房等,以及退出沉没成本如由于迁移所导致的成本等。赵伟认为沉没成本构成企业进入特定市场的重要壁垒,同时也是影响企业退出特定市场的重要因素。因为经济决策往往是在不确定环境下做出的,而沉没成本会对这些决策产生影响②。汤吉军提出了沉淀成本经济学的框架,并运用这个方法对国有经济的动态演化进行了分析③。

笔者认为,沉没成本内生于产业转移和集群升级的动态演化之中。虽然沉没成本与威廉姆森的资产专用性概念(资产用于特定用途后很难再移作他用的性质)较为接近,但其内涵并不一致。沉没成本从成本的角度展开分析,而威廉姆森的资产专用性侧重从组织的角度对资产的应用问题进行界定和分析。在产业转移中,沉没成本影响极大,尤其是对中小企业和微型企业而言。在企业决策的微观层面,在产业转移中因信息不对称很容易出现"柠檬"问题,使专用性资产在交易过程中很容易成为沉没成本。奥斯特罗姆等认为,有助于提供信息或分配信息的制度安排在降低各种类型的交易成本方面会发挥至关重要的作用④。沉没成本经常是由较高的资本进入壁垒形成的⑤。由于发展中国家一般缺少资本,而劳动力相对比较丰裕,所以在大部分传统劳动密集型行业,集群中的小微企业更容易面临相对较高的资本进入壁

① 泰勒尔:《产业组织理论》,中国人民大学出版社,1997年。
② 赵伟:《长三角经济:一个多层次核心——外围综合框架》,《浙江社会科学》,2007年第5期。
③ 汤吉军:《沉淀成本经济学与国有经济动态演化分析》,经济科学出版社,2008年。
④ 奥斯特罗姆等:《制度激励与可持续发展》,上海三联书店,2000年。
⑤ 胡济飞:《企业的产业转移行为影响因素分析》,浙江大学硕士学位论文,2009年。

垒。由于资本稀缺,加上客观的环境不确定性和主观的有限理性,大多数中小企业和微型企业的企业主必须进行细密的分工和紧密的协作才能克服一体化生产所需要的资本壁垒。产品生产经营的连续过程被产业集群内部企业间的细密分工网络划分为众多相对简单的加工环节或流程,因此单个企业仅需要较小的投资额就可以完成生产环节的任务[①]。在劳动力供给较为充裕的情况下,众多微型企业和家庭工厂会像雨后春笋般涌现。然而,集群中的分工协作降低了单个企业的投资额,但从集群整体来看反而增加了专用性资产的投入,这时较高的资本进入额和较强的资产专用性的结合会增加集群中固定资产投资成为沉没成本的概率,从而会加剧区际产业转移的粘性。

从产业转出地来看,累积性沉没成本改变了产业集群的要素禀赋和综合比较优势,从而成为产业迁移的重要制约因素之一。在面临经济转型升级的时候,一个产业的资产专用性越强越大,沉没成本概率就越大,其发生空间转移的可能性则越小。如作为资本投入而形成的无法搬迁的厂房和生产机器等专用性资产往往成为典型的沉没成本,笔者在织里童装和宁波服装产业集群中的调研印证了这一点。总之,产业集群中沉没成本效应的存在使得产业集群区际转移中粘性表现较为普遍。这也是目前我国东部地区没有发生大规模的跨省区际产业转移的重要原因之一。当然,跨越省界的产业转移比例相对较少还与我国的省级地方政府行为密切相关,关于这方面的分析将在第五章的"制度分析"一节展开。

---

① 阮建青:《基于产业集群模式的农村工业化萌芽与成长机制研究》,浙江大学博士学位论文,2009年。

4 集群式产业转移与升级的动力机制

改革开放以来,由于东部地区在发展外向型经济、承接国际产业转移过程中过度看重短期经济利益,相对地忽视了环境保护和节能降耗等问题,故在经济快速发展的同时,产业集群层次偏低、未掌握核心技术及资源环境和土地承载能力越来越低的矛盾也越来越突出。本章主要分析产业集群发展和空间演化的内在规律。在产业集群演化的过程中,其稳定性非常重要,它直接影响到政府相关政策的制定和实施。集群发展中的路径依赖既有可能导致产业集群的稳定发展,也有可能导致产业集群的锁定或衰落。本章结合非线性复杂系统理论,从产业集群演化的基本动力视角,构建技术创新和扩散为内生的产业集群演化模型,来探讨产业集群演化的稳定性特征,进而探讨通过实施产品差异化战略及发展生产性服务业,来实现产业集群创新和升级的路径选择。

4.1 集群式产业转移的动力机制①: 基于企业选址的微观视角

产业集群是一种既古老又崭新的经济地理现象。产业集群可以有效提升区域竞争力,已成为区域经济发展的重要动力源和创新中心。在当今经济全球化快速发展的背景下,地方产业集群作为一个自组织的动态复杂网络系统,其形成与动态演化首先是企业选址的结果。下面结合古诺模型从企业选址的微观视角对

---

① Sun H P. Industry Relocation and Manufacturing Clusters Upgrading, Advanced Materials Research. 2010, vol. 102—104.

产业集群的形成以及演化到一定阶段产业空间转移的必然性和路径选择进行理论分析。

4.1.1 产业集群的形成

假设有无限多的消费者均匀分布于一个长度为 L 的线性空间中,两个生产同质产品的相同技术厂商选择 x_1 和 x_2 作为企业的生产区位,不妨设 $x_1 \leqslant x_2$。假定运输成本为线性的,即 $t(|x-x_i|)$,$i=1,2$;且有 $t(\cdot)' \geqslant 0$,$t(\cdot)'' \geqslant 0$。假定厂商的逆需求函数为线性的,形式为 $P(x)=a-bQ(x)$;进一步设边际成本为零,则在任一点两企业的全部产量为:$Q(x)=q_1(x;x_1,x_2)+q_2(x;x_1,x_2)$,那么在任一点的逆需求函数为:$P(x)=a-b[q_i(x;x_1,x_2)]$。古诺竞争是先选定位置,再确定最优产量。对于每一选定的位置,企业的产量决策是独立的。设 $R_i(x)$ 表示厂商 i 在 x 处的利润,则有:

$$R_i(x)=[a-bQ(x)-t(|x-x_i|)]q_i(x),(i=1,2) \quad (4\text{-}1)$$

由此,对每个厂商来说,他们追求的利润最大化目标为:

$$\max_{q_i(x)} R_i(x;x_1,x_2)=[a-bQ(x)-t|x-x_i|]q_i(x),(i=1,2)$$

$$(4\text{-}2)$$

由 F.O.C 可以得到厂商 1 的古诺—纳什均衡解为:

$$q_1(x)=\frac{a+t(|x_2-x|)-2t(|x_1-x|)}{3b} \quad (4\text{-}3)$$

$$P(x)=\frac{a+t(|x_1-x|)+t(|x_2-x|)}{3} \quad (4\text{-}4)$$

$$Q(x)=\frac{2a-t(|x_1-x|)-t(|x_2-x|)}{3b} \quad (4\text{-}5)$$

然后将式(4-3)、(4-4)、(4-5)代入式(4-1),可以得到厂商 1 在 x 处的利润:

$$\widetilde{R}_1(x)=\frac{[a+t(|x_2-x|)-2t(|x_1-x|)]^2}{9b} \quad (4\text{-}6)$$

通过将线性运输成本引入分析,笔者可以得出以下命题:

【命题 4-1】 在线性空间中,厂商间的古诺竞争会引起空间集聚。

证明:因为无限多的消费者均匀分布于长度为 L 的线性空间中,故厂商在 $x \in L$ 上的总利润为:

$$\Pi_i(x_1, x_2) = \int_{x \in L} \widetilde{R}_i(x; x_1, x_2) \mathrm{d}x, (i = 1, 2) \qquad (4\text{-}7)$$

对厂商 1,结合式(4-7),由 F. O. C 可以得到:$\dfrac{\partial \Pi_1(x_1, x_2)}{\partial x_1} = 0$,结合式(4-3)—(4-6)可以得到:

$$\frac{9b}{4} \frac{\partial \Pi_1(x_1, x_2)}{\partial x_1} = -\int_0^{x_1} [a + t(x_2 - x) - 2t(x_1 - x)] \times$$

$$t'(x_1 - x) \mathrm{d}x + \int_{x_1}^{x_2} [a + t(x_2 - x) - 2t(x - x_1)] \times$$

$$t'(x - x_1) \mathrm{d}x + \int_{x_2}^{L} [a + t(x - x_2) - 2t(x - x_1)] \times$$

$$t'(x - x_1) \mathrm{d}x$$

$$(4\text{-}8)$$

从式(4-8)可以看出,当 $x_1 = x_2 = \dfrac{L}{2}$ 时,$\int_{x_1}^{x_2} [a + t(x_2 - x) - 2t(x - x_1)] t'(x - x_1) \mathrm{d}x = 0$,同时由于式(4-8)右边第一项和第三项的绝对值相等,符号相反,故满足 F. O. C。

同理可得 S. O. C:$\dfrac{\partial^2 \Pi_1(x_1, x_2)}{\partial x_1^2} \leqslant 0$,故有:

$$\frac{9b}{4} \frac{\partial^2 \Pi_1(x_1, x_2)}{\partial x_1^2} = -2[a + t(x_2 - x_1) t'(0) +$$

$$\int_0^{x_1} \left\{ -[a + t(x_2 - x) - 2t(x_1 - x)] \times \right.$$

$$t''(x_1 - x) + 2[t'(x_1 - x)]^2 \bigg\} \mathrm{d}x +$$

$$\int_{x_1}^{x_2} \left\{ -[a + t(x_2 - x) - 2t(x - x_1)] \times \right.$$

$$t''(x - x_1) + 2[t'(x - x_1)]^2 \Big\} \mathrm{d}x +$$

$$\int_{x_1}^{L} \Big\{ -[a + t(x - x_2) - 2t(x_1 - x)] \times$$

$$t''(x_1 - x) + 2[t'(x_1 - x)]^2 \Big\} \mathrm{d}x \qquad (4\text{-}9)$$

对式(4-9)采用分部积分法,结合式(4-8)可得:

$$\frac{9b}{4} \frac{\partial^2 \Pi_1(x_1, x_2)}{\partial x_1^2} = -t'(x_1)[a + t(x_2) - 2t(x_1)] -$$

$$t'(L - x_1)[a + t(L - x_2) - 2t(L - x_1)] +$$

$$\int_0^{x_1} t'(x_1 - x)t'(x_2 - x)\mathrm{d}x -$$

$$\int_{x_1}^{x_2} t'(x - x_1)t'(x_2 - x)\mathrm{d}x +$$

$$\int_{x_2}^{L} t'(x - x_1)t'(x - x_2)\mathrm{d}x \qquad (4\text{-}10)$$

由于 $t(\cdot)'' \geqslant 0$,且 $x_1 \leqslant x_2$,由积分中值定理可得:

$$\begin{cases} \int_0^{x_1} t'(x_1 - x)t'(x_2 - x)\mathrm{d}x \leqslant -t'(x_1)[t(x_2 - x_1) - t(x_2)] \\ \int_{x_2}^{L} t'(x - x_1)t'(x - x_2)\mathrm{d}x \leqslant t'(L - x_1)[t(L - x_2)] \end{cases}$$

$$(4\text{-}11)$$

然后把式(4-11)代入式(4-10),可以得到:

$$\frac{9b}{4} \frac{\partial^2 \Pi_1(x_1, x_2)}{\partial x_1^2} \leqslant -t'(x_1)[a + t(x_2 - x_1) -$$

$$2t(x_1)] - t'(L - x_1)[a - 2t(L - x_1)] \leqslant 0 \qquad (4\text{-}12)$$

故满足 S.O.C.。由对称性得知,当 $x_1 = x_2 = \dfrac{L}{2}$ 时,两厂商均将区位选址于中心。同理可以推广到三个或更多的厂商间的情况,即厂商间的古诺竞争会引起空间集聚,证毕。

4.1.2 产业集群的区际转移

如波特所言,产业集群存在生命周期,从其一诞生起就处于动态演化之中。尤其是产业集群在成熟后期,如果不进行升级通常会出现衰退的迹象①。如浙江绍兴嵊州 2006 年领带产量超过 3 亿条,约占世界市场一半的份额及中国市场的 85%,获得了"世界领带城"的美誉。但 2005 年 7 月以来,由于人民币持续升值和原料丝价及劳动力工资的上升,1 100 多家嵊州领带企业在激烈的价格战里几乎陷入"无钱可赚"的局面。那么,实现产业集聚后,如果产业集群内的厂商仍然坚持生产相同技术的同质产品的话,随着厂商数目的增加,对一定空间内的相应资源包括消费者的争夺必然日趋激烈,那么必然导致过度竞争。在现实中往往表现为伯川德竞争,亦即激烈的价格战,从而使得产业集聚租金慢慢耗散。那么,从企业成本收益和竞争力延续的角度考虑,有可能面临再次选择企业生产区位的问题,即进行产业转移。由此,笔者提出以下命题:

【命题 4-2】 在线性空间中,厂商间的伯川德竞争导致部分产业空间转移。

证明:与古诺竞争中的产量决策不一样,伯川德竞争模型刻画的是价格竞争行为,企业选择价格作为竞争手段。笔者仍然假定厂商的逆需求函数为线性的,形式为 $P(x) = a - bQ(x)$。假设在一个长度为 L 的线性空间中,两个生产同质产品的相同技术厂商选择 x_1 和 x_2 作为企业的生产区位,不妨设 $x_1 \leqslant x_2$。不过,为简化分析,笔者改进了两节点市场模型,即假定市场空间的消费者集中分布于线段的两端。伯川德竞争是先选定区位,再确定最优价格。根据序贯博弈的后推法,笔者先看第二阶段,每个厂商决定其在市场空间中的价格水平。假设两端的市场分别是 $\lambda(\lambda = A, B)$,两个厂商为 $i(i = 1, 2)$,不妨设厂商 1 靠近市场 A,而厂商 2 靠近市场 B,仍然假定有线性的运输成本,单位运输成本为 t。

① Porter M E. Clusters and New Economics of Competition. Harvard Business Review, 1998(12).

则其需求函数为：

$$q_i^\lambda = \begin{cases} 0, p_i^\lambda > p_j^\lambda \\ a - \dfrac{p_i^\lambda}{2b}, p_i^\lambda = p_j^\lambda (i,j=1,2;\lambda=A,B) \\ a - \dfrac{p_i^\lambda}{b}, p_i^\lambda < p_j^\lambda \end{cases} \quad (4\text{-}13)$$

在这种情况下，只要一个厂商的价格低于另一个厂商，就会占领整个市场，这种均衡的结果就是所有厂商以相同定价分享市场份额。在笔者假定的线性空间中，因为有 $x_1 \leqslant x_2$，那么当厂商 1 位于市场 A 时，由于运输成本的节约，相同定价情况下就可以将厂商 2 完全挤出市场 A；同样的道理，厂商 2 位于市场 B 时，相同定价就可以将厂商 1 完全挤出市场 B。所以可以得出伯川德竞争的维持条件，即任何一个市场占领者最后的产品定价都不能大于最大的运输成本，不失一般性。在此假设二者相等，故可得出其定价为：

$$P_1^A = C_1^A + tx_1 = tx_2 \quad (4\text{-}14)$$

$$P_2^B = C_2^B + t(L-x_2) = t(L-x_1) \quad (4\text{-}15)$$

其中 C_i^λ 表示厂商 $i(i=1,2)$ 在市场 λ 的制造成本，则两个厂商的利润方程为：

$$R_1 = q_1^A(p_1^A - tx_1) = \frac{t}{2b}(x_2-x_1)(a-tx_2) \quad (4\text{-}16)$$

$$R_2 = q_2^B[(P_2^B - t(L-x_2)] = \frac{t}{2b}(x_2-x_1)[a-t(L-x_1)] \quad (4\text{-}17)$$

由式(4-16)和式(4-17)得($a > tL$)：

$$\frac{\partial R_1}{\partial x_1} = \frac{-t}{2b}(a-tx_2) < 0 \quad (4\text{-}18)$$

$$\frac{\partial R_2}{\partial x_2} = \frac{t}{2b}[a-t(L-x_1)] > 0 \quad (4\text{-}19)$$

由式(4-18)和式(4-19)可以得出结论：伯川德竞争模型中的价

格竞争行为使得厂商之间有明显的离心力作用,结果是再重新选择区位的时候,原有产业集群中的企业面对相对分割的市场进行分散选址,也就说有一部分企业会进行产业转移。梁琦指出,产业区位周期链上企业的集中和再集中是不一样的,初始集中一般包括产业链的所有阶段,而再集中一般会发生在产业链的某一个或几个环节①。这与笔者的分析相一致,即产业集群发展到一定阶段可以进行跨区域的产业链网协作,对产业链的某些环节进行产业转移,这对于产业转出方和承接方均有好处。产业转移可以使转出地腾出空间发展更高端的产业以促进产业升级,同时也可以有效地推动承接地产业的发展,进而促进当地的就业和经济增长。

4.2　集群式产业转移的动力机制②:基于稳定性的中观视角

4.2.1　产业集群演化中的路径锁定

产业集群形成以后总是处于动态演化之中,其形成与动态演化存在路径依赖。路径依赖既有可能导致产业集群的稳定发展,也有可能导致产业集群的"锁定(Lock-in)"或衰落。路径依赖(Path Dependence)一词最先由生物学家古尔德提出,他用此概念描述生物物种进化的路径,并分析了生物演化路径的运行机制。历史背景和发展阶段对于研究中国的现代经济更为重要③。因为产业集群中的每个组织都是嵌入在产业集群这一局域性社会网络中的,其行为受到其嵌入的局域性社会网络的影响;同时产业集群整体也嵌在外部广域性社会网络之中,其运作同样受到广域社会网络中行业竞争态势、经济规律、文化理念等各类因素的制约和引导。路径依赖情况下的随机经济过程往往是其自身

---

① 梁琦:《产业集聚论》,商务印书馆,2004年。
② 孙华平:《产业集群网络动态演化的稳定性分析》,《统计与决策》,2009年第17期。
③ 邹志庄:《中国经济转型》,中国人民大学出版社,2005年。

历史发展的函数,并不存在一个稳定的渐进概率分布。新制度经济学的重要代表人物诺思建立了制度变迁的路径依赖理论,并采用该理论从经济史的视角对西方世界的崛起进行了独特的分析和解释。克鲁格曼也认为经济发展中的一些偶发事件有可能成为影响和决定整个经济系统最终走上哪一条发展道路的重要因素。我国30多年改革开放的历程正是一部活生生的制度变迁史,而我国各地很多产业集群的发展已经显现路径依赖效应,目前急需进行战略升级。

从中观视角看,产业集群演化的稳定性极为重要,因为它往往会直接影响到地方政府相关产业政策的制定和实施。世界上最古老的产业集群景德镇陶瓷产业集群由于历史定位于朝廷贡品的产品原因和相应形成的思想观念,发生了路径依赖中的"锁定",没有根据变化了的市场情况进行调整,从而被淄博、佛山等后起之秀超越。在东部沿海的广东和浙江等地,很多低端集群由于发展过程中存在的"路径依赖",随着原有的比较优势和竞争优势逐渐丧失,在经济的发展中遇到了瓶颈,集群面临转型与升级的压力。故必须对集群可能出现的路径锁定等风险进行特别关注。产业集群是一个相互联系、相互制约的统一综合体。产业集群在生成和发展期,内部稳定的作用机制表现为共生性集聚。在此,笔者拟从产业和区域的二维中观视角分析集群内企业共生性集聚的稳定性。

假设集群所在区域的各种要素资源有限;集群内企业的规模一致,由于是生成和发展期,故假设企业在数量上呈指数性增长;此处先把技术作为外生变量,认为不变。再设产业集群内某企业的土地用量是 $R(\mu)h(\mu)$,需要的人力投入量是 $\omega L(\mu)$,集群 μ 内某企业由于集群效应使得成本下降 $j(\mu)$,可得:

$$TC(Q) = R(\mu)h(\mu) + \omega L(\mu) - j(\mu)Q \qquad (4\text{-}20)$$

根据 F.O.C 得:

$$MC = \frac{\mathrm{d}R(\mu)h(\mu)}{\mathrm{d}Q} + \frac{\mathrm{d}\omega L(\mu)}{\mathrm{d}Q} - \frac{\mathrm{d}j(\mu)Q}{\mathrm{d}Q} \qquad (4\text{-}21)$$

整理得：

$$MC = \frac{dR(\mu)h(\mu)}{dQ} + \frac{d\omega L(\mu)}{dQ} - j(\mu) \qquad (4-22)$$

同时有：

$$TR(Q) = PQ \qquad (4-23)$$

根据 F.O.C 得：

$$MR = \frac{dPQ}{dQ} = P \qquad (4-24)$$

根据企业利润最大化的条件有：

$$MR = MC \qquad (4-25)$$

由式(4-22)、(4-24)及(4-25)，可得：

$$P = \frac{dR(\mu)h(\mu)}{dQ} + \frac{d\omega L(\mu)}{dQ} - j(\mu) \qquad (4-26)$$

整理得：

$$\frac{dR(\mu)h(\mu)}{dQ} + \frac{d\omega L(\mu)}{dQ} = P + j(\mu) \qquad (4-27)$$

从以上分析可以看出，在产业集群的发展初期，集群内产业链相关企业的接连诞生与成长及区域外相关企业的迁入，产业集群雏形初现。从系统的视角看，这是一个复杂的企业生态系统。在这个复杂的产业链网系统中，每一个集群企业都有其特定的定位，并与产业链各环节的企业之间建立了密切的关联。从社会资本的视角看，企业之间基于长期协作建立了牢固的信任基础，从而尽量避免了机会主义的产生，降低了整个集群的交易成本。

集群创新网络在进行外部联接时，必须根植于当地的社会文化环境才能更好地发挥作用，促进区域更好地发展。社会资本作为"实际或潜在资源的网络集合"，它不是自然给予的，而是内生于经济社会发展的动态进程中。从微观主体看，社会资本的获得必须通过投资于团体关系的制度化战略来加以建构，其收益体现为它是集群稳定的可靠来源。在信息不对称条件下，社会关系网络往往能够提供一种信任机制，使集群中的经济交易融入互惠性情感因素,为"关系网"内成员间的合作并获取更大的机会利益奠定了坚实的基础。如果产业集群内部网络成员之间的竞争与互利关系达到了平衡,就能在一定的时间内保持相当稳定的相关企业的空间聚集,并形成一定的产出规模。产业集群社会网络和经济产业网络动态的演进过程也是一个相互制约、互为增强的过程,这个过程的结果是保持企业网络间和网络内部的动态均衡性,社会和经济要素通过均衡的"双网络互嵌"得到可持续的流动,知识得以溢出、扩散与再创造。社会资本具有不可让度性,其在使用上可以达到互惠的效果。社会资本的形成同时也是创造规则的动态博弈过程,其作用的发挥是直接通过不同主体间的合作实现的。企业网络间良好的社会资本积累,一方面促进企业成员的沟通与交流,另一方面通过加强企业各部门的协调和联系,从而使企业内外的知识转移与知识共享成为可能,产业集群的知识竞争优势也才得以表现和发挥出来。

产业集群具有聚集生产要素和协同产业链等功能,企业的集群化发展也有利于区域市场交易网路的扩张与拓展。另外,在产业集群的动态演化过程中,专业化水平的提高可以给集群内企业带来收益的增加,因为集群内的任何企业只专注于某一个生产的环节都会获得"熟能生巧"的学习效应,而且为持续的创新带来了可能。但是,集群内分工越细,也就要求企业之间的交易频率增加和协作关系越密切。若集群内各企业与区域内的其他行为主体包括政府相关部门、行业协会等之间能在协同创新的过程中建立紧密的联系,并形成一个动态的复杂网络,那么通过集群网络各主体的有效互动就可以实现区域创新的良性循环。如果产业集群能够长期维持这种良性均衡状态,就说明集群内的成员找到了自己的准确定位,就像生态系统中各个生物处于的生态位一样,在外界环境相对稳定的条件下,整个集群能长期协调、稳定地发展。然而,现实中这种理想的状态不可能永久持续下去。因为面临大规模产业转移出现时,集群内企业的大规模搬迁会影响到集群系统的演化,集群内部要素之间及它们与政府政策要素、行业发展状况等外部大环境的相互作用关系就会变得越来越复杂化,产业集群可能进入杂乱无序的系统状态。

当劳动力等要素投入的总边际成本与总边际收益达到一致的时候,集群企业的均衡利润则达到最高值。如有 $MR > MC$,集群内企业的利润会增加,集群规模会扩大,但随着越来越接近均衡点,拥挤效应便开始显现,要素价格便开始上升。若 $MR < MC$,说明集群的外部不经济效应开始出现,部分集群内的企业可能出现亏损。随着集群盈利能力的降低,其吸引力开始减低,劳动力可能慢慢会流动到其他地区,局部区域有可能出现"民工荒",产业集群的稳定性变得脆弱,同时预示着产业集群的演化进入了一个新的周期。这个时候集群内企业如果不积极进行创新,并谋求持续的转型升级,则可能被淘汰,整个集群也面临衰退的风险。

4.2.2 产业集群演化中的创新动力

竞争是市场经济永恒的主题,而创新是使集群企业产品具有持续竞争力的动力源。熊彼特以"创新"为基点,分析了资本主义经济发展的实质、动力与机制,并深入探讨了经济增长和经济发展的模式和周期波动规律[①]。但因为熊彼特未能将其"创新理论"与当时在经济学中占主导地位的亚当·斯密的"分工理论"和李嘉图的"比较优势理论"等建立起紧密的逻辑联系,因而在相当长一段时间内,其理论学说并没有引起经济学界的重视[②]。不过二战后的几十年内,尤其是在技术创新越加重要的 20 世纪 80 年代以来,许多学者尤其是管理学家沿着他的思路重构经济理论,创新研究的内涵不断丰富和完善。目前,知识创新和技术创新已

---

① 熊彼特:《经济发展理论》,商务印书馆,1990 年。
② 侯经川、黄祖辉、钱文荣:《创新、动态比较优势与经济竞争力提升》,《数量经济技术经济研究》,2007 年第 5 期。

经成为新兴产业和企业发展中具有战略性和主导性作用的要素,传统生产要素的地位在相对下降。在知识经济条件下,一个国家长期的产业竞争力决定于其科学技术与创新的水平。侯经川等把创新活动概括为"效率改进型创新"和"产业垄断型创新"两类。他们的分析表明,同样程度的任何创新都具有同样程度的相对竞争力提升效应,但不同类型的创新活动对绝对竞争力水平的影响各不相同①。

产业集群作为一种合作性学习的粘性区域创新组织体系,是各行为主体在能动响应各种挑战与机遇过程中形成的具有柔性化网络组织的区域网络。产业集群有利于促进企业的网络式创新,以隐形契约为纽带的集群内企业合作网络涉及企业活动的不同领域,例如产品设计、研究与开发、生产、销售和物流等。一个集群的可持续发展是产业集群持续创新的结果,而成功的创新网络取决于企业间良好的稳定合作与战略信息的共享。集群的持续创新是一项极为复杂的系统工程,克服技术溢出的外部性是集群企业合作研发和创新的主要动机。一些集成性的不可分要素如制度、社会资本等在集群创新中也扮演极为重要的角色,尤其是社会资本有利于资源共享,促进知识和技术的溢出,进而促进集体合作学习机制的形成。企业为了充分利用集群内独特的不可移动的资源,创造和保持竞争优势,必须掌握互补性的外部资源。动态地看,产业集群还是一个学习性区域网络组织。按照哈耶克的理论,知识的本地化特质决定了知识区域化的属性,尤其是隐性知识。另外,社会资本不仅可以加强显性知识的传播与扩散,更重要的是可以加强隐性知识的传播与扩散,并通过隐性知识的快速流动进一步促进显性知识的流动与扩散。

创新活动是一个多因素、多方面综合作用的过程,需要相关

---

① 侯经川、黄祖辉、钱文荣:《创新、动态比较优势与经济竞争力提升》,《数量经济技术经济研究》,2007年第5期。

主体相互协调和紧密合作,通过有效协同来实现创新目标。集群内外部各种因素包括制度革新、技术进步等都会改变产业集群作为一个复杂网络而带来的外部经济效应的广度和深度,各种创新的集成反而可能会增强集群演化的制度稳定性,然而这需要集群内企业保持持续创新的活力。产业竞争力最核心的内生性变量是产业知识吸收与创新能力,这取决于一个国家和地区智力资本的数量和质量。

创新不是一个企业孤立的行为,创新会导致比较优势的动态变化。熊彼特认为,创新是"企业家对生产要素的新组合"或"建立一种新的生产函数"。企业在创新过程中需要与外界大量交换信息,产业群内众多小微企业彼此间的竞争与合作关系以及专业生产协作网络使小微企业的投资更为安全。信息传递机制能诱生更多的投资机会,这对产业集群的形成极为重要。当产业集群发展到高速成长期的时候,一般来讲,各种创新会集中"潮涌",从而使得此时的集群整体来看比生成期具有更稳定前进的作用机制,基础性和模仿性创新都会增加集群同类企业提供产品的差异化程度。

从产品的差异程度看,信息分享水平的提高使得集群内企业间产品的替代性增强,市场竞争变得更加激烈,集群内企业开始出现分化,从而使得对消费者的争夺显得更为激烈。此时,集群成员企业往往利用重复不断的交往博弈来抑制其他成员企业的欺骗行为,而在这种竞争压力下锻炼出来的企业极大地增强了产业集群的抗风险能力。创新意味着对传统的超越和突破,没有可以照抄照搬的先例。但是现实中各种创新尤其是基础性创新往往是不确定的,而且创新往往带有一定的破坏性,在时间上也经常是不连续的。创新活动具有试验性质,创新被视为不断地从内部革新经济结构的"创造性破坏"过程。创新往往是对原有制度、生产方式和组织模式的否定,它的各个阶段与环节都包含着很多的不确定因素,可能破坏旧有的社会结构,因而创新的传播与实施往往会面临极大的阻力和风险。产业的空间集聚是产业集群创新发展的基础。在此,笔者借鉴 NEG 学派从向心力和离心力两种机制分析产业集聚的思想,结合对浙江各地集群的调研,认为技术和制度共同影响产业集群的生成与演化,并提出以下命题:

【命题 4-3】 **在不同的历史发展条件下,技术创新和制度创新的作用权重并不均等,技术创新与制度创新共同决定产业集群内企业数目的增长速度。**

创新资源的稀缺是一个普遍的经济发展规律,科学技术是第一生产力。提高创新资源的利用效率,对于建设创新型国家与资源节约型社会都具有重要意义。事实上,技术创新是产业发展的基础,而经济发展过程中的各种历史事件尤其是剧烈而迅速的制度变迁影响甚至决定系统发展成为多种不同的经济结果。产业集群强调区域是否具有对外界环境变化进行整体性快速与柔性反应的能力,以及区域内现代企业、市场、政府、相关机构及其他主体之间是否具有互动与协同关系,更强调区域要通过学习来获得上述能力与关系。

笔者建立一个隐函数来说明以上思想:$Y=F(T,S)$,其中 T 为技术创新,制度环境用 S 来代表。假设技术创新影响产业集群的函数形式是:$Y_1=f(a,b,c)=f(T)$,这里的企业家数量用 a 来表示,企业家在创新过程中居于核心地位,创新的研发投入比例用 b 度量,c 代表企业经常互动的频率或新技术在企业间扩散的概率。制度环境影响产业集群发展的函数设定如下:$Y_2=f(d,e)=f(S)$,这里 d 代表各种政策等正式制度,而区域文化等非正式制度用 e 来表示。在现实中,剧烈的制度变迁并非经常发生,尤其是基于中国渐进式改革的路径选择。所以在不同的历史条件下,技术创新和制度创新的作用权重并不均衡。短期内可以假设,制度环境保持较强的稳定性和连续性。在这种情况下,技术创新成为产业集群可持续发展的最重要动力,而且在现实中技术创新往往是需要大量投入。如果产业集群进入了衰退期,而

此时区域内没有发生重大技术创新的话,产业转移对产业集群稳定性的影响就会非常大。为证明这一点,笔者提出下面的命题:

【命题 4-4】 在稳定的制度环境中,集群内企业创新的活力随着新技术扩散速度的衰减而衰减,集群内企业不能持续的创新就面临产业转移的可行路径选择。

随着产业集群发展水平的提高,集群内企业研发投入强度不断提高,到了一定阶段,可能出现研发资金投入的边际产出递减现象。下面从产业集群演化的基本动力视角构建技术创新和扩散为内生的产业集群演化模型,以探讨集群演化的特性及路径选择。

假设有 j 个企业存在于产业集群内,各个企业之间经常进行技术交流和学习,再假设产业集群内的企业在演化周期内进出入集群没有任何壁垒;时间变量 T 可以被分为无穷个离散区间,即 $T=(1,2,3,\cdots,t,\cdots)$;在时间段 dt 期间,j 数目企业中的任两个企业以某一固定的概率 p_1 进行技术交流和学习,再假设此种新技术在集群内部扩散的概率是 p_2,且 p_1 和 p_2 在演化周期内固定不变。由于技术投资往往具有规模效应和路径依赖特征,笔者假设技术创新一旦发生就一直持续下去,于是新技术会经由公司之间的密切"切磋"而不断扩散,从而使得拥有新技术的企业数目持续地增加。设在某时点 t 接受新技术扩散的企业总数目为 $j_0(t)$,那么由上述假定的技术创新扩散机制可以推出:从 t 时刻到 $t+dt$ 时刻,新增的接受技术创新的公司的个数是:

$$dj_0(t)=p_1p_2j_0(t)(j-j_0(t))dt \tag{4-28}$$

设 $f(t)=\dfrac{j_0(t)}{j}$,表示 t 时刻接受创新扩散的企业数量的相对份额。则式(4-28)可以写成:

$$\frac{df(t)}{dt}=kf(t)(1-f(t)),\text{其中 }k=p_1p_2j \tag{4-29}$$

求以上微分方程的解为:

$$f(t) = \frac{1}{1+\exp(-a-kt)} \tag{4-30}$$

其中 a 值随着 $f(t)$ 初值的变化而变化,用图形来表示,见图 4-1Logistic 曲线。

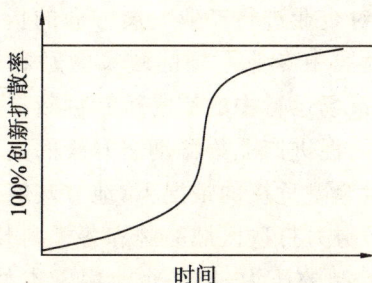

图 4-1 产业集群中创新扩散的 Logistic 曲线

上述分析表明,产业集群是具有多层次多主体的非线性复杂网络系统;产业集群的动态演化是由非线性相互作用和支配原理所主导的。技术创新的不足和制度创新的匮乏最终会使得产业集群趋于衰败。区域创新网络是在特定的经济区域内和特定的社会经济文化背景下,各种与创新相关联的主体要素(实施创新的各类机构和组织)和非主体要素(创新所需要的物质条件)以及协调各要素之间关系的制度和政策所构成的动态网络。该创新网络通常是由创新主体、创新环境和行为主体之间的联系与运行机制这三个部分构成,其目的是推动区域内新技术或新知识的产生、流动、更新和转化。作为复杂网络系统,集群创新的实现依赖于不同主体的作用发挥。

创新的本质是新思想的生成、发展与实际应用。区域产业集群创新网络的形成和发展是一个自组织和自依赖的过程,但这种自组织过程并不排斥作为创新网络结点之一的政府作用的发挥,甚至积极主动的集群策动是必须的。新制度经济学认为,实际产权制度遵循产权束可分离性和主体动机双重性假设,通过改变主体行为可以影响制度效率。政府作为产权制度的重要参与者,能够也应该为企业或产业的创新创造一种有效的区域环境,尤其是地方政府①。政府的作用体现为:构建良好发展环境,奠定集群运行的制度基础,降低交易成本,构建技术研发联盟和市场交易平台,并采取政策对企业进行产业发展方向的指导。例如浙江义乌市对产业集群发展中专业市场的政策激励和扶持是其成功的重要因素,尤其是市场运行中的交易机制创新提高了区域市场运行的质量,从而成为促进产业集群动态升级的重要保障。

在当下处于后金融危机的情况下,地方政府要进一步解放思想,变挑战为机遇,努力打造区域品牌和各类科技创新平台;要充分利用这一倒逼机制的压力,推动企业用资本替代劳动,积极进行技术革新,打破产业集群发展的低水平"锁定"陷阱。同时大力发展生产性服务业,积极推进产业集群的转型和升级,从制造走向智造,实现集群的可持续发展。政府在集群策动中应充分调动行业协会的能动性。作为政府、企业之间的桥梁和"润滑剂",行业协会在集群策动中能够并且已经发挥了巨大的协调和促进作用,不管是欧美国家还是日本的集群策动实践,我们都可看到作为集群内的重要一员,行业协会的作用是不可替代的。

4.3 集群式产业升级的创新路径:基于差异化的微观视角

从根本上看,产业集群组织间信任的源泉是社会文化、空间集聚和分工合作三大集群动力。正因为这三种因素的存在,产业集群的集体信任才得以形成,并表现得比非集群的组织间信任及个人间信任更为深厚和稳定。从上面的分析可以看出,东部沿海

---

① 事实上,中国产业集群的发生和繁荣是与各地政府(主要是市级和县级政府)的各种支持分不开的。

发达地区的某些低端产业集群要保持可持续发展就必须进行转型和升级,避免企业间的同质化价格竞争,否则很多企业必然要进行产业的空间转移,甚至是集群式产业转移。据不完全统计,2005年至今,佛山全市共有200多家企业实施了产业转移,其中大部分转移到广东省东西两翼和粤北山区。在地区工业化进程中,区域空间结构通常经历着从极化式经由扩散式到均衡式的演进过程。进入知识经济社会,区域空间结构会出现核心区域的知识化、网络的无形化与外围空间的无限性和多重属性,进而造成空间结构的虚拟性和多变性。李宁认为全球化能够将地区要素与资源配置纳入到全球生产系统当中,并改变企业的区位能力,进而对区域空间结构重组施加影响①。

陈建军认为当前浙江企业实行的是一种以市场导向为主、综合资源利用为辅的目标模式下的对外扩张和产业转移,有关产业区域转移可能会造成浙江产业的空洞化进而影响浙江经济发展的担心是不必要的,相反,产业转移对加快浙江省的产业结构调整产生着积极的意义。他根据浙江和西部省区各自的资源优势和市场特点认为,浙江和西部地区产业分工的主要模式应该是水平分工模式而不应是垂直分工模式。通过产业转移,合理地进行产业分工与协作,以达到提升企业竞争力和区域产业结构优化的目标②。李海舰等认为企业是构成产业集群的基本单元。随着信息技术的发展,企业对无边界的不断追求是产业集群生命演化的动力③。

4.3.1 集群企业协同竞争与差异化战略

从系统论的观点来看,一个增值系统的功能提升依赖于各个价值环节,特别是关键环节的协同优化,某个或某几个关键环节

---

① 李宁:《21世纪经济地域空间结构的新变化》,《经济地理》,2002年第1期。

② 陈建军:《产业区域转移与东扩西进战略——理论与实证分析》,中华书局,2002年。

③ 李海舰、原磊:《论无边界企业》,《中国工业经济》,2005年第4期。

的薄弱会给整个系统造成"木桶效应"而制约其总体功能水平①。集群中企业既存在着竞争也存在着协作，但更多的是协作关系。协同竞争是集群创新的一个显著特点，最终目的是达到共同发展，而集群通过区内企业的协同创新来达到这个目的。同时，产业集群是包含经济、社会各种类型组织和微观学习主体等维度的复杂网络组织，拥有本地企业组成的最基础和关键节点，以及由大学、科研院所、生产性服务机构、地方政府及其他公共政策机构等辅助性节点，这些主体构成了集群创新重要的动力要素。另外，产业集群的动态升级需要生产体系和知识体系的协同支持，而知识体系表现出的技术推动力显得更加重要。

在产业创新系统的运行过程中，产业创新主要依靠产业内的企业群来进行。企业是产业集群中技术创新的主体，也是集群创新投入、产出以及收益的主体，位于区域创新体系的核心。集群创新与集群中的企业间网络结构高度相关。另外，学习行为也是影响组织创新绩效的重要因素。产业集群式升级与单个企业的升级不同，产业集群式升级模式是分散组合的方式，因为产业集群内专业化分工明确而形成一条产业链，一个产业的技术进步需要链上的每一个环节都在进步。同样，每一个环节的技术追赶也就组合了整个产业的技术追赶。所以，产业集群的升级要比单个企业技术追赶更容易。史晋川和罗卫东等在对温州模式的研究中发现，诸多产业集群创新的传播路径是少数具有冒险与创新精神的企业通过血缘、亲缘、地缘和朋友关系被模仿和学习并向外扩散的过程②。产业集群的升级可能是少数人创新活动和大多数人跟随并适应的结果。

① 刘春香：《产业集群条件下中小企业的配套协作行为研究——以温州产业集群为例》，《科技进步与对策》，2007年第8期。
② 史晋川、金祥荣、赵伟、罗卫东：《制度变迁与经济发展：温州模式研究》，浙江大学出版社，2002年。

　　以差异化战略为基础的先进设备及库存管理和标准质量管理体系,是制造型企业降低成本、增加效益的最直接和最有效的途径。标准质量管理体系和零库存(JIT,Just In Time)等活动就是以全员参与的小组方式,创建设计优良的设备系统,提高现有设备的最大化运用效率,以降低成本并全面提高企业生产效益。产品创新能力的提高最终会反映在产品的差异化程度上。下面基于产品差异化程度的市场势力模型,分析产业集群的可持续发展问题。

4.3.2　基于产品差异化的市场势力模型

　　为方便分析,与前面不同,笔者把线段长度标准化。假设有无限多的消费者均匀分布于一个长度为单位1的线性空间中,两个生产同类但有差异化产品的厂商选择 a_1 和 a_2 作为企业的生产区位(如图 4-2 所示),不妨设 $0 \leqslant a_1 \leqslant a_2 \leqslant 1$。

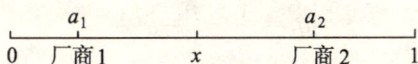

$$
\begin{array}{cccc}
& a_1 & & a_2 \\
\hline
0 & 厂商1 & x & 厂商2 & 1
\end{array}
$$

图 4-2　企业差异化定位示意图

　　进一步设在连续生产条件下,产品的平均成本和边际成本为零,设某一消费者的偏好为 x。假定 t 为单位运输成本,体现产品差异。运输成本表示消费者购买了不太满意的差异产品的负效用。很显然,差异产品的负效用随着运输成本的增加而增加,所以这里的运输成本采用二次成本函数。则消费者从厂商1和厂商2处购买商品支付的运费分别为:

$$c_1(x) = t(x-a_1)^2 \tag{4-31}$$

$$c_2(x) = t(a_2-x)^2 \tag{4-32}$$

　　那么消费者购买差异产品需要支付的总成本为:

$$p_1 + c_1(x) = p_1 + t(x-a_1)^2 \tag{4-33}$$

$$p_2 + c_2(x) = p_2 + t(a_2-x)^2 \tag{4-34}$$

　　当消费者从两个厂商处购买均无差异时,可得: $p_1 + c_1(x) = p_2 + c_2(x)$,由式(4-33)、(4-34)可得: $\tilde{x} = \dfrac{a_1+a_2}{2} + \dfrac{p_2-p_1}{2t(a_2-a_1)}$ 是

消费者的无差异点。位于此点左边的均购买厂商 1 的产品,位于此点右边的均购买厂商 2 的产品。那么两个厂商的需求分别为:

$$q_1 = \tilde{x} = \frac{a_1 + a_2}{2} + \frac{p_2 - p_1}{2t(a_2 - a_1)} \tag{4-35}$$

$$q_2 = 1 - \tilde{x} = 1 - \frac{a_1 + a_2}{2} - \frac{p_2 - p_1}{2t(a_2 - a_1)} \tag{4-36}$$

则在任一点两企业的市场占有率取决于自然需求 $\frac{a_1 + a_2}{2}$、竞争强度 $\frac{1}{2t(a_2 - a_1)}$ 和价格差异 $(p_2 - p_1)$ 三个因素。当产品差异最大,即当 $a_1 = 0, a_2 = 1$ 时,两个企业的市场占有率分别为:

$$q_1 = \frac{1}{2} + \frac{p_2 - p_1}{2t} \tag{4-37}$$

$$q_2 = \frac{1}{2} - \frac{p_2 - p_1}{2t} \tag{4-38}$$

根据以上分析,笔者得出以下命题:

【命题 4-5】 **产品差异化程度的提高能够降低需求的价格弹性,丰富消费者的选择,并提高其最终的总效用。**

根据上面的假设和函数形式设定,可以计算出最终市场需求的价格弹性为:

$$e_{q_1, p_1} = \left| \frac{\partial q_1}{\partial p_1} \frac{p_1}{q_1} \right| = -\frac{\partial q_1}{\partial p_1} \frac{p_1}{q_1} = \frac{-1}{2t(a_2 - a_1)} \frac{p_1}{\frac{a_2 + a_1}{2} + \frac{p_2 - p_1}{2t(a_2 - a_1)}}$$

$$= \frac{p_1}{t(a_2^2 - a_1^2) + p_2 - p_1} \tag{4-39}$$

将市场需求的价格弹性对产品差异参数 t 求一阶导数可得:

$$\frac{\partial e_{q_1, p_1}}{\partial t} = -\frac{p_1(a_2^2 - a_1^2)}{[t(a_2^2 - a_1^2) + p_2 - p_1]^2} \tag{4-40}$$

根据笔者前面的假设有:$0 \leq a_1 \leq a_2 \leq 1$,故 $\frac{\partial e_{q_1, p_1}}{\partial t} \leq 0$。所以产品差异化程度越大,市场的需求价格弹性就越小,厂商调控价

格的空间就越大,从而可以拥有较大的市场势力,也就可以避开产业集群中同质化的伯川德竞争。产品差异不仅可以填补市场需求的空白,满足消费者的多样化需求,而且从竞争战略的视角可以应对竞争对手分割市场份额,起到遏制潜在进入的作用。根据以上分析,得出以下命题:

【命题4-6】 产品差异化程度的提高能够降低竞争强度,促进产业集群实现有效升级和可持续发展。

同类产品的相对差异化程度越高,即($a_2 - a_1$)越大,消费者的主观偏好程度就越高,厂商拥有的市场势力就越大。所以,即使产品的价格定得高一些,消费者也愿意购买,愿意支付较高的运输成本,即价格对消费需求的影响相对要小一些。这与笔者在现实中的观察一致,即消费者往往对品牌产品的价格不甚敏感,这也是品牌溢价的来源。所以现实中有实力的商家总是努力塑造品牌知名度、品牌美誉度和品牌忠诚度。从竞争强度的表达式可以看出,产品的相对差异化程度($a_2 - a_1$)越大,竞争强度就越低。也就是说,产业集群演化到一定阶段,企业采取产品差异化战略可以降低竞争强度,促进产业集群可持续发展,这对于解决目前产业集群过度竞争提供了有益启示。

产业适宜度的变化是产业转移和集群升级的基本原因,而产业适宜度又是要素适宜度和市场适宜度的函数。一个区域首要的要素就是本地特色资源,资源是区域产业集聚的基本前提,而目前存在的结构雷同和低水平重复建设造成了各地经济发展与环境保护的矛盾。一个地区产业发展离不开资金、土地、劳动力和发展产业所需要的原材料,特别是经济落后的地区,要形成产业集聚,需要有自己独特的资源优势。而市场需求是产业发展的根本保障,一个地区市场需求升级后,相应的产业结构就应该随之变动。另外,企业通过产业转移不仅实现了当地资源的有效利用,而且得到了当地政府的政策支持,可利用政府的税收优惠、银行贷款等条件来实现企业成长的需要。对企业来说,追求经济效益最大化是其首要目的,通过市场推动力和拉引力这两股力量的共同作用,加快了产业区域转移的步伐。

4.4 集群式产业升级的创新路径:基于生产性服务业的中观视角

在经济全球化深入发展的背景下,经济服务化[①]已经成为发达国家制造业竞争力提升的路径选择和战略举措。全球经济服务化的突出表现之一是以生产性服务为核心的现代服务业在世界范围内迅速崛起,并且呈现出持续快速发展的态势。浙江、广东等东部沿海发达地区的工业化以产业集群而闻名,在全国遥遥领先。但目前我国各地的产业集群正面临转型升级的困境,急需发展现代服务业尤其是生产性服务业以提升产业集群的核心竞争力。Eswaran 等认为产品差异化和多样性是服务业的关键特征[②],Rauch 则指出差异化产品相对于初级产品往往缺乏一个有组织的市场进行交易。所以,形成差异化的服务业市场非常必要。如果不准确了解产业集群内企业对生产性服务的共性需求和个性特征,就不能充分发挥地方政府的促进和引导作用,生产性服务业集聚区的科学空间布局和规划就不能实现。Clague 等发现服务业尤其是以生产性服务业为核心的现代服务业属于"合约密集型产业"[③],也就是笔者前面提到的制度密集型产业,因而服务业市场经济真正的基础是公民社会平等权利的普及与实施。

---

① 首先对服务经济进行系统研究的是美国经济学家 Fuchs(1968 年)。

② Eswaran M and Kotwa A. The Role of the Service Sector in the Process of Industrialization. Journal of Development Economics,2002(68).

③ Clague C, Keefer P, Knack S and Olson M. Contract Intensive Money:Contract Enforcement, Property Rights, and Economic Performance. Journal of Economic Growth,1996(4).

服务型产品多数属于"信任品"的范畴①,所以以政府为核心的独立第三方对合约实施的有效保护极为重要。

4.4.1 生产性服务业与先进制造业融合互动趋势

世界经济正在形成以服务经济为主的产业结构。制造业与服务业,特别是先进制造业和面向生产的现代服务业呈现出蓬勃发展及协同创新的态势,而协同创新则是一个复杂的能动的过程,受到诸多因素和条件的制约。产业集群实现协同创新不仅需要在创新主体、创新资源、创新机制等创新活动内在因素方面创造条件,还需要政府、行业协会等诸多外在条件的有效扶持,尤其需要构建相应的生产性服务支撑体系。20世纪80年代以来,生产性服务作为一种新型的中间性生产投入,正更频繁地进入生产环节,并对最终产品价值的实现起到越来越重要的作用,使制造业和现代服务业出现融合的趋势。随着以信息化为基础的新型工业化的进一步发展,先进制造业和现代服务业已经进入到高度互动和相互补充的阶段②。

促进以生产性服务为主的现代服务业与先进制造业互动发展和有机融合,不仅是调整产业结构、转变经济发展方式的重要途径,也是提升国家经济或地区经济整体竞争力的必由之路。Coffey提出,企业经营中"柔性制造"体系的产生及由此引发的进一步社会分工细化和外包化发展趋势是生产性服务业快速发展的动因。生产性服务业通过细化劳动分工并降低交易成本,拓展了与其他经济部门存在的广泛联系,是促进城市经济持续快速发展及区域生产效率提升和收入水平提高的根本原因③。Geo通过研究发现,影响生产性服务业增长的原因包括产品生命周期的缩

---

① 泰勒尔:《产业组织理论》,中国人民大学出版社,1997年。

② 王金武:《我国生产性服务业和制造业互动分析及其对策研究》,武汉理工大学硕士学位论文,2005年。

③ Coffey W J and Baily A. Producer Services and Systems of Flexible Production. Urban Studies, 1992, 29(3).

短、产品和服务生产模式的转型，以及个性化顾客的短期需求使得货物的定制化生产正在取代大规模生产经营方式等[①]。

制造业与现代服务业融合互动发展的意义重大。现代服务业与制造业互动与协同发展机制包括两个方面。首先是基于价值链的互动机制。企业的生产经营是一个价值创造过程，企业的价值链环节中，除了中游的生产加工以外，其他环节如产品 R&D、采购管理、物流储运、营销体系控制和售后服务等基本上都属于生产性服务业的范围。现代服务尤其是生产性服务已经成为产品价值增值的主要源泉部分；现代生产性服务是形成产品差异化和企业之间进行非价格竞争的重要手段。其次是基于生态群落的互动机制。经济群落是经济生态系统中一种特定的组织。当前的群落组成有：农业群落、制造业群落和现代服务业群落。群落之间是密切互动和共生共荣的关系。需要指出的是，服务业群落更多地融合在其他群落之中[②]。如在现代农业体系中，从育种育苗到产后的粮食储运和流通等均属于现代服务业的业务范围。而当前先进制造业的升级同样要求基于知识资本和人力资本密集型的现代服务业的支撑。现代服务业和先进制造业两者共存共进，制造业拉动现代服务业发展，现代服务业推动制造业升级。

从产业的市场结构看，现代服务业支持下的制造业产品供给多是"量体裁衣"式的"订制化"生产，因而差异性极强、替代性较差，产业竞争呈现出垄断竞争的特征。在现代经济发展中，科学技术起着关键性的作用，而科学技术一般是通过知识密集型的生产性服务投入来实现的。尤其是现代生产性服务业能够降低交易成本，是形成生产者产品差异和价值增值的主要来源，有助于促进产

---

① Geo W R. Producer Services，Trade and the Social Division of Labor. Regional Studies，1996(4).

② 王金武：《我国生产性服务业和制造业互动分析及其对策研究》，武汉理工大学硕士学位论文，2005 年。

业集聚、工业化和经济增长。如高效的物流服务可以在生产与分散变动的需求之间架起桥梁,将空间和时间上分割的市场联结起来,扩大交易网络的范围,有效扩展市场规模。再如,各种现代金融服务的便利优化了资源配置,更促进了交易活动的开展。生产性服务业同样能够提高企业的生产经营效率和效益,如研发设计服务业通过提升制造业工艺流程和技术水平,提高制造业的运营效率等。东部沿海发达地区的制造业要保持可持续发展就必须进行升级,避免同质化的激烈价格竞争,否则很多企业必然要进行产业转移。

4.4.2 生产性服务业促进集群升级的机理分析

基于生产性服务的以上特征,本书把生产性服务考虑作为生产性的中间投入品进入企业的生产函数,借鉴 D-S 模型的多样化思想,并假设作为生产性的中间投入品的生产性服务会最终增加产品的多样化从而增加消费者的福利。消费的每一种产品都是差异化产品,其差异来自生产中投入的生产性服务的比例差异。假设典型消费者的跨期偏好[①]为:

$$U_t = \int_t^\infty e^{-\theta(\tau-t)} \log C(\tau) d\tau \qquad (4-41)$$

其中,θ 为主观贴现率,$C(\tau)$ 是在时间 τ 的消费指数,测度消费者的多样化偏好。笔者假设产品空间是连续的,其偏好表示为 $k \in [0,\infty)$。在时点 t,消费者可以买到之前开发的所有产品 $n(t)$,产品集合表示为 $[0,n(t)]$,其中 n 表示可获得产品种类的数目。消费指数 $C(\tau)$ 的形式为:

$$C = \left[\int_0^n x(k)^\alpha dk \right]^{\frac{1}{\alpha}} \quad (0<\alpha<1) \qquad (4-42)$$

其中 $x(p)$ 是消费者对 p 的消费。可以计算出每种产品的替

---

① 这一效用函数的形式借鉴了 Grossman 和 Helpman 在 Trade,knowledge Spillovers and Growths 中的研究。

代弹性为：

$$\in = \frac{1}{(1-\alpha)} > 1$$

设消费者的支出为 E，且对每种产品的购买量为：

$$x(k) = \frac{E p(k)^{-\in}}{\int_0^n p(k')^{1-\in} \, dk'}$$

其中 $p(k)$ 为该种产品的价格。

根据上面的假设，由于消费生产企业的竞争，导致均衡价格等于最小可能的单位生产成本，则有：

$$p_C = \left[\int_0^n p(k)^{1-\in} \, dk \right]^{\frac{1}{(1-\in)}} \tag{4-43}$$

根据 Shephard 引理，生产所需消费最终产品的企业引致需求为：

$$x(k) = C_p(k)^{-\in} \left[\int_0^n p(k')^{1-\in} \, dk' \right]^{-\frac{1}{\alpha}} \tag{4-44}$$

最终产品市场的均衡条件为：$C = \dfrac{E}{P_D}$

由式（4-43）、（4-44）可知，在一个对称均衡中，所有的投入都将有同样的价格，这就意味着 $C = n^{\frac{1}{\alpha}} x$，即生产给定规模的一组差异产品需要同样数量的要素或投入，因此不管差异产品集合的构成有何不同，笔者可以用 $X = nx$ 来衡量最终产品所使用的要素。于是全要素生产率可表示为：

$$\frac{C}{X} = n^{\frac{1-\alpha}{\alpha}} \tag{4-45}$$

又因为：$0 < \alpha < 1$，可以看出，随着可以获得的种类的增多，给定要素存量的生产率随之上升。由此可以推出以下命题：

【命题 4-7】 由消费者多样化需求驱动的对生产性服务业的派生需求能够提高产业集群内各协作企业的生产经营效率，大力发展生产性服务业可以有效支撑产业集群的升级。

结合现实中诸多产业集群的案例(如诸暨珍珠集群案例),笔者认为,以生产性服务为核心的现代服务业对经济增长和产业集群升级起到了不可估量的作用。目前,已有越来越多的产业集群开始注重产品的研发和设计,因为研发和设计等服务环节通过提升制造业工艺流程和技术水平,能够提高制造业的运营效益,促进集群经济持续增长和产业结构优化。

4.5　集群式产业转移与升级:诸暨珍珠集群案例

20世纪70年代我国淡水珍珠养殖技术获得突破,推动了我国珍珠产业的迅速发展。目前,诸暨已成为世界淡水珍珠的产业和市场中心,诸暨珍珠产业集群已经形成了养殖、加工、销售、设计、鉴定、研发一条完整的产业链,开发出珍珠首饰、工艺品、保健品、美容用品、服装等结构多元化的系列产品。截至目前,诸暨市淡水珍珠产业控制的养殖面积达38万亩,养殖户达5 000多户,遍布全国五大淡水湖区域及12个省市,年产中、高档淡水珍珠400吨以上(如图4-3所示)。

图4-3　诸暨珍珠产业集群历年产量(1983—2008)

(资料来源:《诸暨统计年鉴2009》。)

截至2009年底,该集群拥有珍珠养殖、加工及贸易企业3 425家(见表4-1),其中销售额超亿元企业8家。诸暨市设立了浙江全省第一个淡水珍珠科技创新服务中心,与国内多家高校和研究院所建立了长期合作关系,近年来组织开展国家和省级科技项目超过 20 个。从表 4-1(数据来源于笔者调查整理)中可以明显看出,从 1995 年到 2009 年,企业数目急剧增加,反映出该产业集群成长迅速。虽然 98% 的珍珠企业为小型和微型企业,但 2000 年到 2005 年,大企业的数量增加了两倍。

表 4-1 珍珠集群内企业规模(按雇佣人数划分 ①)分布

家

企业规模	1995 年	2000 年	2005 年	2009 年
微型(≤8 人)	605	874	1 436	2 042
小型(9~50 人)	287	859	981	1 327
中型(51~100 人)	5	18	30	39
大型(>100 人)	2	4	12	17
总　计	899	1 755	2 459	3 425

　　位于诸暨市山下湖镇的诸暨珍珠市场经 5 次易址扩建变迁,第六代市场已发展成为全国规模较大、设施完备的原珠、珍珠首饰、珍珠工艺品、珍珠美容保健品综合交易专业市场,被国务院发展研究中心评定为"国家最大的珍珠和珍珠首饰专业市场"(见表 4-2,数据来源于作者调查整理)。市场从业人员达 3 万余人,并与印度、意大利、美国、日本、新加坡等国家和地区建立了较为紧密的商务网络。以市场为窗口,其营销网络遍布 50 多个国家和地区,直接在香港设立窗口的企业就有 12 家,在印度设立窗口的 1 家。市场交易量逐年攀升,年成交量超过 750 吨,成交额 50 多亿元,自营进出口 1 亿美元以上。总体上看,诸暨珍珠专业市场内的企业数目众多,单个企业市场份额有限且相对偏小,因此任何一家企业都难以获得足以影响市场价格的市场势力。产业集群升级是诸暨珍珠产业集群发展面临的重要问题。

　　① 微型企业、中小型企业和大型企业的划分标准目前没有统一界定。本章中,结合珍珠产业的特点,笔者界定为少于等于 8 名员工的法人实体及个体经营者为微型企业,多于 100 名员工为大型企业。

表 4-2　诸暨六代珍珠专业市场的演化过程

	第一代	第二代	第三代	第四代	第五代	第六代
存续时间	1985—1987 年	1987—1990 年	1990—1991 年	1991—2000 年	2000—2008 年	2008 年至今
市场面积/m²	300	1 200	2 700	11 391	33 000	166 000
摊位数/个	60	350	686	921	1 000	2 380
成交量/吨	100	150	350	500	650	750

　　目前,诸暨珍珠总的市场份额虽然占全球贸易量份额很大,但总体上企业非常分散且规模相差不大。根据笔者的调研,81家样本企业的平均雇用人数仅为 58 人,基本上都是中小或小微企业。但统计分析显示,中小或小微企业的创新能力并不弱。研究表明,在不完全竞争的市场中,大企业的创新优势比较明显,而在产业成长的早期、熟练劳动力的使用相对比较重要的行业以及近乎完全竞争的市场中,中小企业的技术创新表现出明显的优势。但是由于产品的可替代性强,企业间具有较强的相互制约性,容易陷入向下的价格竞争,导致产业的国际市场势力难以发挥。这是因为随着集中程度的提高,企业的创新动力趋于下降。在其他条件相同且市场总量增长缓慢情况下,一家企业降价,行业中其余企业的市场份额将迅速萎缩,因此不得不同样以降价回应。虽然诸暨珍珠产业集群拥有了行业的垄断地位,但却没有主导产品的定价权,因为市场的终端基本控制在外商手中,因此如何把诸暨珍珠专业市场的行业市场势力转化为企业的市场势力是个迫切的问题。政府和企业的有效互动极为重要,推进制度创新并促进企业家精神的有效发挥是建立真正的市场经济的必然要求。作为企业的脱困之举,实施名牌策略尤为必要,当然这要基于产品差异化程度的持续提升和企业家精神的持续发挥。

　　在诸暨的珍珠产业集群里,著名核心企业之一的阮仕集团就在做塑造品牌的种种努力。1997 年成立的阮仕集团,已经成为我国珍珠行业为数不多的中国名牌之一。在调研中,阮仕集团董事长阮铁军告诉笔者:"只有有了品牌,珍珠产品附加值才能上去;在这个过程中,设计非常重要。"①衡量珍珠质量的主要标准是大小和色泽,传统的淡水珍珠基本都是圆形、白色,而现在阮仕集团基于自己的品牌开发设计了异形珍珠产品,在市场上受到了客户的青睐。2008年,一条由19颗异形五彩珍珠串成的项链就卖出了20万美元。异形珍珠给人们提供更多想象的空间,因此对设计能力的要求更高。这也证明了产品差异化程度越大,市场的需求价格弹性就越小,厂商调控价格的空间就越大。但也要提防集群产品知识宽度过窄、过度模块化的问题,因为缺乏基于通用核心技术的关联产业、缺少合作导向的领导企业及相应的制度化规则,以及由此引发的同质化竞争与合作的限制效应等,是抑制我国制造业集群创新能力提升的重要瓶颈②。集群内企业之间产品差异化程度过大,就不容易进行相互合作,相关有产业关联的企业就难以分享产业集群的正向溢出效应。

总体来看,浙江省充分发挥了地处东南沿海的区位优势和市场机制的先发优势。后金融危机时代正是浙江等东部沿海发达地区制造业集群升级和现代服务业发展的关键时期。产业集群在诸暨等地的迅速发展和崛起,形成了强大的产业配套和生产制造能力,迅速提高了劳动生产率。同时,产业集群的可持续发展要避免创新陷阱和能力陷阱,在当前经济形势下,要特别重视产业集群的风险因素。为实现更为持续的创新和发展,集群企业既要进行脱离既有知识和经验的革命性创新,并为快速适应市场和技术等外部环境的非连续性变化做好充分准备;又要基于现有知

---

① 摘自笔者在诸暨阮仕集团对董事长阮铁军的深度访谈。阮铁军也提到,"公司的产品设计基本都外包给了世界著名的几大珍珠设计公司或国内的一些大专院校"。考虑成本,公司不聘用专门的设计人员。

② 鞠芳辉、谢子远、谢敏:《产业集群促进创新的边界条件解析》,《科学学研究》,2012年第1期。

识和经验的累积在已有的技术轨道内进行持续改进和序贯性创新，以更成功地在已有市场竞争，并获得当前利益，同时为革命性创新提供资金和技术支撑。我国制造业集群企业的升级应基于产品差异化的战略，依靠高科技，提升产品品质；延伸产业链，提高附加值；努力塑造产业集群的区域品牌。

在知识经济发展背景下，人们发现中国以廉价劳动力资源丰富为特征的比较优势越来越难以实现。笔者认为产业集群发展到一定阶段，应当进行跨区域的产业链网协作，把产业链网的某些低端环节进行空间区位的转移。这对于产业转出方和承接方均有好处，可以说是一种双赢的策略和做法。以浙江省为例，浙江企业的产业转移扩大了浙江企业家群体在全国乃至世界的影响力，有力地提高了浙江品牌的影响力和知名度，反过来有力地促进了浙江产业集群产品的市场需求规模的扩大，对浙江本地产业集群的发展起到了正向促进作用。

应积极发挥政府及中介组织的作用，规范企业行为和市场秩序，合理引导生产性服务业空间集聚，搭建企业发展的良好平台。构建市场势力不可能一蹴而就，这是一项复杂的社会系统工程，企业沿着微笑曲线向两端攀升进行功能升级尤其需要政府及中介组织的大力支持。根据产业适宜度的标准，浙江应大力发展生产性服务业，积极培育现代生产性服务业如金融、研发或创意等高端服务业的空间集聚中心，这对促进产业集群的功能升级和可持续发展，进而实现整个经济系统的转型与升级有重要意义。要多渠道加强对现代服务业的投入；调整服务业内部结构，发展现代生产性服务业。完善现代服务业与制造业互动机制，加快先进制造业内部生产性服务部门的社会化，提升现代服务业对制造业的推动作用。同时，要协调好产业转移与劳动力流动的关系。加大对转出地原有劳动力的教育培训以适应新兴的产业，在这过程中同样需要制度创新，例如可以通过给产业工人发放教育培训券等方式，促进其进行人力资本积累，为产业转型与升级提供保障。

反过来,政府可以通过从产业转型与升级获得的经济收益中拿出更多的资金提供劳动培训和社会保障,从而促进经济系统的良性循环和区域包容性发展的实现。

5 集群式产业转移与升级的粘性机制

我国改革开放以来由政府主导而形成的区域经济发展梯度现象有力地说明,政府的决策和发展战略对区域经济发展具有重大影响与作用。同时,地方政府及其官员为了区域经济的发展和产业升级出台的各项政策,需要得到企业家的支持。在市场经济条件下,生产要素跨区域流动具有内在的特征,生产要素跨区域流动的动力是经济主体在对预期利益的追求中内生的,而不是外力强迫促成的。产业是资本流动的载体,企业则是产业转移和资本流动的主体,企业的生存和发展必然要受到各种内外环境的影响,我国的地方政府可以通过制定相应的区域政策和法规制度等深刻影响企业的行为和预期。地方政府有责任促进当地人民生活水平的提高和经济社会的发展,因此企业和政府是互相支持的。本章采用双层次动态博弈论的方法,从集群式产业转移粘性形成的微观层面及制度层面进行分析。具体而言,就是从企业和地方政府两个层面探讨其各自在产业转移和集群升级中的相互作用和适应关系。

5.1 集群式产业转移与升级粘性形成的微观分析

5.1.1 基本假设

假设国内有两个地区:工业相对发达地区和发展中地区。根据经典产业转移的定义,笔者假设工业相对发达地区为产业转出地,而发展中地区为产业承接地。一个标准的 n 人博弈表述形式为：$G=\{S_1,\cdots,S_n;u_1,\cdots,u_n\}$；参与者的战略空间为：$S_1,\cdots,S_n$；收益函数为：$u_1,\cdots,u_n$[①]，$n$ 代表不能为空的参与人的集合，在此 $n=2$。博弈的行为主体为产业转出地与产业承接地的企业和政府部门，假定作为参与者的企业和政府部门是"经济理性人"。记转出地企业为厂商 1，承接地的配套企业为厂商 2；假设转出地和承接地的企业面临政府规划的"产业转移园区"均有两种选择：进入和不进入。企业 i 的进入成本 $\theta_i\in[0,\infty)$ 是私人信息，θ_i 是服从分布函数 $F(\theta_i)$ 的随机变量。分布密度 $f(\theta_i)$ 严格大于零，并且 θ_1 和 θ_2 两者相互独立。如果只有一个企业进入，进入企业 i 的利润函数为 $\pi^m-\theta_i$；如果两个企业都进入，则企业 i 的利润函数为 $\pi^d-\theta_i$；如果没有企业进入，利润为零。假定 π^m 和 π^d 是共同知识，且 $\pi^m>\pi^d>0$。

5.1.2　模型分析

根据以上假设，笔者构造产业转移中企业间的博弈支付矩阵如表 5-1 所示：

表 5-1　企业间的博弈支付矩阵

厂商 1	厂商 2	
	进入	不进入
进入	$\pi^d-\theta_1,\pi^d-\theta_2$	$\pi^m-\theta_1,0$
不进入	$0\quad,\pi^m-\theta_2$	$0\quad,0$

那么，厂商 1 的策略：当 $\theta_1\leqslant c_1$ 时，采用进入策略；当 $\theta_1>c_1$ 时，采用不进入策略。因此，厂商 1 选择进入策略的概率为 $F(c_1)$，不进入的概率为 $1-F(c_1)$。厂商 2 的策略：当 $\theta_2\leqslant c_2$ 时，采用进入策略；当 $\theta_2>c_2$ 时，采用不进入策略。因此，厂商 2 选择进入策略的概率为 $F(c_2)$，不进入的概率为 $1-F(c_2)$。所以，厂

---

① 吉本斯：《博弈论基础》，中国社会科学出版社，1999 年。

商 1 选择进入和不进入的期望收益分别为：

$$(\pi^d-\theta_1)F(c_2)+(\pi^m-\theta_1)(1-F(c_2)) \quad (5\text{-}1)$$

$$0\times F(c_2)+0\times(1-F(c_2))=0 \quad (5\text{-}2)$$

当 $(\pi^d-\theta_1)F(c_2)+(\pi^m-\theta_1)(1-F(c_2))>0$ 时，厂商 1 选择进入策略，因此，厂商 1 选择进入的条件为：

$$\theta_1<(\pi^d-\pi^m)F(c_2) \quad (5\text{-}3)$$

这样，厂商 1 选择进入策略的临界值为：

$$c_1=(\pi^d-\pi^m)F(c_2) \quad (5\text{-}4)$$

厂商 2 选择进入和不进入的期望收益分别为：

$$(\pi^d-\theta_2)F(c_1)+(\pi^m-\theta_2)(1-F(c_1)) \quad (5\text{-}5)$$

$$0\times F(c_1)+0\times(1-F(c_1))=0 \quad (5\text{-}6)$$

当 $(\pi^d-\theta_2)F(c_1)+(\pi^m-\theta_2)(1-F(c_1))>0$ 时，厂商 2 选择进入策略，因此，厂商 2 选择进入的条件为：

$$\theta_2<(\pi^d-\pi^m)F(c_1) \quad (5\text{-}7)$$

这样，厂商 2 选择进入策略的临界值为：

$$c_2=(\pi^d-\pi^m)F(c_1) \quad (5\text{-}8)$$

在已知分布函数为 $F(\theta_i)$ 的情况下，可以从联立方程组

$$\begin{cases} c_1=(\pi^d-\pi^m)F(c_2) \\ c_2=(\pi^d-\pi^m)F(c_1) \end{cases} \quad (5\text{-}9)$$

解得 c_1,c_2。以这两个临界值构造的策略，就是该博弈的贝叶斯纳什均衡，而且可以证明该贝叶斯纳什均衡是唯一的。这一方面说明产业转移的成功实现需要承接地配套企业的共同进入；另一方面说明企业在各自的进入成本条件下，理论上可以获得进行产业转移合作的唯一贝叶斯纳什均衡。

但是我国仍然处于转型升级的结构变迁过程之中，还没有形成真正的全国统一大市场，而地区间市场分割严重，尤其是省际市场进入壁垒较高。而且，由于信息不对称很容易出现"柠檬"问题，即各地方政府事实上真正拥有本区域经济发展战略的实际决

策权,因而从"经济人"理性的角度出发,地方政府往往把谋求本地利益最大化放在第一位,从而制定符合地方经济发展的政策。地方政府发布实施的各种政策的博弈结果会显著影响企业的战略,即产业转移的成本分布函数 $F(\theta_i)$,具体而言就是影响企业转移或承接的成本结构和转移概率,从而必然影响企业的收益,最终影响区际产业转移的实施效果。所以,对产业转移中的地方政府行为进行博弈视角的分析极为重要,这将在下一节进行分析。

5.1.3 结论与启示

单纯从数量上来看,我国众多产业集群所生产的产品数量已位居世界前列,然而从全球价值链的视角看,这些产业集群在全球分工体系中还仅仅处于加工制造环节,既缺乏上游研发设计环节,又缺少在下游营销服务、品牌构建与经营环节的延伸,缺乏核心竞争力的模块化分工网络。信息、物流、商务等生产性服务业成为产业链之间衔接的润滑剂,有助于降低企业内外不同环节间的交易成本,加深产业链一体化程度;制造业企业通过外购更专业化、更有效率的中间服务,可以降低生产成本、提高交易效率,同时使自身集中有限资源于关键领域,从而增强企业的核心竞争力。

与此同时,要处理好创造岗位与劳动力迁移之间的动态关系。过去我国主要注重在东部沿海地区创造更多的就业岗位,因而大量的中西部劳动力都迁移到沿海地区就业,这是适合改革开放初期的发展战略。新时期同样也可以选择在中西部地区创造更多的就业岗位,然后把资金转移过来,这是两种不同的战略选择①。转移劳动力的成本远远大于资金的转移成本,因为劳动力的迁移关系到整个家庭社会关系网络的转移。把资本引进到中西部地区促进当地产业的发展,难度相对小些。而把大规模的人口转移到另外一个地区,难度的确很大。所以广东等地提出"腾

---

① 魏后凯、白玫:《中国上市公司总部迁移现状及特征分析》,《中国工业经济》,2008年第9期。

龙换鸟"式的产业转移策略有利于在中西部创造更多的就业岗位,尽可能让这些原来在东部地区打工的农民工在中西部就业,甚至鼓励他们回家乡创业,从而创造更多的就业岗位,这对我国整体经济的可持续发展是极为有利的。

虽然自改革开放以来我国产业有了很大的发展,但生产性服务业的发展依然比较落后,导致产业在国际国内两个市场上都无法掌控话语权,产业缺乏核心竞争力。这主要是由于缺乏核心竞争力的劳动密集型产业集群难以形成向资本、技术和知识密集型产业升级与跃迁的制度性动力机制。因此,合意的政府政策十分必要。但系统论认为政府在经济中的"有形的手"的作用,不应是一只沉重的手,也不应是一只看不见的手,而是一只轻轻推动的手①,适时地有所作为,而不应亲力亲为。所以,在产业集群的自组织过程中,政府的政策一定要审慎设计。从我国产业集群发展的历史来看,珠三角和苏南地区的产业集群是由 FDI 驱动下的外向型加工集群,浙江一带的集群是依靠本地企业家精神和工商业传统发展起来的特色产业集群,而北京中关村则是依托密集的国家高科技资源形成的高科技产业集群。这些产业集群都是市场力量驱动下自发形成的,当地政府只是在产业集群的雏形出现以后才加以引导的。

长远地看,东部沿海发达地区的产业集群要升级,高能耗和高污染的一些产业必须实行战略产业转移,进而实现产业集群结构的高度化和动态合理化,促进区域经济持续协调发展。产业是资本流动的载体,企业是产业转移的主体,但是我国的地方政府可以通过制定相应的区域政策深刻影响企业的行为和预期。所以在此分两个层次来进行博弈分析:企业和地方政府。事实上,各个不同经济主体的主动性以及主体与环境和其他主体的相互作用,直接影响到产业转移的速度和规模。企业和地方政府作为具有自身经济利益的主体在产业转移中的相互作用和适应关系,

---

① Arthur W B. Complexity and Economy. Science,1999,284.

用博弈关系描述是比较准确和接近实际过程的。为此,笔者提出以下命题:

【命题 5-1】 产业转移中不同经济主体具有主动性和适应性。从不同利益层次出发,依据当前信息,经济主体的适应性行为选择和调整是产业转移发展和演化的基本动因。

【命题 5-2】 产业转移是一个多经济主体的动态博弈过程。经济主体对自身利益的短期化追求是产业转移政策作用有限乃至失效并形成转移粘性的根本原因。仅有中央政府的产业转移政策是不够的,还需要建立具体的区域产业协调模式和机制,并进行一系列的制度创新才能提高产业转移政策的效果,实现产业结构调整与优化的目标。

5.2 集群式产业转移与升级粘性形成的制度分析

在产业转移和集群升级过程中,虽然有中央政府的极力推动,但地方政府的角色极为重要。张五常强调"不用政府策划而单靠市场必然较有效率的看法是错误的"[1]。他认为中国整个国家的经济制度是一个庞大的合约组织,而其经济制度的重心在于县际竞争,县与县之间的激烈竞争是中国在困难的 20 世纪 90 年代仍能有高速发展的主要原因[2]。但伴随着中国经济高速增长的是剧烈而迅速的制度变迁,制度变迁是制度替代和转换的动态化过程。改革开放以来,中国在经济制度领域取消或减少了各种计划管制,中央对经济的控制权下放给地方政府,同时保留了对地方政府组织制度的控制权。于是,各级地方政府包括省级、市级和县级地方政

---

① 张五常:《中国的经济制度》,中信出版社,2009 年,第 149 页。
② 同①,第 158 页。

府开始推行"唯GDP"为重的"诸侯经济"竞争模式①,大大促进了各地区域经济的发展,并催生了以乡镇企业为基础的产业集群发展模式。随着经济的持续增长和市场化改革的深入进行,产业转移开始考量区域间地方政府的合作。

5.2.1 基本假设

由于各地方政府具有强烈的地方利益取向,故在实际的区域产业转移和集群升级推进过程中,各地方政府必然采取有利于本地区经济发展的竞争策略。一般来讲,即使某一方地方政府有意进行合作,但基于理性经济人视角的地方保护主义必然会产生双方不合作的结果,从而达不到帕累托最优。所以说,地方保护主义延缓了产业转移的进程。我国区域间的制度安排存在一定的差异,中央政府对地方大员晋升的"锦标赛"制度设计使各地政府更为重视自己本辖区内GDP的增长率,而不是区域间的协调与合作②。

各地区为了推进区域工业化和城市化进程并实现较高的经济增长率,经常会对衰退产业进行一定的保护,即便对需要实施转移的夕阳产业,也尽量采取各种措施使得产业在本省各地区实现区域内产业转移。如江苏省鼓励苏南地区大量劳动密集型企业到苏北地区投资设厂,而广东省则制定了一系列"双转移"政策措施,促进珠三角地区丧失比较优势的产业向粤北山区和省内东西两翼转移。这在一定程度上拓展了东部传统劳动密集型产业的赢利空间,使得东部产业集群在向中西部地区转移过程中实行了分流,并延缓了传统产业向中西部地区转移的速度和进程。

根据笔者的调研,本书认为在当前财政体制没有理顺和经济转型尚没完成的情况下,产业转移中地方政府之间的博弈主要表

---

① 不过,新制度经济学理论视角下的国家角色出现了"诺思悖论",政府是否应继续追求GDP为核心政绩的争论依然困扰着刚刚成为世界第二大经济体的中国,特别是仍将其作为重要考核指标的地方政府。

② 周黎安:《晋升博弈中政府官员的激励与合作——兼论我国地方保护主义和重复建设问题长期存在的原因》,《经济研究》,2004年第6期。

现为冲突博弈。独立的经济决策权使地方政府具备了理性"经济人"的特征。那么,可以首先构建一个基本的静态博弈矩阵以刻画产业转移中地方政府间的经济行为。根据逻辑分析和经验事实,笔者假设产业转移中转出地政府的实际策略是进行挽留,而产业承接地政府的实际竞争策略是提供各种优惠。若两区域地方政府选择了合作,那么均可以获到收益 r_1;如果有一个选择合作,另一个选择不合作,那么选择合作的一方获得 r_2 的收益,而选择不合作的一方获得 r_3 的收益;若二者相互竞争,都不选择合作,则各得 r_4 的收益,设 $r_3 > r_1 > r_4 > r_2$,如表 5-2 所示:

表 5-2 一次博弈中的支付矩阵

承接地政府	转出地政府	
	合作	挽留
合作	(r_1, r_1)	(r_2, r_3)
优惠	(r_3, r_2)	(r_4, r_4)

5.2.2 模型分析

根据求解博弈论的方法,可得以上静态博弈的纳什均衡为 (r_4, r_4),这意味着承接地政府会选择给予优惠,而转出地政府会挽留要转移的企业。如果区域经济竞争中,两地政府的博弈就只有这一次的话,因为 $r_3 > r_1$,所以,承接地政府会激励选择给予优惠政策,而转出地就会选择挽留策略,即竞争拉拢企业是各政府的严格优势策略。这时导致的结果会使得双方陷入"囚徒困境",二者的机会主义行为使区域整体利益达不到最大化。因为生产要素跨区域流动的制度成本较高,国有产权依附下的内生契约非自由性与市场竞争规则的缺乏导致区域间交易的非信任[①]。各自为政的闭合型行政管理模式容易带来市场的人为分割、边界刚性以及随之而来的强利益约束。这种模式难以适应全球化背景

---

① 郭茜琪:《制度视角:从产业同构走向产业分工》,中国财政经济出版社,2008 年。

下生产要素跨区域流动所面临的复杂公共问题和利益协调问题。虽然结果(r_1,r_1)对双方而言是帕累托改善,但因为作为静态博弈仅有一次,故在实际运行中双方都不会选择合作。

5.2.3 结论与启示

通过以上分析,可以得出以下结论:

【结论5-1】在产业转移中,如果区际地方政府间的博弈只有一次,二者将会从各自的短期利益考虑选择不合作而陷入"囚徒困境",产业转移无法顺利展开。

但实际上,区域间地方政府的竞争与合作都不可能是"一锤子买卖",而是会长期持续地进行交易和合作。假定双方进行动态的重复博弈,包括有限次博弈和无限期博弈。首先分析有限次博弈的情况。在我国独特的"渐进式"体制转型模式下,就经济体制与政治体制的协同关系而言,是"一松一紧"的搭配①。这种转型模式既避免了改革的短期风险,又能很好地发挥"无形之手"和"有形之手"的作用。故在次数有限的连续博弈中,由于政治晋升博弈的锦标赛制度②的存在,各级政府总是会优先考虑加大投资或努力招商引资以增强 GDP 的筹码。因此,对双方而言,在最后一次博弈中采取机会主义行为总是最优,因为这会最大化其总收益。因此,在次数有限的重复博弈的条件下,双方最终的纯战略纳什均衡结果同样是(r_4,r_4)。

【结论5-2】基于当今政治体制中"为任一方"的时间限制,地方政府在产业转移中同样不会选择合作,偏重于经济增长导向的绩效考核机制与任期限制是导致产业转移中各区域不配合的重要原因之一。

可以推论,若政治体制不采用为任一方的时间限制,双方的博

---

① 黄祖辉:《转型、发展与制度变革》,上海人民出版社,2008年。
② 周黎安:《晋升博弈中政府官员的激励与合作——兼论我国地方保护主义和重复建设问题长期存在的原因》,《经济研究》,2004年第6期。

弈将会转化成无限期重复博弈。在这种情况下,两个地区选择积极合作会给双方都带来好处,从而促进协调可持续发展。重复博弈创造的声誉机制导致策略组合(r_1,r_1)这种双赢合作是值得可信的。那么,若某地在某一期采取了导致不合作的策略,将会导致另一地区的触发策略,惩罚一方的不合作行为,这将会有效抵制博弈中的不合作行为。无限次重复博弈的支付矩阵见表5-3:

表5-3 无限次重复博弈的支付矩阵

承接地政府	转出地政府	
	合作	挽留
合作	(R_1,R_1)	(R_2,R_3)
优惠	(R_3,R_2)	(R_4,R_4)

　　因为是长期的共存关系,若一方采取不合作的行为策略,则其每次的得益是r_3,以后每次都采用非合作的态度,每次的得益是r_4。用δ表示未来得益的贴现率,一方经常采取不合作的态度,说明重视短期而不是长期利益,意味着δ的取值很小,双方顺利发生产业转移的概率较小。因此,非合作策略的预期收益为:

$$R_3 = r_3+\delta r_4+\delta^2 r_4+\cdots+\delta^n r_4+\cdots$$

$$= r_3-r_4+r_4+\delta r_4+\delta^2 r_4+\cdots\delta^n r_4+\cdots = r_3-r_4+\frac{r_4}{1-\delta}$$

$$(5-10)$$

　　如果转出地和承接地政府双方都采取积极配合的策略,则每期收益都是r_1,则一方采取合作策略的未来估算收益为:

$$R_1 = r_1+\delta r_1+\delta^2 r_1+\cdots+\delta^n r_1+\cdots = \frac{r_1}{1-\delta} \quad (5-11)$$

　　很显然,除非出现$R_1 \geqslant R_3$的条件,否则转出地和承接地政府不会采取积极配合的政策和措施,以免使自己处于不利的境地。由上述两式得:

$$\frac{r_1}{1-\delta} \geqslant r_3-r_4+\frac{r_4}{1-\delta}$$

解之得：
$$r_3 - r_4 \leqslant \frac{(r_1 - r_4)}{1 - \delta},$$

即
$$\delta \geqslant 1 - \frac{r_1 - r_4}{r_3 - r_4} = \delta^* \qquad (5\text{-}12)$$

可以看出，δ^* 为产业转移各方选择积极配合从而导致 (r_1, r_1) 帕累托改善出现的最小值。这个 δ^* 的水平内生决定于博弈支付矩阵，也就是说双方采取配合 (r_1) 与不配合 (r_3) 的得益共同决定了 δ^* 的取值范围。双方越不配合的收益越大，那么产业顺利转移的可能性也就越小。所以在实践中，产业转移的各层次主体应多考虑合作的收益，注重长期利益，共同实现区域经济整体利益的最优化协调。

【结论 5-3】区域间长期合作关系的前提就是改变偏重于经济增长导向的地方政府绩效考核机制，进行合作有可能成为该博弈的子博弈精炼纳什均衡结果。

很显然，"为任一方"必须有一个时间的约束，否则可能会产生寻租和腐败，因为没有时间限制将使监督变得非常困难。在此笔者借鉴国家间自由贸易区协定的模式，在任期有限制的条件下，采用中央政府作为第三方来提供足够的激励（假设为收益的 $k(0 < k < 1)$ 倍），刺激双方顺利推进产业转移。这就类似一个隐含的合约。假定产业转出地政府和承接地政府做到了促进"互利共赢"的合作，那么中央的奖励会使得二者更有动力。同时要开发出足够的工具对采取不配合策略的某方进行必要的惩罚，惩罚的力度也为得益的 $k(0 < k < 1)$ 倍。在这种情况下，二者的矩阵支付得益分别见表 5-4。

表 5-4　建立隐形合约后的矩阵支付

承接地政府	转出地政府	
	合作	挽留
合作	(r_1, r_1)	$[(1+k)r_2, (1-k)r_3]$
优惠	$[(1-k)r_3, (1+k)r_2]$	(r_4, r_4)

可以看出,在达到条件 $r_1 > (1-k)r_3$ 时,合作就合成为二者的最优选择。但若不配合的得益 r_3 非常大,而惩罚水平 k 也很高,双方就没有动力进行不合作策略,选择合作策略则成为双方最优的选择。类似的,若一次性合作的获益水平 r_1 很大,而惩罚值 k 较小,则最优的选择仍然是进行合作。

【结论 5-4】以综合奖惩机制约束地方政府在产业转移中的竞争与合作关系可以使整体利益最大化,当奖励或惩罚系数达到一定的阈值时,能够促使产业转移中的地方政府在有限任期内实行合作策略。

在目前仍处于转型期的中国体制框架的背景下,产业转移的推进遇到了地方政府冲突博弈的现实困境。在很大程度上,各地希望把产业留在本地增加税收,促进就业增加产值,以此实现政治地位的晋升。因此,如何设计一种制度促成区域间政府的长期合作,对于中国能否实现有序的产业转移和集群升级具有重要的现实意义。任何制度都必须关注其存在及实施的成本,交易成本过于高昂就会使制度失去其现实性。制度合理性的价值指向是效率的动态提升。中国区域性生产要素跨区域流动的市场化路径,决定了从产业同构走向市场分工与整合的关键,是要给定一个有利于生产要素跨区域流动的市场交易的制度环境。市场不仅是一个资源配置的机制,也是一个改进生产的制度结构变革与创新的动态机制,同时还是一个促进要素集聚的演化机制①。在结构转型与企业成长的起点上,市场往往是扭曲的,而且普遍存在着配套性制度短缺。因而,制度结构变革与动态机制创新对资源配置的意义,就是要把这种制度性租金和区位租金释放出来。

在实际的产业转移运作中需要进行各种制度创新,以达到各方利益的平衡。长远地看,促进区域合作协调,建设国内统一大市场是大势所趋,也是我国在后金融危机时期发挥大国优势、实

---

① 姜安印:《转型成长中区域突破现象的制度解释》,人民出版社,2008 年。

现规模经济和母国市场效应的最佳时期。不过中央政府的各种
政策要做到灵活有效,尤其需要在满足个体理性的前提下达到集
体理性[1],实现激励兼容,而不是否认地方政府的利益诉求。良
好的制度质量要求通过经济主体对市场合约的选择和自由契约,
使得地区间交易网络关系复杂化,产业间关联日益广泛化,部门
之间的相互依存度也愈来愈高,进而推动区域产业分工不断深
化。动态地看,逐步把东部地区的某些低端产业集群向周边地区
转移,可以为该地区承接高档次的国际产业转移、加快生产性服
务业如总部经济等发展腾出空间,从而进一步进行产业结构优化
和动态升级。

5.3　集群式产业转移与升级粘性案例分析

5.3.1　织里童装产业集群案例[2]

浙江省湖州市织里镇是中国三大主要童装生产基地之一。
目前,织里全镇共有各类童装及相关配套企业 10 399 家,并形成
了原材料和童装市场及从绣花、印花、面辅料加工、纽扣到童装生
产的完整产业链。织里镇目前的 30 多万人口中,有 25 万多为外
来人口,主要集中在童装相关行业。外来人口中 70% 以上来自
安徽省与湖州市邻近的宣城市朗溪县和广德县、黄山市歙县、安
庆市望江县等地。大量外来人口每年从织里镇汇回安徽省的劳
务收入有数十亿元之巨。安徽省的服装产业历史上有过辉煌,望
江县等地至今还是全国的主要产棉基地,因而邻近浙江周边的市
县有承接织里童装产业辐射的地理优势和熟练工人优势。近年
来,随着织里童装"三合一"厂房改造、商务成本上升和劳动力短

---

[1]　张维迎:《博弈论与信息经济学》,上海人民出版社,1999 年。

[2]　Huang Z, Lv J, Sun H, Hu J and Song Y. Sticky Factors in the Industrial Relocation of Cluster. Social Science Journal, 2011, vol. 48.

缺,织里的一些童装生产企业将生产环节部分外包给安徽的朗溪、广德、望江等地企业或直接到安徽办厂。大批 20 世纪 80 年代末就来织里童装企业打工的安徽工人,在积累了一定资金和人脉关系尤其是熟练掌握技术后,也响应家乡的返乡创业号召,纷纷返乡建厂创业。表 5-5、表 5-6 是织里镇童装企业结构分布情况。

表 5-5　织里镇童装企业结构分布(一)

分组指标	微型	小型	中小型	中型
缝纫机数量/台	≤10	11－30	31－60	≥61
工人数量/人	≤20	21－60	61－120	≥121
生产面积/m²	≤150	151－350	351－450	≥451

［数据来源:根据浙江省商海市场咨询公司调查数据(样本数 472 户)整理。］

表 5-6　织里镇童装企业结构分布(二)

厂商	自有改造厂房	自有单独厂房	租赁改造厂房	租赁单独厂房
户数	55	27	31	17
缝纫机现值/元	1 万以下	1－2 万	2－5 万	5－15 万
户数	26	31	40	33
初创资金/元	5 万以下	5－10 万	10－20 万	20－50 万
户数	42	32	27	29

［数据来源:根据浙江省商海市场咨询公司调查数据(样本数 472 户)整理。］

从表 5-5 和表 5-6 的数据和下图 5-1 中的织里童装生产企业规模分布可以看出,小企业和微型企业[1]在该镇的童装企业集群

---

① 对于微型企业目前没有统一的界定,本章中笔者结合服装产业的特点,界定为少于等于 20 名员工的法人实体及个体经营者等,这与前章节里的珍珠产业有差异。

中占到绝大多数。其中以就业人数和主要固定资产——缝纫机的数量来衡量的微型企业数占比均超过 40%,以同样标准衡量的小企业比重占到约 35%,而生产面积超过 450 平方米的中型企业所占的比重还不到 5%。在调研的集群样本中,租赁厂房的商户超过了三分之一,企业家初期创业资金低于 5 万元以下的也占到了 32.3%。这说明织里镇童装产业集群虽然在企业总数量上已达到较大的规模,但其中大企业的数量仍然偏少,大量的家庭作坊式小企业和由外地打工者创建的微型企业对产业集群升级而言是一个现实的挑战。对大量劳动力的吸纳是织里镇童装业集群中大量规模很小的企业长期存在于本地的原因。另外,由于童装加工的资本进入壁垒不高①,因此有利于新的本地行业进入者创业,从而容易吸纳劳动力并产生集群效应。但是从上述表格中也可以看出约一半以上的企业在使用改造厂房,因此沉没成本和资产专用性的约束作用以及上述集群效应的存在,使得织里镇童装的生产环节无法顺利实现跨区域投资或转移以实现集群升级。

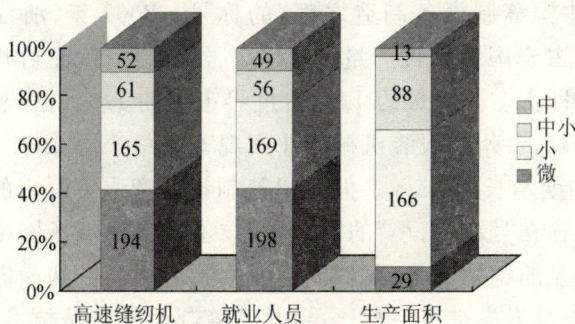

图 5-1　织里镇童装生产企业规模分布

---

① 胡济飞:《企业的产业转移行为影响因素分析》,浙江大学硕士学位论文,2009 年。

浙江产业集群表现为产业内部存在较为完整的产业链,如市场合作关系链、技术合作关系链等,而且产业集群内是竞争性的合作关系。如东部地区温州的打火机物美价廉,台州摩托车产业发展很快,原因之一就是分工专业化程度高。产业集群是竞争性配套体系,可以不存在固定的合作关系,但必须靠市场调节来合理配置资源。产业集群延伸出了很多的市场需求和配套产业。所以从产业链整合的角度看,集群的区域粘性一定意义上阻碍了东部地区向中西部地区的产业转移。尽管中央政府在产业转移方面不断地采取了有力措施,但浙江地区只是小规模、小范围地发生了转移,并没有呈现出向中西部地区大规模转移的明显趋势。从转移的产业看,以劳动密集型的加工制造业转移为主。其转移形式有:在当地建立销售子公司、研发机构、融资公司等;将生产基地转移至中西部,而企业总部仍在浙江,同时在两地建立销售网络等。下面的台州案例就是例证之一。

5.3.2 台州缝制设备产业集群案例

浙江台州是我国最大的缝制设备生产基地。2006 年,台州市荣获"中国缝制设备制造之都"的称号。2007 年,浙江省缝纫机的产量占全国缝纫机产量的 62%,居全国之首,而台州一地缝纫机产量即占全国产量的 1/3,占世界市场的 1/5。据统计,2010年前两个月,台州市服装机械行业实现工业总产值 2.01 亿元,比2009 年同期增长 45.3%。但台州缝制设备产业集群内的企业在总体上还存在"散、低、小"的弱点,在技术、品牌、市场网络等方面表现出明显的竞争劣势,集群内企业创新能力弱。从横向水平比较来看,与世界先进水平相比,台州的缝制设备产品技术含量低,产品附加值不高,处在中低档的位置。从产业集群的企业规模分布看,其主要表现为大型企业偏少,企业资金实力普遍较弱,技术创新动力不足[①]。尤其是对拥有技术研发实力的大企业而言,由于当前知识产权保护力度不够和中小企业普遍的"搭便车"行为,使得大企业不愿意进行主动的技术创新和产品改进。因为新产品在市场上一经销售即被中小企业模仿且成本较低,而中小企业仿制品的低价策略使其能够很快占领较大的市场份额,从而攫取了大部分的市场利润,这便最终严重影响了集群内大企业的技术创新动力,形成整个集群技术水平较为低下的恶性循环。

要素资源短缺已成为台州缝制设备制造业集群进一步发展的瓶颈。很多企业已经开始外迁到中西部地区进行生产。首先,在浙江这样一个地少人多的省份,土地资源显得尤其紧缺。产业集群的外部约束日益严峻,土地、资本、劳动力等要素供给不足,城市支撑功能无法满足企业发展和产业升级的需要。尽管台州市各级政府出台了较多的政策,但土地资源供给相比于快速发展的集群扩张而言始终处于不足的状态。由于用地的需求无法满足,加之环保限制等原因,企业纷纷开始迁移到其他地区发展。其次,人力资源短缺,尤其是研发、设计人才和高级管理人才的缺乏,已经极大制约了企业的持续发展。另外,还有高级技术工人的缺乏。由于该地区生产缝制设备的企业非常多,在地域空间上也比较接近,加之新劳动合同法的约束,企业对工人的竞争往往会推高技术工人的工资,从而造成劳动力流动过于频繁,使得技术工人的缺失显得更为严重。再次,台州缝制设备产业集群内产品配套不完善。台州地区拥有生产配件的企业 300多家,但企业规模小、产品精度低,难以适应行业发展,因而本地大企业不得不到外地采购配件。

据相关统计资料可知,尽管台州缝制设备制造业已经具备了向中西部转移的各种条件,但从目前来看,产业转移大多是零星的、企业自发进行的,产业转移的公共服务相对滞后,这在一定程

---

① 彭莉:《浙江产业集群化发展现状与问题研究——以台州缝制设备制造业为例》,《新疆农垦经济》,2008 年第 6 期。

度上影响了产业集群的升级。台州缝制设备产业集群是自发形成的,缺乏统一的规划和战略设计,产业集群内部公共产品供给不足,缺少关联产业和辅助支持产业,缺少社会化服务体系的有效支撑,政府与中介机构的作用未能充分发挥。同时,产业集群内大中小企业缺乏有效协作,协同效应不明显。台州少数民营企业通过坚持不懈的技术创新和制度创新,跃升为行业龙头企业,已经具有相当强的竞争实力。但是这些企业中有些不愿与本地中小企业建立联系,这导致企业间技术水平差距不断拉大,集群内大小企业协作网络趋于脱节,集群优势的发挥相比于过去明显减弱。

5.4 集群式产业转移与中国经济的"刘易斯拐点"

作为人类历史上最复杂的现代化过程,中国正经历着诸多的拐点,其中之一就是目前讨论热烈的"刘易斯拐点"。如上所述,区域集群式产业转移的效应之一就是改变了劳动力就业的空间分布,从而对产业集群的发展产生影响。我国约有 2.5 亿农民工生活在城市边缘,他们大多是从中西部迁徙到东部的各类企业进行打工以赚取更高的收入。从 2003 年以来,我国已经屡次出现"民工荒"现象。2010 年春节后,沿海地区和内地同时出现严重的缺工现象。其中,广东珠三角地区用工缺口达 200 万人。常年约有 1 200 万农民工外出打工的民工大省安徽省,如今也出现了"用工荒"。有学者认为这表明我国出现了"刘易斯拐点",传统劳动密集型产业将会逐步丧失比较优势,并认为"用工荒"的持续出现是区际产业转移的必要条件之一。一般来说,当一个国家经历"刘易斯拐点"的时候,表明其经济发展即将进入一个崭新的阶段,相应地该国发达地区的发展战略也应从以要素驱动为主转变为以创新驱动为主。因而某些依赖传统要素优势支撑的产业将逐步转移到一些相对欠发达的区域寻找新的发展机会。

"刘易斯拐点"是传统二元经济成功转变为现代经济的转折

点,其典型特征表现为劳动力总体工资水平快速上升。当一个经济体到达该点后,所有部门的劳动报酬都由其边际产出决定,此后,以农村廉价劳动力支撑的经济发展模式将发生根本性转变,最终会出现"传统农民的终结"。对我国而言,解决好农业、农村、农民问题,事关全面建设小康社会大局,"三农"问题是我国国计民生和长远发展的根本问题。解决我国"三农"问题的根本出路在于逐步减少农民数量,最终在农村地区只剩下职业化农民。同时,在农业及整个经济系统的现代化进程中,农民将改变以自给自足或半自给自足的农业小生产为基础的生产生活方式和思想观念等。传统农业实现向现代化、产业化、商品化农业生产方式的转变过程就是职业农民的生成过程。"农民职业化"是指农民从事农业不再由出身决定,而由人们自愿选择,以及农民阶层分化消亡的过程。"农民职业化"是整个经济体制变革的渐进性结果。

史学家摩尔认为现代化首先在英国顺利进行,其基础在于"小农的消灭"。与农民的职业化相伴随的,就是土地要素的优化配置以及农业现代化、发达的工业体系与高度的城市化。根据发达国家的历史经验,职业农民是农业产业化和现代化的主力军。农民的职业化是现代农业发展的客观需求,职业农民是后工业化和服务经济大发展时期出现的一种新型职业群体,是城镇化及农业内部分工演化和产业结构调整的必然结果。农民职业化是现代农业持续发展和农业现代化实现的基础和保障。但是伴随着农业现代化、城镇化及工业化的进程,传统农民的终结和职业农民的出现并不是一个自然演进的过程,而是在市场机制作用和政府政策引导下的复杂演化过程。因而,从经济学、管理学等视角研究我国及各典型区域实现农民职业化的机制与模式具有重要的理论与现实意义。更全面地说,基于要素优化配置的农村"四化"协同对我国最终实现现代化具有重大的决定性意义。这是一个宏大的命题,对这个问题的解析笔者将另作分析。

在未来较长的一段时间内,应坚持走中国特色的新型工业化、信息化、城镇化与农业现代化道路,注重推动信息化和工业化深度融合、工业化和城镇化良性互动、城镇化和农业现代化相互协调,促进工业化、信息化、城镇化、农业现代化有机协同发展。走向新型工业化、城镇化与农业现代化协同整合的统筹发展阶段,是我国实现小康社会和现代化的必然路径与理性选择。在这个过程中,大中小城市和都市圈有机协同发展的新型城镇化战略将起到引领作用。尤其是大城市的生产高效率以及旺盛的需求,往往更能带动乡镇地区的发展,从而降低城乡收入差距。而且,从国外的实践经验来看,城市人口聚集程度极高的美国、日本等国家,城乡收入差距往往不大。因而,"刘易斯拐点"在我国的出现是这一进程的开始,所以是一种历史进步的表现。不过,事实上,"刘易斯拐点"有两个,第一个是在劳动力转移开始影响工资水平之时;第二个发生在劳动力转移使两部门边际产品生产率相等之时,此时会表现为工人工资的明显上升。尽管两个转折点都表现为工资上升,但只有第二个转折点才意味着剩余劳动力转移的完成。结合在宁波等地的调研和访谈,笔者认为:庞大的人口基数和巨额的农村人口,表明中国农村剩余劳动力转移仍然是长期趋势,"刘易斯拐点"尚未实质性到来①。原因可能包括以下几个方面:

首先,中国的工业化和城镇化进程还远远没有完成。目前我国农业部门仍存在约 2 亿的剩余劳动力,未来若干年内仍将面临非常严峻的就业形势,我国城乡二元的经济结构依然没有根本性的改变。国家统计局数据显示,2011 年我国城镇人口比重首次突破50%,达到51.27%,我国城镇化的进程还在继续向前推进。同时,我国农村剩余劳动力的转移还不是永久性的,因为农民进城以后存在着户籍、土地及社会保障等制度性障碍而无法真正融入城市生活。另外,现有

---

① 我们调研发现,在宁波服装业的劳动力供给中,来自中西部的安徽、四川等地农民工大约占80%。

的城镇人口统计中包含大量农业人口。2011 年外出农民工的人数相当于城镇总人口的 23%，所以目前我国的城镇化应该说是不完全的城镇化，处于"半城市化"的状态，因为有相当多的农民工并没有享有与城镇人口平等的各种待遇。未来应积极推进农民工市民化，必须消除对农民进城和择业的歧视和限制，解决他们在稳定就业、社会保障、子女入学、住房以及就医等方面的问题。如果将"刘易斯拐点"的出现视为一个过程，那么中国现在应该说出现了"刘易斯拐点"的端倪。从出现"刘易斯拐点"的端倪到最终完成，即真正从劳动力开始涨工资到非得用资本密集型产业替代劳动密集型产业，是一个长期的动态过程。以日本为例，从 20 世纪 60 年代初开始，日本花了至少10 年的时间才逐渐实现对"刘易斯拐点"的跨越。

　　通过创新活动来提高区域的要素生产率水平，是提升自身经济竞争力水平的唯一出路①。针对我国目前的情形而言，通过土地、户籍和社会保障等一系列制度化措施所固化的城乡分割局面应逐步消除，但短期内不可能一蹴而就。据苏州大学商学院 2009年的一项调查，即便在经济较为发达的苏州，其农民工的收入也还是较低的。苏州约 2/3 的农民工的月工资额仍然低于 2 000 元，苏州农民工以河南、安徽籍农民工为主；工作多为体力劳动，油漆工和装潢工人占很大比例。另外，不同产业面临的"刘易斯拐点"的来临时点不一样，到达"刘易斯拐点"的速度也有差异，各地应该积极地研究不同产业"刘易斯拐点"的曲线②，从而制定相应的政策，优化劳动力结构，促进产业升级并有序推进产业转移和集群可持续发展。另外，在东西部各地推进工业化和城镇化的同时，必须同步推进农业现代化的进程，加强现代农村建设，防止农村的凋敝。

　　其次，我国对中西部地区的协调发展日益重视。随着"三步走"

---

①　侯经川：《基于博弈论的国家竞争力评价体系研究》，武汉大学博士学位论文，2005 年。
②　感谢鄢军博士在 2012 年初江苏大学国际经贸沙龙中的启发性评论。

基本方略的逐步实施,"西部大开发""中部崛起"等战略相继提出并付诸实施,内陆经济发展日益蓬勃。尤其是在金融危机后,我国中央政府推出了 4 万亿元的投资刺激经济计划,资金很多投向了中西部的基础设施和一些重大工程,提高了对劳动力的需求,拉动了当地的就业。另外,随着中央惠农政策的深入实施,不但取消了延续两千多年的农业税,还有各种农业补贴,因而中西部地区农民的收入已经普遍提高,进行土地种植的吸引力增加,一部分原来外出的劳动力留在了家里种地。这说明劳动力从农业部门向非农部门的转移过程不是一个单向的、不可逆转的过程。相反,由于工农业部门的劳动生产率同时提高及城市各制造业之间相对工资差距的存在,农村劳动力在城乡不同地区就业的实际收入,在这种工资差距的动态调整中此消彼长,呈现出非单一方向的走势,而这种实际相对收入的此消彼长决定了中国剩余劳动力转移进程的反复性和长期性。

再次,事实上,尽管我国 GDP 连续多年保持高速增长,而我国的工资增长速度却远低于 GDP 的增长速度。从农业部门的工资变化来看,1997 年以后才出现实际收入较快增长迹象。而且东部沿海出口导向型经济面临劳动力供求关系拐点的时候,未必能有大规模提高工资的积累和能力。因为,从事加工贸易和投资的跨国公司面对劳动力价格提升的问题时,完全可以将订单转移到劳动力更便宜的国家如印度和越南等,或投向我国广阔的中西部地区。笔者在安徽的调研印证了这一点。另外,新一代农民工对就业的预期已经不仅仅是拿到比中西部地区高一些的工资,他们想得更多是"闯荡世界"见世面①,所以相比于在东部发达地区的消费,他们对工资的预期只会持续提高。如果东部企业提供的

---

① 来自湖北省阳新县的陈江海在杭州一家制衣厂打工,月薪 2 500 元左右,属于"月光族"。台湾宝成集团投资 10 亿元在阳新当地设立了 5 万人规模的新鞋厂,当被问到是否会留在家乡参加当地的招工时,他不仅觉得 1 200 元的工资难以接受,而且更强调"家里的世界太小"。引自《民工荒,谁在慌?》,《南方周末》,2010 年 3 月 4 日第 3 版。

工资达不到他们的预期,他们可能会回老家寻求是否有新的机会,加之中西部各地都推出了很多针对农民工创业创新的计划和优惠项目,笔者认为这也是造成"民工荒"的一个重要原因。

因此,中国经济很快丧失劳动密集型产业的比较优势和竞争力的判断和担心仍然过早。在中国,区域之间仍然存在着较大的生产要素价格差异,对于较有流动性的劳动力要素,不同地区的劳动生产率表现和劳动报酬水平仍然有较大的差异[1](见表5-7)。东部地区的"民工荒"是局部性和结构性的,也有季节性和摩擦性的因素。结构性是指就业岗位和劳动者之间不匹配,比如"民工荒"的出现和大学生就业难的存在就是因为结构不匹配,这就需要加强农民工的技能培训,同时促进产业结构升级,以吸纳大学生成为"白领"。从农村来看,应进一步改革户籍制度、增强承包土地的流动性、加强对外出劳动力的培训,从而延缓劳动密集型产业比较优势丧失的速度,为经济发展方式的转变赢得时间。

对于东部发达地区来说,适应劳动力和土地成本提高的动态比较优势变化,实现产业结构向更加技术密集型的方向进行升级,符合发展方式转变的要求。而对于中西部地区来说,承接东部产业的转移,也可顺产业梯度促进产业结构的转型升级,同样也是增长方式转变的内生要求。所以把一部分劳动密集型产品逐步转移到中西部生产符合我国的国情条件,并可以保持可持续性经济增长并促进包容性发展的实现。从区际产业转移的角度看,在当前金融危机的大背景下,正是对接形成跨区域产业链网的有利时机。可以说,金融危机的爆发使中国劳动密集型产业区际转移的临界点提前到来。中国企业不可能一直依靠低廉劳动力和低成本去拓展国际市场,因为人口发展规律告诉我们,"人口红利"不可能无限期延续。

---

① 蔡昉、王德文、曲玥:《中国产业升级的大国雁阵模型分析》,《经济研究》,2009 年第 9 期。

表 5-7　各地区劳动报酬和边际劳动生产率状况

千元/人

		2000 年	2001 年	2002 年	2003 年	2004 年	2005 年	2006 年	2007 年
劳动报酬	华南沿海	13.20	13.32	14.69	14.89	15.71	17.46	21.27	25.69
	华东沿海	13.93	14.12	15.25	16.2	16.49	18.41	20.27	22.08
	华北沿海	11.14	10.99	11.89	12.77	15.19	16.65	18.16	20.01
	东北地区	10.80	11.86	13.38	14.52	16.66	16.97	19.80	23.49
	中部地区	8.61	11.39	10.41	11.48	13.52	14.18	15.87	18.87
	西部地区	10.87	11.08	12.39	13.81	15.81	16.64	19.80	20.93
边际劳动生产率	华南沿海	18.21	20.58	22.31	24.72	24.93	24.85	27.79	32.51
	华东沿海	13.66	15.20	17.28	20.09	19.14	23.56	26.36	30.41
	华北沿海	14.60	16.63	19.65	24.35	29.64	33.73	39.13	47.02
	东北地区	8.20	10.35	12.15	15.42	18.25	21.08	24.50	29.41
	中部地区	11.08	13.12	15.44	18.95	24.40	27.34	33.14	41.93
	西部地区	6.72	8.26	9.71	11.57	14.64	16.89	20.63	24.59
单位劳动力成本	华南沿海	0.72	0.65	0.66	0.60	0.63	0.70	0.77	0.79
	华东沿海	1.02	0.93	0.88	0.81	0.86	0.78	0.77	0.73
	华北沿海	0.76	0.66	0.61	0.52	0.51	0.49	0.46	0.43
	东北地区	1.32	1.15	1.10	0.94	0.91	0.81	0.81	0.80
	中部地区	0.78	0.87	0.67	0.61	0.55	0.52	0.48	0.45
	西部地区	1.62	1.34	1.28	1.19	1.08	0.99	0.94	0.85

（资料来源：蔡昉、王德文、曲玥：《中国产业升级的大国雁阵模型分析》，《经济研究》，2009 年第 9 期。）

　　日本在二战前也是劳动密集型产业占优势，到 20 世纪六、七十年代则像目前的中国一样成为世界的制造业中心。随着"刘易斯拐点"的到来，日本政府采取了促进产业升级的规划和政策，以充分追逐动态比较优势，同时把没有比较优势的诸多劳动密集型产业转移到东南亚、韩国和我国香港、台湾地区。日本成功实现了经济增长方式的转变，提高了生产率，改变了过去单纯依靠资本和劳动投入驱动经济增长的模式。现在我国劳动密集型产业的比较优势还没有丧失，因为劳动力的总量还在增加，而且今后相当长的一段时间内劳动力总量还很庞大。但我们必须及早进行产业升级,提升产品技术含量和附加值,单纯依靠低劳动力成本吸引外来投资的经济发展模式正在失去市场,通过产业集群式转移和动态升级应对在不远的未来即将到来的"刘易斯拐点",势在必行。

但是历史地看,通过促进产业集群式转移和动态升级应对"刘易斯拐点",是一个长期且艰难的转型过程。我国各级政府要顺势而为,注重引导传统劳动密集型产业进行内生式产业升级。在推进外向型经济发展时,也要更注重招商引资的"质"的提升,而不是"量"的简单增加。在当前尤其要对东部的产业集群进行战略转型与升级,这就需要协调好产业转移与农村劳动力(尤其是农民工)流动的关系,政府部门要做好规划并进行城乡一体化社会保障系统的建设,以减少产业转移和集群升级对就业的冲击。经济增长在不同阶段对就业有不同的影响,产业结构从劳动密集型向资本密集型升级,在一定程度上是排斥劳动力的,这是用资本代替劳动的结果,但并不是必然趋势。从国外的实践情况看,产业结构升级,GDP 增长加快,失业率则会下降,因为大力发展服务业可以提供更多的创业成长机会与劳动力就业岗位。关于这一点,我们的一个新的研究[①]证明了这一点。我们发现,新创企业双重网络(产业网络与社会网络)嵌入演化对创业成长有促进作用。作为我国目前创业主要群体之一的农民工的创业和就业效应在服务业领域更明显,而且是即期的显著正效应,因而政策的着力点之一应该是大力促进服务业的发展,并鼓励创业者在服务业领域的创业行为。

---

① 庄晋财、沙开庆、程李梅、孙华平:《中国农民工创业成长过程中双重网络演化规律研究》,《中国工业经济》,2012 年第 8 期。

6　集群式产业转移与升级的路径及模式

　　本章开始进入较少理论性的集群式产业转移与升级路径及模式分析,基于在浙江各地区和安徽皖江地区的实地调查研究及典型案例访谈,来剖析我国区际产业转移的动力、模式和内在机理及影响因素。研究表明:成本因素和市场因素是浙江产业转移的两大主导因素;产业转移的方式较为多元,包括资源综合利用、市场扩张、企业重组、厂房租赁等方式,但主要属于增量式转移,较少进行存量式转移。这主要源自基于集群效应和沉没成本的产业转移粘性以及产业承接方的制度环境欠佳及其衍生的各种风险。从产业承接方来看,转移来的企业主体不仅包括国内企业,外商投资企业的比重也很高,这说明东部发展外向型经济的模式有可能复制到中西部地区。

6.1　增量式转移与存量式转移并存:浙江与安徽的例证

　　笔者根据产业转移是否涉及现有资产,将其分为"增量式转移"和"存量式转移"。"增量式转移"即企业保持原址不变的情况下,为了市场扩张而在其他地方设立生产基地或营销中心、研发机构等,这种企业考虑的多为市场扩张。"存量式转移"是指企业把原来的厂房设备等全部搬迁至其他地方进行生产,一般来讲是属于成本敏感型产业为规避要素价格上升而采取的模式。这种模式的运营风险较高,企业家做出此类决策难度较大。

6.1.1　集群转移日趋活跃:基于产业转出地的例证

　　浙江是我国民营经济最活跃、产业集群最发达的省份之一。

改革开放 30 多年来,浙江省以领先的体制优势和依靠各地市比较优势建立起来的特色区域经济造就了经济发展的"浙江模式",其中制造业集群模式发挥了巨大作用。按人均计算,浙江省的人均产值、增加值、税收、收入均为各省区全国第一。2008 年浙江省 GDP 突破 2 万亿元大关。按常住人口计算,人均 GDP 为 42 214 元,以 6.945 的年平均汇率折算为 6 078 美元,比 2007 年增加 1 158 美元,增长 8.6%。

浙江经济的崛起,很大程度上得益于"浙江制造"的突飞猛进。浙江是我国重要的工业制成品出口基地,制造业是浙江的支柱产业,制造业爆发出来的活力成为拉动浙江 GDP 增长的重要力量。据统计,2004 年浙江省 10 亿元以上的制造业产业集群多达 149 个,而 100 亿元以上的达到 26 个①。典型的产业集群案例见表 6-1。尤其是进入 21 世纪以来,浙江省进入工业化加速发展阶段,2007 年第二产业对浙江经济增长的贡献率达到 54%。根据浙江省 2005 年、2007 年和 2009 年制造业各行业大类的区位熵(见表 6-2)可以看出:浙江化学纤维制造业的区位熵指数一直大于 3,说明该产业集群优势较大;而工艺品制造业及橡胶制品业、塑料制品业和通用设备制造业的指数接近 2,大部分制造业的区位熵大于 1。这说明浙江的制造业竞争力很强,尤其是在纺织业和服装业、鞋帽制造业等传统劳动密集型产业上比较优势明显,产业集群发达(见表 6-1、表 6-2)。

浙江省是我国产业转移的最典型转出地。由于浙江严重缺乏自然资源,人均仅 4 分土地(七山一水二分田),因而劳动力成本高,市场主要面向外省与国外,是一个两头在外的加工型的经济,故需要向外转移产业以寻求资源并开拓市场。

---

① 刘泮印:《产业集群背景下中小企业战略联盟模式与运行机制研究》,中国海洋大学博士学位论文,2007 年。

表 6-1　浙江省各地市专业化产业区的部门结构及典型专业化产业区

地区		产业部门	典型案例群
浙江东北环杭州湾	杭州	服装、化纤、人型机械及成套设备、电子通讯、家用电器、医药等	杭州女装、萧山化纤、萧山汽配、萧山羽绒、萧山制伞、滨江通讯技术、下沙生物
	宁波	服装、机械、石化	鄞州服装、蔺草加工、余姚模具塑料、慈溪小家电
	绍兴	纺织、印染、机械、医药、化工（纺织印染助剂）、化纤等	绍兴中国轻纺城、诸暨衬衫袜业、嵊州领带、新昌轴承、原料药、上虞劳保用品
	嘉兴	纺织、皮革、机械仪表等	海宁皮革、经编、平湖服装、箱包、秀洲区丝织品、海盐标准件、桐乡羊毛衫
	湖州	纺织（丝绸、毛纺、印染）、服装（童装）、建材等	织里童装、南浔建材、安吉竹制品加工
	舟山	水产品加工、海洋药物、机械等	舟山水产品精深加工、海洋药物、船舶修造、机械制造
东南沿海	温州	机械、塑料、包装印刷、仪表仪器、日用电子、鞋类等	平阳塑编、苍南印刷标牌、瑞安汽摩配、乐清低压器、温州皮鞋
	台州	汽车配件、工艺制品、鞋类、塑料制品等	椒江塑料制品、温岭鞋类、摩托车配件
浙中及西南内陆	金华	机械、五金工具、农产品加工、纺织、服装等	东阳磁性材料、义乌服装、袜业、饰品、浦江针织服装、永康小五金
	衢州	化肥、建材（水泥）、机械电气（矿山设备、变压器）等	常山轴承、建材、龙游竹制品加工
	丽水	木材加工、工艺制品、农产品加工	龙泉伞业、青田鞋革、云和木制玩具

　（数据来源：王缉慈：《超越集群——中国产业集群的理论探索》，科学出版社，2010 年。）

表 6-2　浙江省制造业各行业大类的区位熵（2005,2007,2009）

行　　业	2005 年	2007 年	2009 年
农副食品加工业	0.39	0.42	0.30
食品制造业	0.45	0.48	0.47
饮料制造业	0.66	0.73	0.68
烟草制品业	0.53	0.59	0.61
纺织业	2.37	2.30	2.58
纺织服装、鞋、帽制造业	1.97	1.70	1.69
皮革、毛皮、羽毛（绒）及其制品业	2.47	2.44	2.11
木材加工及木、竹、藤、棕、草制品业	1.21	1.13	0.84
家具制造业	1.50	1.31	1.68
造纸及纸制品业	1.19	1.21	1.29
印刷业和记录媒介的复制	1.11	1.27	1.19
文教体育用品业	1.72	1.70	1.83
石油加工、炼焦及核燃料加工业	0.60	0.55	0.57
化学原料及化学制品制造业	0.78	0.79	0.93
医药制造业	1.02	0.90	0.89
化学纤维制造业	3.78	3.65	4.70
橡胶制品业	1.08	1.07	1.09
塑料制品业	1.84	1.68	1.78
非金属矿物制品业	0.71	0.67	0.60
黑色金属冶炼及压延加工业	0.30	0.31	0.44
有色金属冶炼及压延加工业	0.97	0.93	0.79
金属制品业	1.31	1.26	1.36
通用设备制造业	1.57	1.62	1.31
专用设备制造业	0.85	0.87	0.75
交通运输设备制造业	0.81	0.72	0.87
电气机械及器材制造业	1.32	1.38	1.40
通信设备、计算机及其他电子设备制造业	0.40	0.42	0.42
仪器仪表及文化、办公用机械制造业	1.11	1.07	1.38
工艺品及其他制造业	1.99	1.85	1.89
废弃资源和废旧材料回收加工业	3.31	3.23	1.90

（资料来源：浙江省统计研究与信息发布中心。注：区位熵根据浙江制造业各行业工业产值占工业总产值比重除以全国制造业各行业工业产值占工业总产值比重计算。）

中小企业是浙江省的经济主体，全省中小企业数量约 120 万个,占全省企业总数 99.6％;中小企业就业人数 1 360 万,占全省企业总数 85.3％;中小企业出口创汇占全省企业总数 84.97％①。浙江产业转移面向全国各地,但重点是中西部。转移的产业具有明显的资源依赖型与市场依赖型的特点。目前浙江已有大量民间资本进入全国各地各行业,包括建立研发机构及利用增量部分兴办企业、延伸产业链网等。据统计,2005 年浙江外迁企业在浙江省外创造的 GDP 已经和浙江省 GDP 差不多,相当于再造了另一个浙江省。浙江产业转移实际从 20 世纪 90 年代就已经开始,进入新世纪产业转移的数量、规模及相应的经济总量更大。特别是温州,可以说温州人在外省的产业规模不亚于在温州本土,形成了独特的"温州人经济"。

　　浙江产业转移主要属于增量式转移,较少进行存量式转移,这主要是因为基于集群效应和沉没成本的产业转移粘性以及产业承接方的制度环境欠佳及其衍生的各种风险。从产业转移的行业属性看,服务业转移较少,制造业转移仍然占主流。从路径上说,产业转移以投资型产业转移为主。这从浙商在全国的布局中可以看得很清楚。另外,产业转移方式呈现多渠道、广泛性特点,包括市场扩张、资源综合利用、企业重组、厂房租赁等方式。成本因素和市场因素是浙江产业转移的两大主导因素。除了原有的直接投资和各种股权投资外,间接投资和非股权投资越来越多。这在房地产领域最为明显,国内有名的温州炒房团等都属于这种方式。

　　为更清晰地看出浙江产业转移的全景图,借鉴国内学者张谋贵的研究方法,笔者采用产业梯度系数和产业成长系数来分别测算产业转移的潜力和粘性。一般而言,如果某区域的产业梯度系数大于 1,说明该产业在全国范围内处于高梯度,则意味着产业转移潜力指数大;如果小于 1 则说明处于低梯度,产业转移潜力

---

① 吴家曦:《2008 浙江省中小企业发展报告》,社会科学文献出版社,2009 年。

指数小。产业的成长系数越小，说明产业已经入成熟期甚至衰退期，产业转移的"粘性"就越大。根据上述分析框架，可计算出浙江和安徽皖江示范区的产业（主要是制造业）转移的产业梯度系数和成长系数（见表 6-3）。

表 6-3　浙江和安徽皖江示范区制造业梯度系数及产业成长系数(2007)

行业大类	浙江		皖江示范区	芜湖
	梯度系数	成长系数	梯度系数	梯度系数
农副食品加工业	0.183 2	0.265 5	0.74	0.37
食品制造业	0.324 9	0.585 1	0.50	0.02
饮料制造业	0.903 3	0.978 6	0.33	0.04
烟草制造业	0.318 9	0.624 7	1.20	4.21
纺织业	2.381 3	0.621 5	0.41	0.23
纺织服装、鞋、帽制造业	2.171 3	0.601 9	0.27	0.58
皮革、毛皮、羽毛(绒)及其制品业	2.277 4	0.357 2	0.78	0.01
木材加工及木、竹、藤、棕、草制品业	0.921 2	0.771 4	0.70	2.39
家具制造业	1.548 6	0.829 1	0.49	0.03
造纸及纸制品业	0.979 5	0.407 5	0.44	0.19
印刷业和记录媒介的复制	1.019 0	0.744 3	0.66	0.14
文教体育用品制造业	2.380 7	0.720 9	0.46	0.14
石油加工、炼焦及核燃料加工业	1.190 2	6.475 4	0.46	0.77
化学原料及化学制品制造业	0.843 6	1.679 6	0.72	0.51
医药制造业	1.071 6	0.924 2	0.20	0.41
化学纤维制造业	4.954 4	1.782 8	0.52	
橡胶制品业	0.901 1	1.365 3	2.44	0.16
塑料制品业	1.865 8	1.309 0	2.97	1.74
非金属矿物制品业	0.715 0	0.892 6	1.43	2.81
黑色金属冶炼及压延加工业	0.217 2	1.432 1	2.05	1.10
有色金属冶炼及压延加工业	0.439 7	0.949 9	2.19	2.81

续表

行业大类	浙江		皖江示范区	芜湖
	梯度系数	成长系数	梯度系数	梯度系数
金属制品业	0.999 7	1.499 4	1.11	1.12
通用设备制造业	1.207 4	1.461 9	1.03	1.28
专用设备制造业	0.846 3	1.728 2	1.45	0.37
交通运输设备制造业	0.578 5	1.774 9	1.68	5.19
电器机械及器材制造业	1.066 6	1.612 0	5.14	5.52
通信设备、计算机及其他电子设备制造业	0.398 0	1.841 1	0.29	0.03
仪器仪表及文化、办公用机械制造业	1.160 0	1.332 8	1.26	6.24
工艺品及其他制造业	1.802 8	1.065 5	0.25	0.00
废弃资源和废旧材料回收加工业	0.956 0	1.616 4	0.15	0.64

从上表可以看出,浙江省有 7 个产业很可能在短期内向中西部地区转移,主要是劳动密集型的皮革、毛皮、羽毛(绒)及其制品业,服装、鞋、帽制造业和纺织业以及家具制造业等。同样有 7 个产业已经处在衰退期,从而迫切需要向中西部转移,如:饮料制造业、食品制造业、农副食品加工业、造纸及纸制品业、有色金属冶炼及压延加工业等。而从与浙江接壤的安徽皖江地区的承接视角看,作为国家第一个产业转移承接示范区,皖江城市带经济发展基础较好。2008 年该区域的人均 GDP 已达 1.9 万元,超过了整个中部地区的平均水平。从表 6-3 可以看出,作为皖江示范带双核心之一的芜湖,除应重点发展新材料、电子电器和汽车及其零部件等三个主导产业外,还要着眼产业链条延伸和产业关联配套,积极发展壮大机械加工用钢、铜基材料、特种玻璃及建筑材料等关联产业。同样,基于其区域独特的资源禀赋和悠久的历史文化,芜湖也应大力发展文化创意产业和旅游业。

　　总体上看,浙江很多企业进行了成功的产业转移,这往往是产业集群自然演化的结果,如温州地区的许多制造业和手工业正在以产业集群的方式向中西部转移。如湖南省邵东县的打火机产业、隆回县等地的皮鞋制造产业,与浙江温州等地的皮鞋等产业转移存在密切关系。再如浙江湖州织里童装产业外包给安徽邻近的朗溪、望江等地企业或直接到安徽办厂也是典型的例子。从浙江省内情况看:集群式转移已经渐成规模,但转移粘性明显。根据笔者在中部皖江地区的调研,浙江等地产业转移到中部如安徽等地区的趋势日趋明显。从产业承接方来看,转移来的企业主体不仅包括国内企业,外商投资企业的比重也很高。这说明东部发展外向型经济的模式有可能复制到中西部地区。下面我们以孙村镇为典型案例从产业承接地的视角进行分析。

6.1.2 污染转移存隐忧:基于产业承接地的例证

　　根据笔者在安徽地区的调研,浙江等地产业转移到中西部如安徽等地的态势确实已经形成,尤其是在安徽获批国家第一个承接产业转移示范带——皖江承接产业转移示范带后,趋势更为明显。皖江城市带包括合肥、芜湖、马鞍山、铜陵、安庆、池州、巢湖、滁州、宣城9市以及六安市的金安区和舒城县,共59个县(市、区)。由于紧邻我国最具活力的长三角地区,主要城市都在长三角经济区的辐射半径内,因此,皖江城市带又被称为承接长三角产业转移的桥头堡和第一站。皖江城市带区位优势明显,产业基础好、要素成本低。从承接产业转移的多重优势看,皖江城市带与长三角的交通网络实现对接,物流成本降低,同时城市带岸线还具有突出的资源要素比较优势,特别是巢湖、安庆、池州等地分别拥有数十公里的深水宜港岸线,具备发展重化工业的环境资源,而这些产业正是下一步承接转移的重点。从要素成本和产业配套看,皖江城市带劳动力资源丰富,成本相对较低。全省常年外出务工人数超过1 000万人,拥有大量熟练产业工人,劳动力平均成本只相当于沿海地区劳动力成本的一半或 2/3。城市带工业门类齐全,已经形成冶金、汽车及零部件、建材、家电、化工等产业集群,具有良好的综合配套能力。城市带还拥有 4 个国家级开发区、65 个省级开发区和各具特色的产业开发园区,具有完善的产业承接平台。

在笔者调研的繁昌县,我们发现该地区已经承接了来自浙江与江苏地区的大量纺织服装产业,但大多数为江浙地区纺织服装业总部企业的新建机构,也有少量是整体从江浙搬来的企业,这一类主要是印染等高污染环节的企业。这也从产业转入地的角度印证了笔者在东部地区调研中的判断,即存量式产业转移和增量式产业转移并存,但主要以增量式产业转移为主。从实践做法上看,安徽芜湖繁昌县呼应国家区域政策,积极承接产业转移,发展服装加工、金属加工等制造业。该县国税局及时梳理了 22 条税收优惠政策,助推承接产业转移示范区建设以带动县域经济发展,促进地方就业。这些政策包括实行出口货物退(免)税,促进中小企业发展壮大,鼓励企业安置残疾人就业,鼓励企业对外进行投资,实行缓缴税款审批制度,实行延期申报核准制度,促进和帮助农民增加收入等。

从历史的视角看,孙村镇服装集群起源于 20 世纪 90 年代,孙村镇的第一家服装企业是在芜湖市红光针织厂的技术指导下成立的镇办集体企业,以生产针织服装为主。到 20 世纪 90 年代初期,该企业拥有熟练工人 1 100 余人,资产总值达到 3 000 万元,年销售收入 2 700 万元,年加工各类针织服装 300 万件。经过不断的发展壮大,到 90 年代末已初步形成发展服装产业的活力基础。但产业的大规模兴起还是在 21 世纪初。2000 年以来,孙村镇对集体企业进行全面改制,包括浙江在内的大量民间资本①迅速聚集

---

① 繁昌县农办闵主任告诉笔者说:"在繁昌,从浙 A 到浙 L 的车牌号都有,而且到处都是。"他以此来说明浙商在繁昌十分普遍。

到服装产业中来,众多服装企业如雨后春笋般的迅速崛起,孙村服装产业也得到了快速发展。该产业集群总体发展的数据见表6-4。

表6-4 繁昌县孙村镇服装产业集群发展概况

年份	服装产量/万件	规模企业个数	工业总产值/万元	出口数/万件	资产总计/万元	利税总额/万元	平均从业人数/人	出口比例/%
2003	1 440.74	18	19 500	1 380.73	11 105.1		5 350	95.83
2004	1 772.06	16	25 874	1 678	14 013	1 103(税金)	6 103(总人数)	94.69
2005	2 169.24	16	23 223	2 096	12 189	867	3 901	96.62
2006	2 700	33	82 991		21 500	158	5 913	
2007	3 810	34	44 682		27 057	785	5 065	
2008	5 195						9 812	
2009	10 000	60	116 116		56 191	4 136	7 257	

(资料来源:繁昌县孙村镇统计资料汇编(2003－2009),空白处系数据缺失。)

据了解,繁昌县孙村镇轻纺服装产业集中区,当前已聚集大批服装加工型企业。2009年孙村镇各服装企业订单充足,产业实现产值超过10亿元,税收近1亿元,成为名副其实的安徽服装第一镇。尤其是在该镇的服装工业园(见表6-5),产业链较为完善,孙村镇服装产业园区规划面积5平方公里,现共有服装加工及配套企业184家,其中规模以上纺织服装企业60家,年生产加工各类服装8 000万件,提供就业岗位1.5万个,已初步形成集织造、染整、水洗、印花、制线、成衣加工、包装、物流等较为完整的纺织服装产业体系。孙村镇先后被授予"安徽服装第一镇"和"中国出口服装制造名镇"等称号。

表 6-5　繁昌县孙村服装工业园情况表

年份	服装产量/万件	企业个数/个	销售总值/万元	出口交货值/万元	资产总额/万元	利润总额/万元	职工人数/人
2003	550	12					
2004	796	18	14 203	9 850	10 798	−232	3 124
2005	1 254	28	23 813	16 550	12 354	−370	3 408
2006	2 700	90	55 900	26 400	20 700	158	5 913
2007	3 810	98	76 500		27 057	785	5 065
2008	5 195	145	103 900				9 812
2009	8 100	184	205 100		56 191	4 136	7 257

（资料来源：繁昌县孙村镇统计资料汇编（2003－2009），空白处系数据缺失。）

　　近几年来，孙村服装工业园积极承接沿海和国际纺织服装产业转移，逐步由外贸加工向内贸品牌、完善产业链、自营出口升级。加工的服装出口到欧美、东南亚、澳洲、韩国等国家和地区，自主品牌有红花山、秋婷、龙乐等。笔者参观了当地最大的服装企业华阳集团，发现和东部发展外向型经济的模式非常契合。企业的根本目标是追求利润最大化，在成本增加侵蚀利润条件下，政府的环保政策更多的时候让位于经济发展的首要考虑。谈到环境保护的问题，孙村镇服装工业园管委会主任说这个问题在决策中权重不大：“我们在实践中发现东部不可能把先进的产业转移过来，故转移来的部分产业有污染我们也是需要的”①，所以，笔者认为东部发展外向型经济的模式有可能复制到中西部地区，如何防止污染转移并协调经济发展与环境保护是一个棘手的问题。

---

① 根据在孙村镇管委会的访谈记录整理。

6.2 产业链空间协作特征明显：宁波服装案例

本节以宁波服装业的集群转移与升级的案例调查为基础，详细剖析浙江产业转移和产业集群升级的路径及模式。笔者组织学生和同事在 2010 年 6 月至 8 月间对宁波服装产业集群进行了三次大规模问卷发放，收集了包括雅戈尔、杉杉等在内的大中小及微型企业调查问卷 170 份。期间，还对宁波服装协会进行了调研，并获赠相应的产业发展统计数据。在 2010 年 10 月开幕的第十四届宁波国际服装服饰博览会期间，笔者进行了补充调研，同样获得了大量宝贵的数据，并对宁波服装产业有了更多切身的了解和体会。

6.2.1 宁波服装产业集群概况及产业链解析

宁波以"港通天下，书藏古今"而闻名中外，是我国首批沿海对外开放城市、计划单列市和副省级城市，地处我国海岸线中段、长江三角洲南翼，陆、海、空立体交通发展迅速，市内交通四通八达。宁波服装业历史悠久，距今六七千年的河姆渡遗址中就有大量的纺织工具出土。在漫长的历史发展中，宁波更是诞生了享誉海内外的"红帮裁缝"，创造了中国服装业的很多个"第一"，如开设了第一家西服店，创办了第一家西服工艺职业学校，缝制了中国第一套中山装等。改革开放后，通过承接全球服装产业的国际转移，中国已成为世界上最大的服装纺织品生产国和贸易国，而享有"中国服装之都"的宁波，不论其生产总值、出口数量，还是品牌影响在全国都占有重要的位置，涌现了一批以雅戈尔、杉杉为代表的服装龙头企业。宁波服装业坚持用市场配置资源，在体制方面不断进行创新，在经营模式、分配、用工、产权等方面进行了一系列改革，为服装产业结构调整而带来"先发"优势提供了增长动力。

宁波区域经济的发展可以说是一部民营经济的成长史。服装业作为宁波竞争最充分的产业之一,国有资本几乎全部退出,非国有经济十分活跃。民营企业具有精干、高效的组织形式和灵活、敏捷的经营机制,这使他们能够对服装市场的变化作出快速反应,在组织结构、管理方法、经营谋略等方面进行改革创新,整合业务流程以应对市场变化。而明晰的产权,又使他们具有很强的利润追求动机。此外,大中小企业合作灵活,大企业依靠优势寻找订单,然后分包给中小企业加工。集群内形成了分工明确、合作互惠的经营机制,销售网络和渠道比较健全,特许加盟、自营连锁店、战略联盟等被广泛使用。正是民营经济的上述优势,才使得宁波服装业从小规模、分散状态发展成为全方位、系统的产业集群。从 2002—2009 年宁波规模以上服装企业发展情况(见表 6-6)看,2004 年以后,规模企业数和总产值基本上一直稳步增加,而出口交货值保持高速增长。

表 6-6   2002—2009 宁波规模以上服装企业发展情况

年　份	2002	2003	2004	2005	2006	2007	2008	2009
规模以上企业数/个	431.00	453.00	310.00	388.00	460.00	567.00	624.00	629.00
工业总产值/亿元	164.95	194.14	122.75	174.59	211.34	274.49	304.34	324.67
利税额/亿元	18.58	21.28	14.72	18.46	20.45	26.91	33.60	41.04
出口交货值/亿元	99.39	133.01	58.91	83.96	115.52	161.43	162.54	187.63

(数据来源:2009—2010 宁波纺织服装产业发展报告。)

随着产业集群的逐渐形成,宁波服装产业的制造能力也日渐强大。据不完全统计,宁波服装产业的年服装生产能力为 14 亿件(套),占全国的 12%。2006 年,在浙江省的服装行业中,宁波的服装产量占 40% 以上,其中西服、童装和针织服装分别占 40%,76% 和 65%。宁波服装出口占浙江全省的 30%,总资产超过全省服装总资产的 50%[①]。据宁波统计局公布数字:2006 年在

————————
①　许继琴:《产业集群与区域创新系统》,经济科学出版社,2006 年。

规模以上工业企业中,轻工业总产值达 2 069.1 亿元,增长 15.4%。2007 年继续稳步增长,总产值达 2 557.35 亿元,增长 18.6%。2008 年受国际金融危机影响,增长幅度有所下降,仅比上年增长 11.8%,但轻工业完成总产值还是有所上升,达到 2 895.8 亿元。可以说,宁波服装产业在全市经济中占有举足轻重的地位,集群外向度较高,宁波市服装历年出口额(见表 6-7)均保持高位水平。

表 6-7 宁波市服装历年出口额(1997—2008)

年份	数量/万件	金额/万美元	平均单价/美元
1997	1 468.8	9 541.1	6.5
1998	1 591.5	9 066.8	5.7
1999	2 196.0	13 910.3	6.3
2000	2 992.4	17 711.8	5.9
2001	3 325.8	21 684.5	6.5
2002	4 163.2	23 145.2	5.6
2003	5 601.1	28 652.6	5.1
2004	6 407.0	33 470.9	5.2
2005	8 785.2	49 605.6	5.6
2006	10 158.2	66 110.1	6.5
2007	11 440.4	73 995.4	6.5
2008	11 100.8	84 336.6	7.6

(数据来源:宁波出入境检验检疫局。)

宁波服装产业的迅速发展,还有一个重要的原因就是政府在计划经济体制下的"无为而治"和市场经济体制下的"有为而帮"的精妙组合。政府在前期对民营和私营经济的各种支持和鼓励政策,为服装产业的发展创造了良好氛围。改革开放进入新世纪以来,宁波市政府积极主动调整角色,多方面提供优惠政策和开展全方位的服务,成为地方经济发展的政策制定者和服务引导者,推进服装产业集群渐成规模及进一步发展。如在经济全球化背景下,宁波政府积极制订并有效实施了服装产业发展的中长期规划《宁波服装业"十五"战略规划》,逐步整合、促进政府职能转变,提高办事效率;改善投资环境,打造宁波国际服装服饰博览会平台以推进产业转型升级,并积极引进外资、外来技术和外来人才;搭建区域纺织服装专业电子商务平台,成立纺织服装测试中心;组建服务机构,培育服装文化,推动服装名城建设等。

　　宁波服装业长期适应外贸出口和对外加工的需要,拥有较好的纺织服装设备,总体技术和加工设备水平在全国居领先地位。服装加工业的兴起还带动了宁波纺织行业的发展,使他们不断加快技术改造,增强了纺织产品的后加工和深加工能力,提高了产品的质量和档次。面辅料生产企业、印染企业也在新一轮产业结构、产品结构调整中取得了很大成效。此外,在服装机械设备领域也有一些配套的企业。至此,宁波服装加工、印染、面辅料制作相互配套的地方服装产业链逐步完善。同时,随着宁波服装产业的发展和以整体效益为中心并体现贸易多元化的格局的形成,各种与服装相关的环节如产品营销、服装展会、时尚环节、服装职业教育等也随之迅速发展,并影响着整个产业的发展。在产品营销环节上,宁波服装产业在强大的制造能力的基础上,依托民营企业的灵活机制与雄厚财力建立了庞大的市场营销网络。企业通过设立专卖、专柜、代理商等形式,产品覆盖全国各地。在出口市场上,欧盟、美国、日本及东南亚等国家和我国香港地区都是宁波服装出口的主要市场。在服装展会环节上,宁波国际服装节至今已经连续成功举办了16届,对扩大宁波的对外影响、促进宁波国际经济合作与文化交流起到了巨大作用。在人才培训环节上,服装职业教育体系基本形成,具有大中专各类服装院校,能为服装企业提供一线的管理人员、技术人员和操作人员。

　　作为民企大市和出口大市,宁波的服装品牌建设经历了初识品牌、借牌、创牌等阶段,目前进入了品牌竞争力全面提高的阶段。截至 2005 年,宁波已成功培育了 11 个中国驰名商标、12 个中国 500 个最具价值品牌和 35 个中国名牌产品。同年 11 月,宁波与青岛共同获得"中国品牌之都"的称号,此后宁波连续两届蝉联该荣誉。截至 2007 年,宁波的中国名牌产品达 61 个,占全国总数的 4.2%,在全国同类城市中名列第三,在浙江省内名列第一。且在当年上榜的 27 个产品中,纺织服装业就有 10 个,分别为雅戈尔、罗蒙、太平鸟和洛兹衬衫,爱伊美羊绒大衣,雅戈尔和巨鹰 T 恤衫,雅戈尔等;裤子面料有两个,分别为维科装饰面料和 BROS 精梳纱线。

至 2008 年 9 月底,宁波企业的中国驰名商标已增至 40 个,其中服装品牌有雅戈尔、杉杉、罗蒙、唐狮、培罗成、洛兹等①。此外,宁波服装产业还拥有自己的代理机构——宁波市服装协会。协会由宁波市服装行业的企事业单位和服装行业工作者组成,现有会员 300 多家,下设六大专业委员会,在组织上实行条块结合模式,以专业促进产业发展。协会致力于服装行业管理、产业规划、服装产业市场推广及国际合作促进工作,并通过提供信息、咨询、交流、促销、调研、培训等工作为企业服务,为政府决策提供参考。服装协会还积极开展与国内外其他服装专业机构之间的合作,加强对外合作中的沟通与协调,在交流合作中共同提高,分别成立了中国服装协会产业经济研究所、中国服装协会培训中心、宁波服装协会红帮专业技术委员会等,并且拥有《宁波服装》杂志和"蝶尚网"。

但 20 世纪 90 年代以来,在技术革命的推动下,全球纺织服装业内部结构调整的步伐加快,生产组织方式不断变革,使该行业的国际产业转移出现了一系列新的特征。首先,国际产业转移的领域向纺织服装产业链的上下游环节延伸,为发达国家在发展

---

① 数据来自中国质量新闻网:http://www.cqn.com.cn/news/zljd/zhjsh/171239html。

中国家投资的纺织服装企业及当地企业提供了更全面的配套,有助于在当地形成产业集群效应,从而完善产业链网,进一步降低生产和销售成本。其次,外包成为纺织服装业国际产业转移的重要方式。在日趋激烈的国际竞争环境下,纺织服装业的外包业务已经不再局限于"代工"和"贴牌生产",其范围从成品加工逐步扩展到了纺织原料和纺机研发、产品设计、展示、营销等更多领域。

如在市场开拓和产业链构建上,以及从上游的棉花种植开始,到中间的纺纱、织造、成衣生产,下游的营销渠道的建立,雅戈尔收购、投资了一系列相关企业,达成了全产业链①(见图 6-1)的控制。"雅戈尔产业链"的每一个环节紧密相扣,并各自都进入了行业的中高端市场:日中纺是中国三大纺织面料生产基地,除了供应雅戈尔自身的面料需求外,大量供应日本、欧洲和美国客户;雅戈尔服装城是中国最大的服装先进制造基地,雅戈尔品牌被评为最受消费者欢迎的品牌之一,定位于国内中高端客户;下游由 300 家连锁店和 1 000 多家商业网点构成完整的营销体系,牢牢占据了国内市场。2007 年底,雅戈尔出资 1.2 亿美元收购了美国 Kellwood 公司及其全资子公司,标志着中国纺织服装企业品牌国际化进程有了实质性的进展。并购完成后,雅戈尔得到了分布在斯里兰卡、菲律宾等地的 14 家生产基地。雅戈尔成为国内外拥有近 5 万名员工,年生产加工能力超过 8 000 万件的世界上最大的服装生产企业。宁波服装业集群如何在这种新的趋势下继续书写辉煌,值得深入研究。

① 我们通过调研体会到产业链的真正含义:一条完整的服装产业链包括上游的面料、辅料加工,产品设计开发和人力资源管理,中间的服装生产,下游的服装贸易、产品营销、服装展会等环节。企业间的协作和分工极为细密,又整合为一体,这正是集群竞争力的来源。

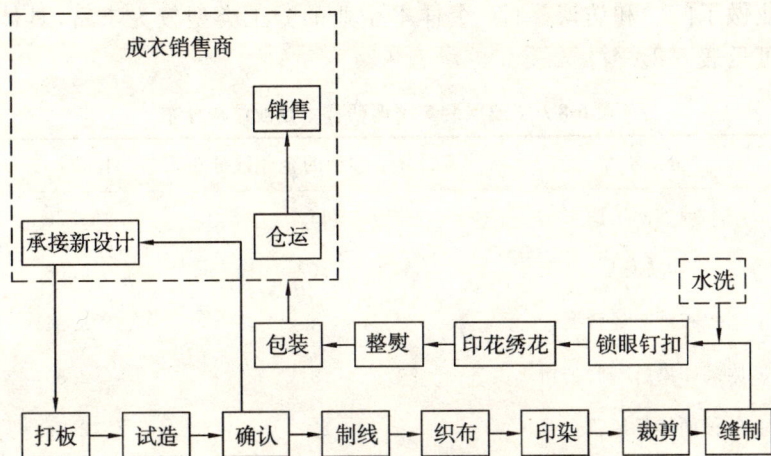

图 6-1　成衣产业链示意图

6.2.2　调研样本企业的规模分布及要素供给

宁波作为国内最强和国际知名的服装产业基地,既有"红帮裁缝"发源地深厚的服装历史积淀,又具有市场经济下较强的国际竞争力,经过多年积累,初步形成了以西服、衬衫生产为龙头,集针织服装、羊毛羊绒服装、童装、皮革服装、休闲装等配套性发展的完善产业集群。从地域分布上看,宁波市纺织、服装企业有两种类型。一是成片分布且以西服、衬衫为主的区域,主要集中在从鄞州的东钱湖至石碶镇的鄞县大道一线和石碶镇至奉化江口镇的宁奉路一线,组成长约 15 公里的"L"形走廊。目前这里集聚了几十家具有相当规模和品牌效应的知名服装企业,这些企业的总产量占宁波服装总产量的 60% 以上,代表了宁波市服装业的主体。二是分散在象山、北仑、慈溪的以针织服装为主的服装企业。它们随着外资、外贸的发展而壮大,是一种建立在外向型经济基础上的服装产业集群。如宁波象山爵溪街道的针织产业集群,95% 以上的产品出口。笔者的调研就以这个长约 15 公里的"L"形走廊为核心展开,分三次选取了较有代表性的 170 家企业做了问卷和访谈。170 个样本企业的分工类型较为丰富,具体可见表 6-8。

表 6-8　宁波服装集群调研样本企业结构分布

分工类型	不同分工类型的企业数分布	比例/%
成衣制造商	111	65.29
印绣花厂	10	5.88
织布纱布经营商	14	8.24
服装印染(印刷)公司	4	2.35
各种面辅料经营企业	22	12.94
服装机械企业	5	2.94
服装服务业	4	2.35

　　根据调研,笔者发现雅戈尔等核心企业在产品研发、品牌建设、市场控制等方面已经深耕了数年,近期在金融危机的倒逼机制下,产业升级的步伐加快[①]。在雅戈尔的"三转"战略之中,首先是转型,其次就是转移。雅戈尔是推进转型和转移的成功例子。例如该企业研制的纯棉免烫精品衬衫如丝绸般光滑,打破了"穿棉要穿皱"的"定律",将时尚与高科技成功地融为一体。用最新工艺进行免烫处理,不仅能达到 4 级免烫效果,而且增加了衬衣的色泽亮度与饱和度。衬衫具有良好的抗皱耐久性,在水洗30 次后,成衣的免烫抗皱能力基本不受影响。该种衬衫经过处理后,在面料上不留任何树脂,经专家委员会鉴定,在健康环保等综合性能上处于国内领先、国际先进水平之列,是对人体无害的绿色产品,其环保参数明显优于国家标准。除了集群中的"大块

---

　　① 雅戈尔集团总裁李如成认为:"制造业是一个永恒的产业,对中国 13 亿人口的大国而言,制造业只有不断地升级、提升的要求,而没有淘汰的必要。"摘自内部材料:《中国制造之雅戈尔解读》。

头",笔者的调研还包括了中小型企业及微型企业,其总比重占到三分之一多(见表6-9)。笔者发现微型企业和小型企业广泛分布于宁波的集群内部,数量众多且很有活力,但资金实力不强,技术水平不高,经营模式多为基于接单(OEM)的外向型经济委托加工形式。

表 6-9 不同分工类型的企业规模(按照企业员工)分布

员工规模 /人数	微型企业 (≤20)	小型企业 (21—60)	中型企业 (61—120)	大型企业 (121—500)	巨型企业 (≥501)
企业数量/个	29	32	35	55	19
企业所占比例/%	17.06	18.82	20.59	32.35	11.18

在调研中,笔者还询问了集群中的企业资金运转情况(见表6-10),发现有资产担保情况下企业获得银行贷款的可能性大大提高。可以看出,集群内企业家向亲朋好友借款解决资金融通问题占到大多数(62.35%),说明社会资本对集群的发展至关重要。社会资本作为产业集群内企业长期互动形成的、基于网络关系的信任与合作的能力,使得聚集企业实现了单个分散企业无法实现的群体合作优势。当然很多企业不是选择一种融资方式,而是两种以上,如既有银行贷款,也注重自我积累,大企业尤其如此。在陌生地区,社会资本的匮乏也是为什么很多企业选择不进行产业转移的原因。尤其是小微企业,他们如果在当地没有亲戚朋友,基本不会选择去投资,因为企业规模"个头较小",使得他们在中西部承接产业转移政府的眼里往往"排不上号"。这说明产业承接地政府偏好大企业和著名企业。从理性角度看,这往往可以带来一大串企业落户,直接带动某个产业链的整体发展。

表 6-10　服装产业集群内企业的资金运转情况

解决资金途径	企业数/个	比例/%
向亲朋好友借	106	62.35
银行贷款	21	12.35
民营金融机构	16	9.42
自己积累	5	2.94
其他情况	22	12.94

　　对于劳动力的供给状况（见表 6-11 和表 6-12），笔者发现在宁波的外省员工比例很高，达到了 82.39%。外省来源的前 4 名为江西、安徽、四川和湖南。前两名紧邻浙江省的事实说明，地理的接近性是劳动力流动的一大考量，而四川、湖南等历来是外出打工大省，尤其是四川的农民工在长三角和珠三角分布广泛。笔者发现，员工工资已经突破 2 000 元，达到了 2 013 元，甚至调研中很多企业家说员工们拿到 3 000 元以上工资的不在少数。因为支付劳动力工资的形式以计件为主，占到近 60%，而固定工资的比例仅有 4% 左右。这一方面是为了激励员工加紧完成订单，提高产量；但另一方面也反映出企业给予基本普通员工的待遇不够稳定。总之，不管是横向比较还是纵向来看，宁波服装业员工工资水平的确已经比较高，这印证了劳动力成本上升的判断。

　　从企业家的视角看，由于新劳动合同法和政府相关部门的保护，员工有时候干几天就走了，过几天再来要钱。一般而言，为避免打官司，企业最后都会直接进行工资支付。调研中笔者发现很多中小企业应对"用工荒"的处境很不乐观，企业家担心很有可能出现"转移转不走，升级升不了，工资付不起"的尴尬情况。所以很多企业家选择别的行业去投资，如爆炒房地产或炒股等。长期看，这不利于产业集群的可持续发展。为此，很多大型企业进行生产基地内移以缓解劳动力成本上升的压力。如爱伊美集团在安徽庐江投资了一个新的生产基地,已经于 2011 年春节过后正式投产,其年产能可达 40 万件。中基外贸也把加工基地转移到了河南、安徽和江西等地①。

表 6-11 服装产业集群内企业的劳动力来源和平均工资

外省员工比例/%	82.39
员工来源前 4 名的省份	江西 安徽 四川 湖南
平均工资/元	2 013

表 6-12 服装产业集群内企业的劳动力工资形式

企业普通员工主要工资构成形式	企业数/个	所占比例/%
固定工资	6	3.53
固定工资＋计件工资(提成)	63	37.06
计件	101	59.41

6.2.3 调研样本企业的集群转移路径与模式

在宁波服装业集群发展过程中,已经有很多企业进行了区际产业转移,典型的如雅戈尔在重庆投资设立生产基地,杉杉也一度把企业总部搬迁到上海等。但据笔者的调研,发现选择转移的比例并不是太高(见表 6-13、表 6-14),实施转移的约有 15%,而有意愿进行转移的大约占 19.4%,80.59% 的企业没有转移的意愿。在这其中,中小企业尤其是微型企业的老板经常会反问我们说:"干吗要跑到那边去,这边有这么多服装业配套企业,多方便啊?"这印证了集群效应的存在,尤其是对中小企业而言,集群效应有较大的吸引力。在进行产业转移的区位选择中,令笔者意外的是选择在东部就近转移的最多,达到了三分之一,而到中部地区的约有 28%,还有很多企业选择到西部地区(20%)和境外(17%)设

---

① 《三率四价倒逼外贸升级转型》,《东南商报》,2011 年 3 月 4 日 A18 版。

立各种分支机构。这 4 个数字加起来超过了 100％,是因为有的企业对外转移的分支机构超过一家。另外,其转移的形式与动因也不止一个。比如雅戈尔集团公司,不但在我国西部重庆设有分厂,在海外也有生产基地,还在香港设立了营销中心等,当然还有在省内嵊州设立的新工厂①。

表 6-13　宁波服装集群的产业转移倾向

类型	没有打算产业转移的企业数	有产业转移意愿(含已转移)企业数	已经有产业转移企业数
数量	137	33	25
比例/%	80.59	19.41	14.71

表 6-14　宁波服装集群的产业转移区位选择

产业转移目的地	企业数	比例/%
东部	15	33.33
中部	13	28.89
西部	9	20
境外	8	17.77

　　最后,产业转移中的实践形式(见表 6-15)非常多样,包括最简单的设立办事处、同当地企业建立伙伴关系进行联合生产及设立生产基地或研发中心等。笔者发现转移形式采用最多的还是设销售中心或专卖店,占到了一半的比例。笔者认为这是因为服装虽然是一个劳动密集型的产业,但同时也是时尚产业。从综合比较优势演化的观点看,这个产业位于低端空间的产品往往处于供大于求的常态,销路的顺畅与否成为企业的核心竞争力所在,正所谓"得渠道者得天下"。而产品空间的高端区间则属于引领

----

　　① 《雅戈尔男装 30 亿打造嵊州新兴产业科技园》,东方财富网,http://guba.east-money.com/look,002036,4006373851.html.

潮流的时尚产业,这就需要采取专卖店等销售模式以提升身价并大力进行推广。这也印证了很多企业进行产业转移的一大目的是进行市场扩张。另外,设立生产基地的比例也接近30%,说明成本节约是企业进行产业转移的第二大动力。值得注意的是,研发中心的设立已经占到了一定的比例,这说明宁波服装业进行升级的步伐也是很快的,已经加大了对研发的投入。而产业转移的动因(表6-16)与其采取的产业转移形式密切相关,同样的最大比重是在市场开拓方面(占到51.5%),而生产成本的节约(15.2%)和政府优惠政策的利用(15.2%)也占到较大比重。但交通便利的重要性却没有得到相应的体现,仅占约6%。另外,获取技术的比例较低,说明东部属于高梯度地区,技术水平整体高于中西部地区,从而印证了产业转移中梯度的客观存在性。

表 6-15 宁波服装集群的产业转移形式

已经产业转移的实施形式	企业数量	比例/%
设立办事处	5	11.9
设生产基地或分公司	12	28.6
设销售中心或专卖店	21	50
只设研发中心	3	7.1
同当地建立合作伙伴	1	2.4

表 6-16 宁波服装集群的产业转移动因

产业转移的原因	企业数量	比例/%
开拓市场,扩大品牌知名度	17	51.5
区位和劳动力等降低了生产成本,获取生产优势,或产业链的完善	5	15.2
当地优惠政策	5	15.2
当地资源优势,交通便利	2	6
获取技术	2	6
其他	2	6

6.2.4　宁波服装产业集群战略升级研究

继"用工荒"之后,宁波服装企业又面临着新的人才瓶颈——中高级综合性品牌设计、运营人才十分紧缺。这种紧缺已影响到宁波服装产业的转型升级,亟待政府、行业协会和企业共同研究解决。宁波虽然是"中国服装名城",但目前宁波服装业的人才结构不合理,人才资源不丰富。笔者在调研中发现,在产品的高端空间,宁波服装企业主要缺少的是产品设计师、品牌总监、渠道总监等中高级人才。宁波服装业发展要突破目前的设计瓶颈,除了设计人才的培养外,更重要的是培育一种源自于区域文化底蕴的时尚氛围,而这恰恰是宁波最为欠缺的。宁波自古以商业为名,但时尚文化气息不浓。

现在的服装企业大多由乡镇企业发展而来,虽然随着企业规模的扩大,很多企业已开始注重企业文化的塑造,但与世界知名品牌所历经的上百年历程相比,宁波现代服饰文化内涵还是相较浅薄。甚至相比上海、杭州等有着雄厚文化基础的城市,宁波的城市时尚文化程度也相对落后。长期以来,宁波的服装企业主要是向外采购,通过多年的运作,已经形成稳固的采购链:高档面料大部分从意大利、日本、韩国等国进口,另一部分来自于国内各知名品牌面料;普通面料主要来自于江苏、山东、广东等地。事实上,最具增值功能的是服装设计环节,这是宁波服装产业链中最为薄弱的一环,也是宁波服装产业提升档次的核心与重点。

结合问卷调查的研究,笔者采用集群竞争力评价的新拓展理论——GEM(Groundings-Enterprises-Markets,基础—企业—市场)模型(见图6-2),分析了宁波服装的竞争力状况,发现宁波服装业发展仍存在资源基础不牢固、企业核心竞争力不足和市场开拓尤其是国际市场开拓不力的问题,急需进行战略升级。具体来讲,人才资源结构不合理,人才资源总体不丰富;作为文化、时尚产业,宁波的服饰文化底蕴不足,面料、辅料产业面临高档面料短缺、自主研发能力欠缺的问题,处于最为薄弱和相对落后地位的是服装设计领域,没有大师级的设计人员和相关团队。另外,宁波女装品牌缺少知名度,男装品牌亟待升级,在当前形势下还面临比较优势减弱、贸易壁垒增加的风险。

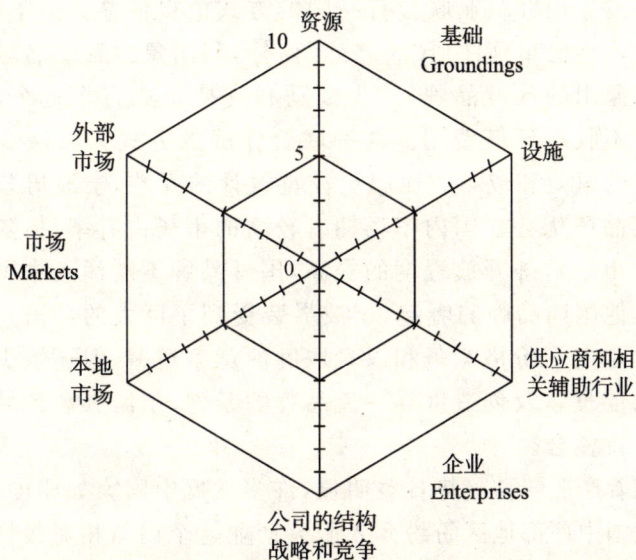

图 6-2　评价集群竞争力的 GEM 模型

(资料来源:杨静、杨建梅:《企业集群竞争力 GEM 模型与钻石模型的对比研究》,《科技进步与对策》,2003 年第 10 期。)

宁波大部分的服装制造业企业涵括价值链上中下游的诸多经营管理过程,包括生产性服务的提供,但宁波的现代生产性服务业跟不上工业经济的整体发展速度。生产性服务业发展的障碍主要在于由于现代服务业的产业特性和对国民经济系统的重要性而造成的各种行业壁垒。行业壁垒直接影响了当前的市场准入,包括规模要求、行业技术特征和服务业政策。其中,政策因素尤为重要。对现代生产服务业的行政垄断,是阻碍宁波目前和今后很长时期中现代服务业发展的根本原因。只有打破这些服务业的行政垄断,才能迎来生产性服务业的大发展。

后金融危机时代,正是贴牌企业摆脱出口依赖、拓展内需市场的良好契机。许多实力较弱的外贸企业期盼通过开拓国内市场来摆脱困境,但苦于找不到合适的内销渠道和经营模式。这方面宁波象山针织业联合打品牌的方式值得借鉴。据了解,象山针织协会已申请注册"象之恋"商标,利用象山针织名城的名气打造象山的区域品牌,并为鼓励和支持企业打出这个品牌,前两年不收取任何费用。这种联合作战的方式大大减少了中小企业的风险和成本。比起更注重设计的女装,宁波男装虽然凭借其品牌优势在国内市场拥有较高的市场占有率,但随着我国国内市场对外开放程度的提高,国外品牌不断涌入中国市场以及其他国内品牌的崛起,宁波男装受到了巨大的冲击。宁波服装业走向了价格竞争和以量取胜的竞争道路,但还缺少品牌提升的能量以及创造世界一流品牌的条件,宁波服装区域品牌亟待进行整合。

随着产业转移趋势日益明显,许多发展中国家如印度、越南以及我国中西部地区纷纷介入服装产业这个门槛相对较低的劳动密集型行业,不断抢占市场份额,对宁波很多从事外贸加工的服装制造企业带来了较大冲击。与此同时,土地资源约束、劳动力成本上升等因素使宁波服装产业集群的比较优势逐渐减弱,在产品价格上已经不占优势。适时推进低端环节产业转移,进行跨区域产业链协作是宁波服装产业持续发展的必由之路。构建跨区域的动态联盟可以促进集群企业整合外部资源、提高知识共享和知识创新及溢出效应,而集群内的生产性服务业企业需将培育创新的重点集中在自身核心能力建设上,一些非核心能力的环节则应依靠外部的动态联盟合作伙伴提供,如劳动密集型的部分生产环节。在物联网和虚拟经营的时代背景下,基于信息技术的虚拟联盟可以更好地优化集群生产布局,通过动态的产业链迁移实现产业集群的升级是极为必要的。

6.3 低端路径锁定与集群转移：温州鞋业案例[①]

作为温州支柱产业之一的皮鞋制造业，以产业集群的组织模式使本地企业嵌入全球价值链，成功融入了世界生产网络。但是，在新时期温州皮鞋产业集群面临价值链中企业空间转移的压力和低端路径锁定的挑战，急需进行战略升级。

6.3.1 温州皮鞋集群的历史演化过程

由于各种原因，温州在改革开放以前处于相对贫穷和落后的地位，人均投资额处于极低水平。但通过产业集群为基础的农村工业化发展，温州迅速崛起为国内最富有及民营经济最发达的城市之一。集群内部企业间的细密分工和外部合作，奠定了温州区域经济的特色产业集群的竞争优势。我国学者王缉慈通过实地调研，认为温州鞋业集群对区域经济发展作出了重要贡献，是成功嵌入全球价值链的典型乡镇企业集群的成功案例[②]。但她也强调在日益扁平化的全球经济竞争中，尤其是在后金融危机时期，各地的集群需要转型升级，而政府的政策要超越集群，培育地方创新环境成为关键[③]。温州区域经济的持续发展及其竞争力提升在很大程度上依赖于其主要产业集群的发展和转型升级。在 2007 年和 2008 年的全国百佳产业集群名单中，温州的产业集群就占到十分之一的名额，居全国各城市之首。其中一半左右是和鞋业相关的集群，如龙湾区的人造革产业集群、瑞安的休闲鞋产业集群及鹿城区的皮鞋产业集群

---

① 孙华平：《产业集群发展的路径锁定与升级对策》，《浙江万里学院学报》，2010 年第 3 期。

② 王缉慈：《创新的空间：企业集群与区域发展》，北京大学出版社，2001 年。

③ 王缉慈：《超越集群——中国产业集群的理论探索》，科学出版社，2010 年。

等。温州制鞋历史源远流长。温州鞋业"专业户"最早可追溯到南宋年间;明朝期间,温州鞋一直属于贡品之列。作为地方化的传统产业集群,温州皮鞋产业近些年获得了蓬勃发展,但也经历了起伏和曲折,可以说温州鞋业集群的发展历程是中国产业集群发展历史的一个缩影和典型代表。

在改革开放的初期,温州制鞋业开始有了快速发展,年产皮鞋量已超过300万双。到20世纪80年代末,温州皮鞋企业的数量急剧增加,一度超过6 000家,但由于快速发展的同时忽视了质量,重量不重质的问题慢慢出现了隐忧。大多数企业规模较小,生产的产品质量分布不均,部分属于"假冒伪劣"。杭州市中心武林广场上的一把熊熊大火烧掉了产自温州的5 000多双劣质皮鞋,这成为温州皮鞋产业发展的第一次低谷,同时也沉重打击了温州鞋业集群内的产业链上下游的相关配套企业,很多中小企业倒闭或破产。这次事件之后,"温州市鹿城鞋业协会"宣告成立,并成为我国皮鞋业第一个行业协会。1991年,温州市政府提出"质量立市"的发展战略。三年后,温州市政府采取了更为具体的举措,颁布并实施《温州质量立市实施办法》,此办法成为我国第一部质量立市的地方性法规。这些努力终于获得了回报,2001年,中国皮革协会和中国轻工业联合会正式命名温州为"中国鞋都"。这成为温州鞋业集群发展史上的一个重要里程碑,为其后温州鞋业的持续发展和转型升级奠定了坚实的基础。2006年,温州1 354家皮鞋企业鞋年产量12亿双,年产值超过500亿元,占国内市场1/3以上的份额,并远销100多个国家和地区。目前,我国每5双真皮名鞋中就有2双产自温州,温州还拥有50%以上的中国真皮标志企业。温州已成为品牌经济城市和我国先进制造业的重要生产基地之一,康奈鞋业等品牌企业成为"中国制造业内最具成长力的自主品牌企业"。

6.3.2 温州皮鞋集群的竞争优势与路径锁定

首先,温州皮鞋集群已显现"区域品牌"效应。区域品牌是加快浙江块状经济加速向现代产业集群转型、以更强有力的竞争力面对经济全球化挑战的有力武器。"区域品牌"效应使集群内每个企业都有收益。温州皮鞋已经获得了"中国真皮鞋王""中国驰名商标"等诸多荣誉称号。这一方面提升了"温州皮鞋"的产品品牌效应,另一方面也打造了"温州产品"这一区域品牌。其次,基于价值链的细密分工和合理布局。温州皮鞋集群内分工极为精细,一个完整的制鞋工艺链被划分为 7 段基本的生产流程以及几十种中间产品,包括鞋跟、鞋垫、皮革、拉链、布料、花边、标签及制鞋机械等。大多数企业仅集中该产业的某种中间产品或某一工序的生产,从而实现了成本节约和效率提升。

从空间分布看,温州制鞋业的相关企业主要集中于鹿城和瑞安等地。鹿城在制鞋方面以外销为主,而瑞安业已成为全国著名的休闲、注塑鞋生产加工基地。另外,温州已经形成了各种发达的专业市场,以至于制鞋企业的周围集聚着上千家的鞋底、鞋饰及皮革生产企业等,如鹿城河通桥鞋料市场、平阳水头的猪皮加工及交易市场等。此外还有众多的配套生产基地,如龙湾的合成革生产基地、永嘉黄田的鞋饰专业生产基地及乐清白石镇的鞋底生产基地等(如图 6-3 所示)。这种高度的灵活性鞋业生产体系形成了极为完善的配套产业链,使得各企业之间越来越精细的专业化分工在一定程度上分散了市场风险,由此形成了一个复杂的经济和社会关系网络。而由于品牌效应带来的相对稳定的集中顾客群则降低了设立新企业的投资风险,稳定的市场机会能够给投资和创业者带来源源不断的利润。而且这种分工协作通过市场选择有利于提高集群内上下游企业的工艺水平和创新能力。正是这种专业化的生产组织模式使得温州鞋业迅猛发展,成为全球制鞋业价值链的重要一环。

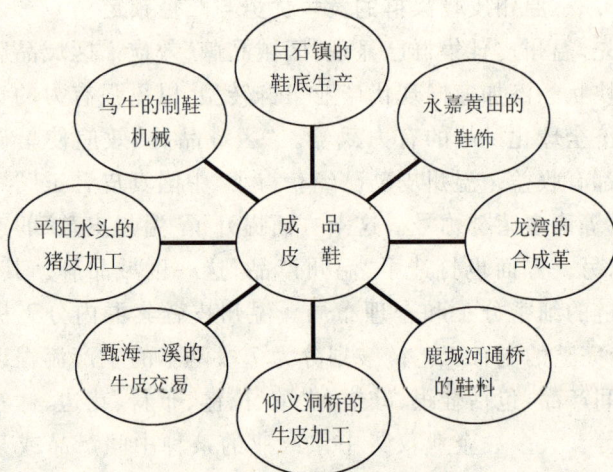

图 6-3   温州皮鞋产业集群的空间分工

改革开放 30 多年来,温州皮鞋集群虽然在嵌入全球价值链的发展过程中体现了较为强大的竞争力,但在新时期各种要素成本上升、产业转移趋势明显及商业环境剧烈变迁的背景下,其产业集群的转型和升级遭受了制度瓶颈和技术革新的制约。尤其是受金融危机的影响,目前无法顺利地完成价值链的升级,特别是功能升级,只能低端锁定在加工环节。集群企业由于在地理空间上临近,因而比集群外企业或机构更容易获取溢出效应和协同效应。多数企业不愿进行自主创新和研发,尤其是中小企业更是如此,所以集群内企业的技术和设计等模仿行为及"搭便车"行为盛行。这就使得集群内实施创新的企业难以回收巨额的创新或研发投资,正当收益得不到应有的保障,结果是集群内企业更加具有技术的依赖性,重挫了企业的创新积极性,进而影响了整个集群的创新能力和可持续发展。这样,整个集群就有可能锁定在低端生产环节而难以实现有效升级。

温州皮鞋产业集群已经出现了路径锁定的迹象。2008 年温州外销鞋比 2007 年减少了 800 万双。温州皮鞋产业集群的低端

Research on Mechanism of Industrial Relocation and Upgrading of Clusters

锁定还表现为集群发展与环境的不和谐。作为皮鞋用料的皮革的生产会破坏当地的生态环境,从而影响区域经济的可持续发展,如 2003 年水头制革基地的水污染事件被列为浙江九大严重污染环境案例及当年度全国十大环境违法典型案件之一。虽然政府和企业每年投入 1 亿多元治理污染,但仍然没有恢复到原有的生态标准,且造成了近 1 万多名工人失业。皮革产业集群的这种风险属于产业集群的结构风险,会影响到温州市整体经济社会的发展。另外,温州皮鞋产业集群中同一环节的众多企业基本上拥有几乎相同的生产技术和经营模式,也面临着同样的顾客群及市场,因此集群内企业间的过度竞争和无序竞争难以避免。这不仅会影响中小企业的盈利能力和发展空间,也削弱了有潜力的大企业的顺利成长,从而阻碍了集群竞争力的提升和集群的有效升级。

6.3.3　温州皮鞋集群路径锁定的原因及破解

首先,总体上看,温州鞋业集群处于全球价值链的低端环节,几乎没有定价权,获利能力有限。由于皮鞋业对成本较为敏感,总体上不属于创新型集群,故很多温州中小企业为了维护长久的OEM 客户关系,都直接或间接地接受了核心客户合资、合股的经营要求。然而,集群内企业间容易出现过度竞争,众多的产品易于模仿,但缺乏差异化竞争的优势,这就使得企业面对国际竞争时只能采取打价格战的方式开拓国际市场。长期的低价竞争使得温州皮鞋屡遭国际贸易摩擦的压制,如贸易配额和反倾销、反补贴等,一定程度上影响了温州皮鞋企业对外商的谈判力和出口效益。加之印度和越南等劳动成本更低国家和地区的挤压,温州鞋业集群的可持续发展和转型升级面临极为严峻的形势。

其次,温州发展鞋业集群的综合资源禀赋条件已难满足。据统计,温州人均耕地仅 0.02 公顷,2007 年以来可用于建设的土地只有 3 万多公顷。随着城市化进程的加快,温州市可用于工业发展的土地供应日趋减少。同时,温州多数皮鞋企业是家庭作坊或微型企业,企业老板的经营理念和管理水平较为粗放,高级人才流动性强,"民工荒"成为许多企业面临的一大难题,这些因素总体上制约了鞋业集群的可持续发展。

再次,产业集群升级的公共政策支持体系尚不完备。朱允卫和董美双认为产业集群升级的内涵与一般的产业升级不同,相比而言,产业集群更强调基于地方化的创新环境基础上在全球价值链中提升获取附加值的能力。故在实施促进产业集群升级的各种规划和发展战略时,一定要正确把握好产业支持政策和区域经济政策体系的协调问题①。从前述分析中可以看出,温州市各级政府对促进皮鞋产业集群的发展和质量提升都较为重视,并采取了很多相关的措施。但从总体上看,温州至今尚未有促进产业集群发展的单独专项规划,公共政策思路框架还不够明晰,扶持的措施还不够细化和到位,尚没有形成具备可操作性的政策扶持体系,如集群内公共服务平台的建立和支撑集群升级的生产性服务业发展政策等还是空白,亟须取得较大突破,以形成更完善的制度环境。

20世纪60年代以来,随着发达国家要素资源禀赋结构的演化,世界制鞋产业的生产区位经历了频繁的空间转移过程。虽然温州出现了一批国内知名的鞋业品牌和企业,但从全球价值链的视角来看,温州鞋业集群仍然缺乏对于上游各种标准制定、研发设计,以及下游品牌运营和营销物流系统的控制。随着温州等东部沿海地区对于传统产业承载能力的减弱,逐步实现我国区域经济的梯度产业转移是必然选择,而这对于扩大我国的内需并促进中西部的经济发展也会创造更大的机会。对我国东部的部分传统劳动密集型产业集群而言,转型升级的压力迫在眉睫。但各地方产业集群的升级不能仅仅依靠市场来解决,从系统论的角度

---

① 朱允卫、董美双:《基于全球价值链的温州鞋业集群升级研究》,《国际贸易问题》,2006年第10期。

看,需要各级政府、集群内企业以及各种中介组织机构的协同努力来共同实现。

具体而言,政府可联手本地企业吸引在外创业的温州人回乡创业,利用企业家们掌握的先进技术尤其是营销网络为当地产业升级助一臂之力。因为除了本土的价值创造以外,温州人在外创业的价值实现也是财富创造的环节。温州人在本土的价值创造不是很大,但是在价值实现这一部分,隐形的"温州人经济"绝不可小觑。

6.4　全球价值网与集群升级：绍兴纺织案例①

6.4.1　基于全球价值网的集群升级模式

产业集群由一连串上、中、下游企业以及其他分工协作的企业或机构组成。产业集群上中下游企业之间的相互配合和依存,共享了资源,降低了各企业的交易成本;地理邻近的相关企业和服务机构通过互动和合作组成产业技术创新的集成系统。产业集群的升级是一个复杂的动态演化过程,影响集群升级的因素也较为复杂。总体上看,目前的产业集群升级研究多基于竞争力视角和全球价值链模式,较少结合价值网来进行系统分析。本节以绍兴纺织产业集群为例,研究在全球价值网下传统产业纺织业如何转型升级,探析绍兴纺织产业集群所存在的问题,从而为绍兴纺织产业集群升级提供建设性的思路和对策,提升区域发展竞争力。产业集群升级主要体现在产业集群内企业获取高附加值能力的持续提升并拥有产品定价权及获得市场势力。

默瑟公司的 Adrian Slywotzky 在其著作 *Profit Zone* 中首次提出了价值网的概念。价值网的概念是对波特教授最先提出的

---

① 孙华平、谢子远、孙莹:《基于全球价值网的产业集群升级研究》,《华东经济管理》,2012 年第 5 期。

价值链概念的延伸和拓展①。Prahalad 和 Ramaswamy 提出了价值网的模型②（见图 6-4）。这一模型使用了价值创造的三个核心概念，即优越的顾客价值、核心能力和互动关系，而且这三者之间存在着极其复杂的互动关系。全球价值网是由产业链网中的企业基于价值链的相互协作和数字化网络所构成的动态网络，两者之间有着紧密的联系。从知识交换和产业集群升级的视角看，全球价值网是一个基于现代信息技术的知识交流和扩散的虚拟平台，是一种跨界合作的社会创新网络机制和平台，有利于推动知识溢出与企业创新发展。

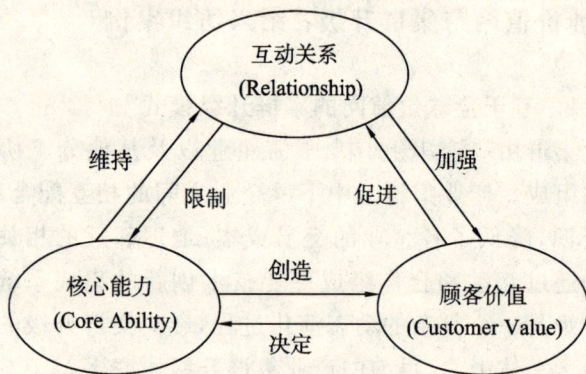

图 6-4　全球价值网模型

全球价值网是由供应商、客户、网内合作企业及其之间的信息流构成的动态网络。价值网是一个动态复杂的系统，是不断演变的企业网络和动态进化的企业内部网络所连接后形成的一种网络形态，具有自我调节和动态匹配的能力。互动关系、优越的顾客价值和核心能力三者之间的关系交融在整个价值网中，它们彼此相互影响，相互强化。由图 6-4 可知，不仅仅两两之间存在

① 张燕：《价值网——一种新的战略思维组合》，《价值工程》，2002 年第 2 期。

② Prahalad C K and Venkat R. The Future of Competition: Co-Creating Unique Value With Customers. Boston, Mass: Harvard Business School Press, 2004.

联系,而且三者之间也存在着正反馈。优越的顾客价值在整个体系中是核心也是起点,顾客价值的创造要求企业具有独特的核心能力,而企业核心能力的优化整合可使供应商等之间的相互关系更加紧密,创造出共同的顾客价值。优越的顾客价值反过来也可以加强相互间的合作竞争关系,牢固的关系网有利于提升核心能力,进一步维持企业的核心领导地位,从而有效地创造出更优越的顾客价值。三者之间的有效循环,体现了价值网的动态运行模式。

全球价值网的概念拓展和深化了原有价值链的范畴,它以全球化的视野,基于顾客的实际需求和偏好来构建一个基于数字化的相互协作的企业网状结构,并且所有参与者都创造价值。根据网络中链条驱动力的不同,全球价值网可分为生产者驱动型和购买者驱动型两种类型,而纺织服装产业是典型的购买商驱动的全球价值链网,其核心竞争力在于设计、品牌和营销。绍兴纺织产业集群作为我国最大的纺织生产基地和交易市场,成功嵌入全球价值网将会对其持续发展提供强劲动力。过度依赖劳动力成本优势不利于纺织工业的发展。目前,绍兴纺织业处于价值链的低端从属地位,在金融危机背景下,绍兴纺织产业集群应采取积极的国际化发展路径,打造集群区域品牌,加速企业创新策略,到海外拓展市场。

6.4.2　绍兴纺织产业集群升级的条件分析

绍兴地处长江三角洲南翼,东接宁波港,西邻杭州湾。从秦汉到明清以来,绍兴一直是中国南方区域性的政治、经济、文化中心之一,素有"丝绸之府"的美誉。依托传统的纺织产业和 20 世纪 90 年代的无梭化纺机革命,绍兴形成了以化纤、纺织、织造、印染、服装行业为优势的纺织产业集群。近年来绍兴纺织业发展迅速,主要纺织产品产量和经济技术指标都有大幅度增长(见表6-17),经济社会呈现又好又快的发展态势。位于柯桥的中国轻纺城已成为全国面料市场的"晴雨表",2011 年市场群全年成交额达到 889.29 亿元,同比增长约 12%,其中纺织面料市场成交额为 488.43 亿元,同比增长 11.35%,成为全国规模最大、设备最齐全、经营品种最多的纺织品集散地,也是亚洲最大的纺织专业市场,具有较强的辐射力。全市现有纺织单位 5 万余家,从业人员约 60 万人,其中纺织企业 3 200 余家,从业人员 38 万人。但在全球金融危机二次探底的背景下,近几年来纺织业主要产品产量的发展虽然是呈上升趋势,但增长率显然也是跌宕起伏,从表 6-17 中可以明显看出,不同产品的增长率有较大差异。

表 6-17　近年绍兴市工业主要产品产量

	布/亿米	印染布/亿米	纱/万吨	服装/亿件
2007 年	35.98	155.73	29.89	5.98
比上年增长/%	14	11.3	21	18.9
2008 年	46.48	164.22	37.68	6.23
比上年增长/%	29.2	5.5	26.1	4.2
2009 年	48.38	175.74	50.33	5.94
比上年增长/%	4	7	33.6	−4.7
2010 年	53.19	202.33	41.64	6.83
比上年增长/%	9.94	15.1	−17.3	14.98

(资料来源:《绍兴统计年鉴(2007—2011)》。)

随着经济社会的不断发展和科技水平的日益进步,绍兴纺织产业集群已经成为我国纺织业开拓国内外市场的生产和创新基地。2008 年以来,在席卷全球的金融危机影响下,世界经济格局与市场发展环境发生了一定的变化,与此同时,我国的外需格局与内需市场也开始面临新的挑战和机遇。但受全球金融危机的影响,绍兴纺织业受到了严重的冲击,一些小微企业纷纷倒闭,一些大中型企业也步履维艰。纺织业是一个传统的劳动密集型产业,而且是个以采购商为驱动力的全球商品链。面对日趋激烈的国内和国际竞争,绍兴的纺织产业集群迫切需要转型升级。除了企业自身要进行产品、功能升级并实施市场多元化和品牌战略外,政府也要做好引导政策。行业协会也应发挥组织协调作用,在集群升级中发挥重要的中介和桥梁作用。

近几年绍兴纺织业进出口总额稳定增长,对外贸易增长快速。纺织出口产品以纺织纱线织物及制品为主,纺织业外贸依存度高达74%,表明纺织业在绍兴外向型经济中占有主导地位。2005年绍兴进出口额首次突破百亿美元,比2004年增长21.1%,其中纺织品出口额58.34亿美元,同比增长18.8%,占出口总量的71.7%[①]。2007年外贸总额192.95亿美元,同比增长38.3%,其中纺织服装出口90.44亿美元,同比增长28.0%。由于金融危机的冲击,2008年成为绍兴经济最困难的一年,外贸行业受到严重威胁,纺织进出口总体实力趋缓,下降了近50%。2009年上半年绍兴市外贸进出口仍然呈负增长态势。据统计,2011年绍兴全市纺织服装出口173亿美元,占全市出口的比重为66.6%。尽管近年来绍兴市外贸行业发展态势逐渐好转,大量的订单也不断地回流,但是,与省内其他纺织服装外贸大市如宁波拥有"雅戈尔""杉杉"等成衣品牌相比,绍兴至今还没有一家叫得响的著名服饰品牌,转型升级迫在眉睫。下面对绍兴纺织产业集群升级进行SWOT分析。

(1)绍兴纺织产业集群的优势分析

首先,绍兴纺织产业链配套完善,区位优势明显。2011年纺织业产值超过1 500亿元,印染布年产量占全国30%,绍兴已成为全球知名的"纺织之都",纺织品贸易额约占全球的25%。目前,绍兴拥有亚洲最大的轻纺市场和完整的产业链,已形成了上游的聚酯、化纤,中游的织造,下游的服装服饰等这样一条完整的产业链。与国内其他一些纺织业发达地区相比,绍兴所处的杭州

---

① 绍兴市统计局网站,http://www.sxstats.gov.cn/tjgb/2008-11-02/1426.htm。

湾南岸属于经济发展条件较好的长三角地区,又毗邻宁波和上海两大国际良港,具备了国际化发展的基础和客观条件。同时,绍兴纺织业拥有一大批纺织熟练工,专业化水平较高,凭借着一流的设备,可以使制造业成本相对较低,能在国际竞争中脱颖而出。

其次,绍兴纺织业集群效应明显,综合成本优势显著。中国轻纺城现已拥有中国轻纺城东升路市场、现代化的联合市场、全球化的国际贸易区、专业化的钱清轻纺原料市场和正在规划建设的柯北新市场为主体的"南北中西"四大市场。市场的规模效应集聚了大量的海内外客商,并带动了周边的金融、保险、餐饮等服务性产业的发展和开发,实现了市场规模集群化。众多纺织企业集聚在柯桥,共同利用各种基础设施、服务设施及公共信息资源,节省了能源、原材料、运费和交易成本,使得产业集群专业化分工协作更加高效,各企业间联系更加紧密。由于绍兴纺织业集群效应明显,商务部授权其发布"中国柯桥纺织指数"并构建市场信息数据库,从而逐步形成了影响广泛的纺织品定价体系,拥有了行业"话语权"。

再次,绍兴纺织业集群外向度高,特色显著。其突出表现为纺织品外贸市场活跃,纺织品外销率达到 35%,交易量也稳步增加。绍兴纺织产业集群内有创意产业基地和中国轻纺城等大型的专业化市场,汇聚了来自全国各地的商户 2 万余家,并有常驻境外代表机构近 300 家,形成了"产业+创意+市场"的区域特色优势。在历年的广交会上,绍兴中小纺织企业的态度都很积极,有大批纺织企业报名参加,包括很多面料企业等。随着绍兴纺织产业的不断壮大,绍兴市建立了包括"网上轻纺城"在内的一系列国际电子商务平台,接轨现代贸易,打造网上市场,助推绍兴纺织业集群国际化的进一步发展和区域经济的转型升级。

(2)绍兴纺织产业集群所处的劣势

经过 30 多年的发展,绍兴纺织业也累积了一些素质性的问题。产业要升级,内部结构的提升是关键因素。影响绍兴纺织产业升级的制约因素主要表现在以下几个方面：

首先，总体上产品结构分布不合理，大多以中低档产品为主，高档产品比重较低。绍兴纺织面料品种单一，主要以化纤为主，产品档次不高，附加值低；普通服装面料多，产业用与装饰用织物品种少；技术含量低，缺乏竞争力，在国际市场上往往遇到发达国家设置的贸易壁垒；织造方式以梭织为主，高档次、个性化、差异化面料少，直接影响绍兴纺织主导产品的竞争力。而且，近些年来我国劳动力成本一路走高，已失去了劳动力成本的相对优势。

其次，当前纺织企业缺乏应用型高素质人才，创新能力欠缺。企业的 R&D 投入不足，只有 16% 的企业研发投入占销售收入的比重达到 3% 以上。绍兴纺织企业大多由乡镇企业发展而来，现在虽已引进了一些先进设备，但企业内部还是缺乏管理水平高、市场开拓能力强等复合型专业技术人员来为之开创新思路、设计新产品。根据浙江省科学技术厅所作的科技进步统计监测结果显示：绍兴市科技进步规模综合发展低于全省水平，位居第六位；高新技术产业增加值增长 28.6%，增幅列全省第八位；人才资源数增长 10.5%，增幅列各市末位。另外，绍兴纺织产业集群网络内还没有与高水平的大学、科研机构等建立长期稳定的紧密合作与联系，互动性不足，缺少相应的技术支持。

再次，绍兴纺织企业竞争手段单一，以低价竞争为主，品牌优势不足，且嵌入国际市场的层次不高。调研显示，经营户对外投资占总资产的 5.2%，企业境外投资占总资产的 24%，境外投资企业占企业总数的 13.5%。绍兴纺织行业协会的功能有待完善。随着纺织品配额的取消，一些发达国家设置了技术壁垒、反倾销壁垒等隐蔽性很强的非关税壁垒，严重阻碍绍兴纺织品的出口。而这时相关行业协会本应发挥重要作用却没有充分尽到责任，应诉国际反倾销能力较弱。原因就在于纺织协会等组织的协调工作还未形成有效的长效机制，知识产权管理等方面的能力有待进一步提高。

（3）绍兴纺织产业集群发展面临的机遇

全球金融危机袭来，绍兴纺织产业集群转型升级存在着隐性的机遇和显性的挑战，机遇大于挑战。

首先，社会经济水平的提高使得人们对纺织品的需求增加。我国已经开始进入全面小康社会建设阶段，2011 年绍兴市 GDP 位于浙江省杭州、宁波、温州之后名列第四。绍兴县实现 GDP920 亿元，户籍人均 GDP 已接近 2 万美元，为浙江各县和县级市第一。在国内经济增长和城市化推进的同时，人民对于衣着、家纺等消费质量和品位的要求也随之上升，中央还专项拨款给纺织业用于提高技术含量和建立自主品牌。据相关专家分析，国内纺织品服装消费市场未来 5 年将保持 20％以上的增长速度。

其次，长三角区域经济的一体化加速了绍兴纺织业的国际化进程。绍兴处在长三角经济圈核心地带，占有极好的区位优势，长江三角洲的招商引资承接着国际产业转移，也带动了周边地区如绍兴等城市的经济发展。绍兴 2010 年举办的中国柯桥国际纺织品博览会吸引了广大的外商采购，实现成交额 33.59 亿元，比上届增长 7.7％，入场专业采购商 18 193 人，比上届增长 50.3％，积极促进了绍兴纺织业和会展业的蓬勃发展。

再次，中国纺织工业协会和绍兴市政府为纺织业发展提供全力支持。中国纺织产业集群要向依靠创新驱动转变，建立更加完善的市场经济秩序，积极发展循环经济和低碳经济，力图实现环境友好型、集约型组织方式的方向转变。对绍兴而言，应创造氛围积极倡导创新和流行时尚，使绍兴成为亚洲的时尚纺织之都。地方政府也出台了一系列的政策，如 2009 年 4 月出台了《加快纺织产业集群升级行动计划》，目标是将绍兴打造成国际性纺织制造中心、国际性纺织贸易中心和国际性纺织创意中心，全力支持绍兴纺织产业集群转型发展。绍兴各级政府正积极培育优良的外部环境，并引导纺织产业集群动态升级。

（4）绍兴纺织产业集群发展面临的挑战

首先，国际环境存在诸多不确定因素，竞争日益激烈。自2005年开始取消纺织品配额后，原以为中国纺织业形势会有所好转，但随着经济全球化步伐的加快，国际市场竞争却更加激烈。2008年爆发的金融危机涉及范围极广，严重冲击了我国纺织产品的出口，外加汇率的因素，外商的产品订单减少。据海关统计，2008年1月至10月我国进口棉花186.6万吨，价值31.1亿美元，分别比2007年同期下降8.3%和增长10.1%；进口平均价格1 667美元/吨，上涨20%。目前我国纺织业三分之二企业的利润率只有约0.6%，不少企业面临倒闭风险。

其次，国际贸易保护主义抬头。中国加入WTO之后，贸易配额逐步取消，但一些发达国家为了维护本国的经济利益而设置一些非关税壁垒，认定我国低价出口纺织品是倾销行为而被征收反倾销税，遏制我国纺织品出口。国外较强经济实体所采取的特保措施和软条款，严重制约了绍兴的纺织品出口，对其构成了严峻的威胁。

再次，国内纺织品市场竞争也逐渐加剧。中国纺织工业协会颁布了一些纺织产业集群升级的试点，有江西、辽宁、安徽、河南等地。这些地区的纺织业发展迅速，加之劳动力成本较低，使绍兴纺织业竞争压力进一步加大。另外，已经在国内外有一定知名度的宁波等地的纺织服装业，也给绍兴纺织业发展造成了很大的压力。

6.4.3 基于全球价值网的纺织产业集群升级路径

持续创新的产业集群本质上是一个功能耦合的复杂企业网络，产业集群的升级需要集群内企业间的相互协作和集群所在地政府等与企业之间的紧密联系，并进行有效整合以提高集群的整体竞争力。既要靠企业自身的努力，也要有政府和行业协会等的扶持，共同作用，才能实现最终目标。从全球价值网的角度出发，通过对绍兴纺织产业集群升级发展的条件分析，我们认为促进绍

兴纺织产业集群转型升级,应牢牢抓住机遇,积极面对威胁,战胜挑战。绍兴纺织产业集群转型升级应从三个方向展开:

增强核心能力。利用互联网等新技术,全力推进信息化建设,积极有效地运用"网上轻纺城"和"全球纺织网"的商务平台进行网络营销创新,使生产者和消费者互动创造价值。深化专业化分工协作。行业协会可通过公共服务平台方便企业间资源的共享,以信息的规模共享效应全面加速绍兴纺织业的国际化步伐,使绍兴纺织产业遍布于世界每个角落。实施企业集团化和市场品牌战略。加大行业产品设计和市场开拓的力度,培育区域品牌,强化品牌意识。实施品牌战略可以提高纺织产品的附加值,与跨国公司建立友好合作伙伴关系,引进先进技术,消化吸收,创立属于绍兴自己的品牌,优化资源配置,提升产品的质量和档次,打造全球价值网。同时,实施"走出去"战略,将中国轻纺城推向世界,开辟多元化市场。对于国际上的不稳定形势格局,企业应该密切关注,及时调整经营战略。只有不断创新,才能保持纺织产业集群的活力。

加强互动关系。注重集群内企业的专业化分工,积极拓宽上下游产业链,合理调整产业内部结构,注重产业链上各行业的配套,引导和协调产业上下游的互补互动交流并使其融为一体,充分利用垂直整合的效率实施联合创新。加强纺织业的前道工序原料的新产品开发,也加强后道工序成品服装的功能化、个性化发展,建立一条融现代织造、印染为一体的先进制造体系,使其发展成为技术密集型产业,以强化绍兴纺织产业集群网络整体综合竞争实力。利用绍兴自身的区位优势,充分融入长三角区域的经济圈,促进中国轻纺城东升路市场、中国轻纺城联合市场、中国轻纺城国际贸易区和专业化的钱清轻纺原料市场的分工协作和整个行业的高度整合,促使每个企业发挥比较优势,增强竞争优势。

专注于顾客价值创造,适应并引导顾客需求。集群应沿着"微笑曲线"由制造环节向研发、设计和品牌管理等两端环节延伸,从市场的中低端领域向高端领域发展,开发新产品、新工艺,走出低端世界。应引进高技术人才,优化纺织品产业结构,发挥绍兴纺织产业的集群效应和品牌效应,提高产品竞争力。目前,绍兴劳动力成本和纺织产品的生产成本都在逐年提高,在产品价格上已经不占优势。若一如既往单纯做贴牌生产,接受国外低附加值、低利润的加工订单,生产和发展都将受到限制。因此,企业应改变过去低附加值的 OEM 模式,进行产业设计和研发形成 ODM 格局,最终发展为 OBM 模式,创新打造出自己的品牌。产品升级是产业升级的基础和灵魂。绍兴纺织产业是典型的劳动密集型产业,产品向来是以中低档、低附加值为主,因此要加强产品研发能力,培育设计创新能力,提高产品的附加值和竞争力。政府应制定系统的鼓励政策,一方面鼓励企业积极进行自主创新,提高产品档次,同时也要引导企业与大学、科研院所密切地交流与联系,加大资金投入,促进产学研的有机协同。只有通过逐步的产品升级、工艺流程升级和功能升级,才能实现在全球价值网系统中的动态升级。

7 集群式产业转移与升级的实证研究

　　本章首先分析中国集群式产业转移与升级的整体态势,然后基于对典型省份浙江 69 个县(市、区)的计量实证分析,来验证前面几章关于集群式产业转移与升级的理论框架和理论推导命题的真伪。随着服务经济和绿色经济时代的到来,通过区域间集群式产业转移发挥大国市场的规模效应,实现我国各地尤其是东部地区产业集群的转型升级迫在眉睫。促进产业集群转型与升级的关键是改变区域发展的要素结构,而最根本的途径是通过各种方式获得区域的稀缺要素,形成异质性要素优势。一个区域的竞争优势不仅体现在某个特定产业或某项特定产品上,而且更多地体现在同一产业的价值链中和同一产品的价值链各个环节或工序上。东部发达地区的产业集群应由传统的加工组装向先进制造及生产性服务业拓展,积极承接国际服务业转移。

　　由于生产性服务业的辐射半径大于传统制造业,笔者认为,当前我国东部沿海地区应当积极构建以服务经济为主的产业结构,并大力发展以生态经济和知识经济为基础的绿色经济。服务经济中的主导产业多为绿色产业。而绿色经济是今后一个时期世界产业结构调整的主导力量和推动经济复苏的新引擎。美、欧、日、韩等国家和地区纷纷提出了"低碳绿色增长战略"。发展绿色经济已经成为越来越多的国家克服金融危机、抢占未来发展制高点的重要战略取向。发展绿色经济要求我国根据环境容量和循环经济要求调整优化产业结构,大力发展高附加值、低污染、低能耗、体现自主创新能力的绿色产业,加快形成节约能源资源和保护生态环境的产业结构和经济发展方式。

7.1 中国产业转移和集群升级的整体态势

随着经济全球化的发展和产业分工的不断深化和细化,国际分工格局开始了新的变化,产业转移所涉及的产业组织和技术联系呈现出一系列新的特点。首先,由产业间分工向产业内分工以及产业链网分工转化,项目外包成为降低固定投入成本和实现全球范围内资源优化配置的有效方式,以纵向分离和协调为重要特征的全球生产网络已经逐渐形成。跨国公司发挥其社会化协作程度高和横向联系广的优势,主动引导和带动相关行业的投资,鼓励为其配套的生产服务企业和供应商一同到东道国投资,在当地发展配套产业并建立关联产业群,实现零部件生产供应的本地化,从而将产业链条整体转移到发展中国家或地区。其次,发达国家制造业研发活动表现出加速转移趋势。目前全球 500 强企业中已有 480 多家在中国投资设立了子公司或分支企业,跨国公司在中国设立研发中心约 1 000 家。据联合国贸发会议的研究,中国已经成为全球跨国公司海外研发的首选地,有高达 61.8%的跨国公司将中国作为其 2005 年至 2009 年海外研发基地的首选。再者,服务业和高新技术产业成为转移热点。随着发达国家产业结构的转型升级,制造业的大规模转移已经接近尾声,服务业则逐渐成为产业转移的新热点,占跨国直接投资的比重已高达50%以上。2008 年全球离岸服务外包市场规模达 4 650 亿美元;未来 5 至 10 年,全球服务外包市场将以 30%至 40%的速度递增。

7.1.1 中国集群式产业转移的趋势与影响因素

当前,我国产业集群的 80%左右主要集中在东部地区,而中西部地区的产业集群尚处于培育期①。但东部的产业集群在全

---

① 刘世锦:《中国产业集群发展报告 2007—2008》,中国发展出版社,2008 年。

球金融危机的冲击下面临外需萎缩的巨大压力,亟待进行转型升级。不过近几年产业转移中一个值得注意的现象是出现所谓"反方向转移"。一些服装企业将自己的研发中心、营销中心、公司总部从不发达地区向发达地区甚至是向发达国家转移。国内承接这种转移比较集中的大型城市有上海、北京、广州、杭州、南京等。这些大型城市流行资讯发达,科研力量雄厚,拥有完善的金融、物流、营销等现代服务业体系,城市规划也逐渐呈现出总部经济特征。以上海为例,近几年集聚了纺织控股、美特斯邦威等知名企业,以及东华大学、上海纺织科学研究院等专业院校和科研机构。还有众多创业园区正在积极推动服装产业向时尚产业发展,并沿着微笑曲线的产业链向研发、营销等产业高端延伸。众多知名品牌,包括"杉杉""森马""七匹狼""波司登""伟志""梦舒雅"等,都把营销、研发、物流中心迁移到了上海。

从微观企业迁移的历史角度看,中国企业迁移经历了单一行政搬迁时期、境外迁入为主时期、内外资迁移并重时期和企业迁移加速时期四个阶段[①]。每个阶段都有其特征,改革开放前的企业迁移往往是计划经济的体制和政治任务,而且和国防备战的三线建设结合紧密。自改革开放以来,我国沿海经济一直保持着高速增长的态势。尤其是珠三角、长三角等沿海地区迅速成为中国经济国际化和外向化程度最高的地区,成为引领我国经济发展的重要增长极。但随着近年来东部地区产业结构进入调整与升级阶段,沿海地区原有的体制优势、政策优势、地缘优势和成本优势在不断趋于弱化,集群的竞争优势随着环境的变化也会渐渐丧失。当前,我国的产业转移往往是由于企业内部交易成本上升或国家政策的调整、劳动力和土地价格上涨以及环境污染规制、市场需求变化等。特别是要素成本的全面上涨,沿海地区这种以高度消耗资源、高度依赖出口市场、处于产业链低端、价低量大为基

---

① 魏后凯:《沿海经济向哪里转型》,《浙江经济》,2009 年第 15 期。

本特征,主要依靠低成本、低价格获取竞争优势的传统发展模式受到了越来越严峻的挑战。

当前东部沿海经济已经到了全面转型升级的新阶段。人口老龄化、"高级技工荒"、能源资源短缺、土地空间狭小、环境承载力严重透支已成为东部地区发展的瓶颈。大量劳动密集型、资源型产业开始向我国的中西部地区转移。在这一新阶段,沿海地区将同时面临经济转型和产业升级两大任务。实现这种转型升级将是一个长期的过程,需要十几年甚至几十年的时间。这样就需要中央和各级地方政府共同努力,加快推进沿海经济的转型升级,从根本上摆脱目前沿海经济面临的困境。在金融危机和经济全球化背景下,区域产业转移有利于生产的专业化分工,可以避免地区产业同构以及重复建设等问题。但是,区域间市场化进程的差异阻碍着区域间产业转移。

从发展趋势看,在今后一段时期内,中国的企业迁移将会进一步加速,并呈现出日趋多元化的趋势。我国区域产业发展差异较大,即便同样是在东部地区,产业转移的规模、方式和流向都有很大差异。从转移地区看,移出地主要集中在珠三角、长三角及环渤海地区。以产业转移典型省份广东为例,到 2008 年 6 月,全省已建设了 24 个产业转移园,并累计实现产值 64.7 亿元,吸纳 4.6 万个劳动力就业,其中本地劳动力 2.36 万人,实现利税 5.19 亿元[1]。移入地则比较普遍,东中西部地区均有,相比较而言,靠近东部地区的中部区域更有区位优势。如湖北省 2009 年承接沿海产业转移项目 2 332 个,实际到位资金达到 1 120 亿元,承接转移产业态势整体趋好[2]。但有些学者发现目前东部地区产业向

---

[1] 朱坚真、周映萍:《我国东部向中部地区产业转移的态势、问题与建议》,《江南大学学报(人文社会科学版)》,2009 年第 6 期。

[2] 引自:浙商网,"产业转移:想象与现实",2010-9-21,http: // biz. zjol. com. cn/ 05biz/system/2010/09/21/016949012. shtml。

中西部地区大规模转移现象并未出现①。他们认为,原因在于中国东部与中西部地区在市场环境、产业管理制度等方面的悬殊差距,从而使得东部向中西部地区产业转移的推力小于阻力,因而这种区际转移目前还尚未大规模地发生。

影响中国企业迁移的决定因素是多方面的,它是企业内在因素以及外部资源禀赋、成本差异、环境变迁、政府政策、企业间相互依赖等因素综合作用的结果。提升区域产业竞争力,实现城乡一体化和各种要素资源的区域优化配置是制定相应的产业转移政策的出发点,而企业对区域投资环境的满意与否是影响企业迁移的最基本因素。区域产业转移并不意味着东部沿海产业集群的削弱。以照明产业为例,一方面,沿海地区仍然是广大照明企业的总部所在地,他们的核心力量仍然集中在这里。另一方面,沿海地区也是产业转移的对象。2009 年以来,三安光电在天津投资 10 亿元建设照明产业基地,欧普照明在苏州投资 10 亿元建设园林化工厂,宁波燎原投资 5 亿元在青岛建设照明产业基地,等等。从中可以看到,沿海地区的制造业并没有出现真正的"空心化",而是在进行产业结构升级。由于沿海地区的产业政策要求,它们把一些低端产业转移到内地,而面向它们的产业转移往往是以高新技术和高附加值的产业为主,所以东部的产业集群在巩固提升,而非削弱。

7.1.2　中国集群式产业转移的区域与产业特征

中国各区域经济地理条件和社会文化传统差异极大,导致区际产业转移和承接的情况很不相同。改革开放后,中国企业的市场化迁移活动日益频繁,迁移方向主要是下行流迁移,迁移方式以扩张性外迁为主,具有距离衰减特征,行业分布和目标区域呈现多元化。截至目前,从全国的层面看,区域产业转移尚未出现

---

① 刘嗣明、童欢、徐慧:《中国区际产业转移的困境寻源与对策探究》,《经济评论》,2007 年第 6 期。

大面积的跨行政区发展态势,省内转移仍是主流。比如进入 21
世纪,浙江省推出"山海协作"工程,力图让杭州、宁波等地的产业
转移到相对落后的金丽衢等浙西南地区,以实现区域间协调发
展,共同致富;苏南企业首选到苏北开发;而在广东省"双转移"政
策的推动下,粤南地区产业慢慢向粤北和东西两翼发展。这说明
区域产业转移的流向遵循距离衰减规律,大部分是就近转移。以
产业转移活动最频繁的浙江省为例,上海市系浙江企业在外注册
资金最多的省市。我国各区域的生产率差异为集群转移提供了
条件,见表 7-1。

表 7-1　各区域 2000—2007 年全要素生产率增长率和贡献率①

%

	地区	产出(总产值)	资本	劳动	中间投入	TFP
平均增长率	华南沿海	22.51	14.07	12.87	18.81	4.60
	华东沿海	23.84	18.17	11.59	20.17	4.38
	华北沿海	24.28	14.77	5.26	20.95	5.60
	东北地区	19.74	8.08	−0.05	15.82	5.46
	中部地区	22.98	12.32	2.00	19.86	6.17
	西部地区	21.38	10.34	1.05	18.76	4.13
平均贡献率	华南沿海	100.00	1.88	5.21	72.47	20.45
	华东沿海	100.00	1.75	2.96	76.91	18.37
	华北沿海	100.00	2.01	1.84	73.09	23.06
	东北地区	100.00	0.74	0.02	71.63	27.65
	中部地区	100.00	2.09	0.87	70.20	26.84
	西部地区	100.00	0.58	0.30	79.82	19.30

① 蔡昉、王德文、曲玥:《中国产业升级的大国雁阵模型分析》,《经济研究》,2009 年第 9 期。

根据蔡昉等的计算,发现沿海地区的产出增长率仍然高于东北地区和中西部地区,资本、劳动和中间投入的增长率在沿海地区都高于东北和中西部,但其 TFP 增长速度相对较慢,意味着沿海地区通过创新推动和产业升级,从而转变经济发展方式的绩效滞后于综合比较优势变化的要求,这显示出沿海地区产业集群升级的迫切性。

另外,由于产业特性等的原因,并不是所有的产业都会进行区域或国际转移。总体上看,除了采掘业等产业外,国民经济中的第二产业受到自然条件的限制较小。而中国的产业梯度是沿着东、中、西这个梯次顺序依次递减的,所以,一般而言,最终大多数制造业类的生产环节都要从东至中,从中至西地转移。尤其是劳动密集型的制衣、制鞋、玩具等产业会较早地进行区际空间转移,因为它们都是成本敏感性的行业。而服务业和农业由于自身产业的特点,很少会发生这种模式的区域转移。从目前发生的区域绝对产业转移的行业来看,主要是一些盈利率较低和高污染、高能耗的行业及劳动力密集型产业,如服装、制鞋及部分电子和家电等低端制造业;另外就是传统的处于衰退中的一些行业,如纺织业、橡胶加工、化工等。还有一些资源型产业,如水泥、陶瓷等建材产业,涂料、油漆等石化产业下游产品的行业,有色金属合金冶炼或压铸产品等有色金属工业,这些产业往往有接近原料原产地的内在要求,因而转向自然资源丰富的中西部地区进行生产有其合理性。

7.1.3　中国集群式产业转移与升级中存在的问题

在产业转移和集群升级过程中,东部地区的中小企业和微型企业面临着许多困难。东部沿海地区转型由于面临环保制度和减排指标的约束很难获得相应的产业转移政策的支持与照顾,很多企业转向房地产、金融投资等领域进行多元化发展,传统制造业正面临着越来越严重的空心化现象。从长期看,这会影响到产业经济系统的良性循环,降低区域经济竞争力。珠三角地区是典型的外资推动型发展模式,这是区别于其他地区发展模式的最大特点。随着百年一遇全球经济危机的负面影响逐步加深,作为中国主要出口贸易加工区之一的珠三角地区出口开始回落,在各种要素成本上涨的压力下,很多劳动密集型企业被迫把生产基地转移到低成本的地区,也有部分企业因为转移粘性较大而采取了限产、压产、歇业等不得已的办法。再以温州为例,劳动密集型的鞋革、灯具、纽扣、塑编、服装等行业近年来都呈现出行业的群体性迁移倾向。温州市打火机产业集群鼎盛时有1 000多家企业,产量占全国90%以上,但如今只剩下100家左右。因此,整体上看,东部沿海地区必须在实施产业转移的同时努力促进产业集群的升级,否则会影响企业竞争力和区域经济的可持续发展。

因为统计资料中尚没有我国省际间清晰、连续的贸易和直接投资数据,故目前难以采用直接的指标或计量方法分析我国各区域间准确的产业转移的规模和结构分布。我国学者冯根福等用相对比较的方法(见表7-2)衡量了区域相对产业转移,分析了区域产业转移的总体趋势和特征。他们研究发现:在20世纪90年代至2000年期间,东部地区产业转到中部地区的产业数比转到西部地区的产业数要多。但在随后的六七年间,东部地区转往西部地区的产业数超过了中部地区近一半。这显示出于20世纪末实施的国家西部大开发政策增强了西部地区的投资吸引力,政策对企业产业转移的流向决策影响力巨大。

表 7-2　各地区各行业增加值占比和相对产业转移状况①

%

行业	东部	1993年东	2000年东	2006年东	中部	1993年中	2000年中	2006年中	西部	1993年西	2000年西	2006年西
纺织业	↑	73.4	75.8	82.2	+/-	16.1	16.7	11.7	↓	10.4	7.55	6.06
纺织服装业	↑	82	86.9	91.9	↓	13.1	10.1	7.02	↓	4.9	2.98	1.06
食品加工业	↑	48.7	56.6	57.2	+/-	28.3	28.4	25.9	-/+	23	15.1	16.9
食品制造业	+/-	63.3	68.3	58.4	-/+	21.8	21.7	25.9	-/+	14.9	9.97	15.8
造纸业	↑	58.1	68.9	74	↓	26.8	20.5	18.6	↓	15.1	10.5	7.48
烟草制造业	↑	26.4	28.5	39.5	-/+	28	25.5	27.1	+/-	45.7	46	33.4
金属制品业	↑	68.7	83.4	85.5	↓	18.7	10.7	10.2	↓	12.5	5.53	4.31
煤炭开采业	+/-	31	34.3	29.2	-/+	50.2	49	49.2	-/+	18.8	16.7	21.7
非金属矿制品业	↑	56.7	60.2	62	+/-	25.2	25.6	25.4	↓	18.2	14.2	12.6
黑色金属矿采业	-/+	59.3	58.6	58.7	+/-	21.1	21	23	-/+	19.6	13.4	18.3
有色金属矿采业	↑	30.5	32.6	23	-/+	29.9	29.1	32	-/+	39.6	38.3	45
非金属矿采业	↓	61	54.5	49	↑	21	25.9	30.9	↑	18	19	20.1
电力机械制造业	↑	74.2	82.1	83.9	↓	16.1	12.7	10.7	-/+	9.69	5.18	5.42
电力热力供应业	+/-	43.7	64.5	55.4	-/+	32.1	20.4	23.3	-/+	24.1	15.1	21.2
石油开采业	+/-	33.9	40.9	38.5	↓	51.7	41.8	32.7	↑	14.4	17.3	28.9
石油炼焦业	↓	68.2	63.1	61.6	+/-	24.6	27	25.5	↑	7.22	10.3	12.9

---

①　冯根福、刘志勇、蒋文定:《我国东中西部地区间工业产业转移的趋势、特征及形成原因分析》,《当代经济科学》,2010 年第 2 期。

续表

行业	东部	1993年东	2000年东	2006年东	中部	1993年中	2000年中	2006年中	西部	1993年西	2000年西	2006年西
饮料制造业	↓	53.8	53.7	48.2	-+	25.3	23.3	23.5	↑	20.9	22.9	28.4
有色金属冶炼业	-+	43.3	37.9	41.1	↑	24.6	30.9	31.5	↓	32	31.1	27.4
黑色金属冶炼业	↑	57.4	61.9	66.1	↓	25.2	22.1	20.1	↓	17.4	15.9	13.8
化学原料制造业	↑	61.9	66.6	70.3	↓	22.8	19.7	16.4	↓	15.2	13.7	13.3
化学纤维制造业	↑	82.6	83.6	85	↓	11.3	11.2	10.9	↓	6.14	5.06	4.06
普通机械制造业	↑	64.7	76	78.3	↓	19.7	14.9	13.6	↓	15.5	9.08	8.01
交通设备制造业	↑	54	56.3	61.2	↓	30.7	30.4	24.9	-+	15.4	13.3	13.9
专用设备制造业	+-	65.4	72.5	69.6	↓	22.4	20	19.8	-+	12.2	7.5	10.6
电子通讯产业	↑	78.6	88.1	93.5	↓	8.21	4.93	3.46	↓	13.2	6.93	3.09
医药制造业	↓	60.1	56.6	56.5	↑	25.1	25.2	25.3	↑	14.8	18.2	18.3
仪器仪表制造业	↑	74	84.2	86.4	↓	12.2	8.52	8.22	↓	13.7	7.3	5.39

　　总体上看,我国中西部地区在承接区域产业转移中存在的突出问题有:

　　(1)产业链配套不完整。产业配套能力是个关键性的因素。通过在产业转出地宁波的调研发现:浙江的企业特别注重产业上下游的配套能力。只有良好的产业配套能力,才能有效降低生产成本,增强产品的市场竞争力,而中西部在这方面尚面临较大的挑战。以笔者调研的安徽繁昌县服装产业为例,很多企业需要的原材料都需要从江苏等地采购;而使用的面辅料要到广州、福建等地采购,这无疑增加了企业的运输成本与交易成本。与此同时,中西部地区许多都是山区,交通不便利,这就使得服装企业的交通运费与运营成本加大。

（2）缺少熟练工人，劳动生产率低。目前内地的工资水平很难吸引在东南沿海地区打工的熟练工人返乡就业，而在当地招募的工人技术水平不高。部分企业在当地招收工人进行培训，但是培训完成后往往出现很大的人员流失，给日常生产带来中间工序的断档；而技术工人的频繁更换，不能保证工艺的统一延续，进而会影响到产品质量的稳定。目前，西部的纺织服装行业普通技工断层、高级技工短缺的问题十分突出，使部分企业陷入"有订单、无技工"的窘境。另外，培训费用无论对企业还是对地方政府来说都是一笔不小的负担。在到西部投资建厂的纺织服装企业越来越多的情况下，"高级技工荒"短期内不可能有较大的改善。

（3）投资环境尚不完善，非市场因素影响大，政策稳定性不强。笔者在调研中发现，大企业特别关注"政策稳定性"。与东南沿海省区相比，目前西部地区投资软环境有待提升。在中西部省份各地加大招商引资力度的同时，存在招商时盲目承诺，招商后承诺难以兑现的现象。中西部地区政府和东南沿海地区政府相比，在开放理念、对企业支持程度以及行政效率上都有较大差距。

市场化取向的经济改革是我国经济运行制度变迁的重要内容，也是30多年来经济增长的重要推动力之一。受经济基础薄弱、思想观念陈旧、市场意识薄弱的影响，我国中西部地区市场化改革进程相对滞后。所以总体上看，部分转移到中西部的产业适应性不够好，总体绩效和盈利率反而不如在东部。另外，产业集群中的企业是转型升级的主体和关键所在。很多企业反映，到一个地方投资往往一开始受到热情接待，但过了一段时间，很多利益相关部门如环保、税务等就开始"吃拿卡要"。如何充分调动企业在区域产业转移和集群升级中的主动性、积极性，是推动产业转移和集群升级的核心问题与关键环节。在调研中笔者得知，区际产业转移在我国总体上还处在起步阶段。随着经济的发展，一些沿海发达地区的产业向其他区域转移的规模将进一步扩大。

7.2　集群式产业转移与升级实证分析：基于浙江 69 个县的面板数据

实现动态均衡的包容性发展是解决我国区域不平衡问题的关键。目前,我国东部沿海相对发达地区的各级政府和相关企业正在顺应产业转移的趋势,积极推动实现产业集群的有效升级,而集群式产业转移必然要引起生产要素在区域间的流动。随着各种要素成本的上升,向周边欠发达地区和省份转移出部分低端传统制造业或价值链中的加工制造环节,既可以促进产业承接地区经济的发展,同时,我国东部沿海发达地区又可以发展生产性服务业以支撑企业向价值链中高附加值环节发展。但基于劳动力池、产业链协作和知识溢出的集群效应及沉没成本的存在,增加了集群式产业转移的粘性,在经济全球化和区际产业转移不断加强的背景下,我国东部沿海发达地区产业集群核心竞争力提升的重要抓手之一,就是培育和产生更多具有创造力的创意产品,产业集群转型与升级的实际效果与影响因素值得深入探索。

那么到底区际产业转移与产业集群升级的互动影响如何?除了逻辑分析及典型案例的探讨,还需要更深入的实证研究。因为目前没有相关的统计资料,直接度量集群式产业转移的具体数字具有一定的困难,而且我们的分析更关注为何现实中没发生大规模的产业转移,因而我们将沿着对这一问题的逻辑顺延分析,也就是通过对产业转移的粘性的度量和分析来考虑其实证影响。这样做的目的一是和现实中我们观察到的情况更为吻合,同时也是更多考虑产业转出地产业升级的需要。我们想知道,到底目前的集群式产业转移粘性问题对东部地区的集群发展是有利的,还是已经出现了明显的负效应?

具体而言,因为浙江是我国集群式产业转移最典型的省份,故本节以我国东部沿海发达地区浙江省为例,计量实证分析产业转移与产业集群升级的互动影响。笔者通过对浙江省 69 个县（市、区）①1991—2009 年面板数据的计量经济实证分析产业转移与产业集群升级的互动影响。研究表明：工业化程度和产业转移粘性对产业集群升级具有显著影响，而经济服务化的程度尤其是生产性服务业的发展对产业集群升级的影响不甚显著。未来浙江、广东等东部地区应该大力发展生产性服务业，如物流、金融、营销控制系统及文化创意产业等，尤其是服务外包产业，以支持东部区域产业集群的持续、有效升级。

相比于服务业而言，制造业转移的主要路径是跨区域投资，而贸易型产业转移则是服务业转移的主要路径，契约型产业转移则是制造业转移和服务业转移都在使用的产业转移路径。不过，目前而言，我国区际产业转移中服务业转移较少，制造业转移仍然占主流。这一方面源于我国服务业发展水平较低，另外也由于服务业尤其是生产性服务业的辐射半径一般较大，所以从路径上说，我国区域产业转移以投资型产业转移为主，这一点我们从浙商在全国的投资布局中可以看得非常清楚。限于资料获取的困难，笔者找到的是 2005—2006 年浙商对外省的投资分布情况，如图 7-1 所示。

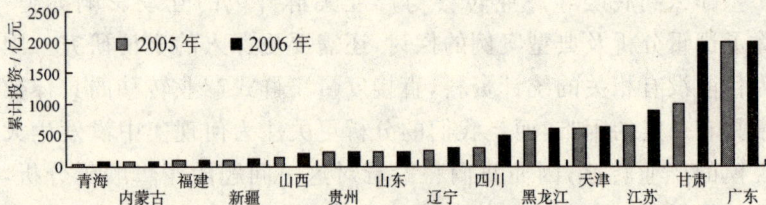

图 7-1　2005—2006 年浙商在外省累计投资分布

（注：数据来自《2005—2006 浙商投资分析及投资环境评估报告》，港澳台和西藏的数据暂缺。）

---

① 由于行政区划的变动，很多县市区的统计数据口径不一致，笔者在此根据数据的可得性将变为区管辖的原来的县域数据加总到市辖区中，通过这样的处理，我们得到 69 个县（市、区）的面板数据。

可以看出,浙江企业家产业转移的范围已经遍布全国,其产业转移的累计规模与浙江省 2005 年 GDP(13 365 亿元)规模相当。另外,产业转移方式呈现多渠道、广泛性的特点。除了原有的直接投资和各种股权投资外,间接投资和非股权投资越来越多,这在房地产投资领域的表现最为明显,国内有名的温州炒房团等都属于这种方式。但是由于过度热衷房地产投资以及随之而来的投资商运营环境欠佳,加之产业转移粘性的影响,导致浙江产业升级较为缓慢,经济发展出现了"空心化"和产业低端路径锁定的隐忧。据学者陈建军计算的数据显示,浙江占长三角经济比重自 2003 年 33.43% 的峰值以来已经持续下降,工业增速也持续下滑,2001—2008 年,浙江的经济增速从全国第 6 位跌至第 22 位[①]。浙江急需发展以生产性服务业为核心的现代服务业,努力促进"块状经济"向现代产业集群转型升级。

7.2.1 变量设计与实证模型选择

产业在空间上的规模化集聚及逐步扩散均是在国家相关的产业发展战略和区域经济发展战略之下,依靠市场的力量,并通过政府的一系列政策措施来实现的。事实上,产业集聚的形成,在很大程度上也是产业分工和区域产业转移的结果。笔者在前面章节已经从企业微观选址的角度分析了集群产生和区域转移的演化过程,可以看出,产业集聚与产业转移的互动构成具有正反馈效应的经济动力系统。笔者认为经济发展模式的转变最终会体现在产业结构的优化与升级上。在产业转移过程中,原有产业集群内的企业会根据比较优势原则对相应的产品链和服务链等进行全球化或区域性的优化配置,形成合理的区域价值链分工和产业空间布局。一般而言,产业链的空间协作能够促使产业转出地原有的产业结构实现优化和升级,相应的,通过外部的垂直

---

① 引自 21 世纪网:《浙商舌战地产"黑洞论"》,2011 - 3 - 1,http://www.21cbh.com/htlul/2011-3-1/10MDAwMDIyMZA10Q-2/html.

分工或水平分工,吸引相关的服务机构,生产性服务业会蓬勃发展起来,以致形成配套更为完善的经济群落。而且服务业的大发展一般与城市化的进程协同演进,从而可以在更大的辐射半径内集聚科技创新能量,提高产业集群的竞争力,促使其实现转型升级并拉动区域经济可持续发展。

产业转移的影响效应既包括对转入地的效应,也包括对转出地的效应;既包括产业转移的正效应,也包括产业转移的负效应。已有的研究对于产业转移对转入地的正效应研究较多,如:资源利用和要素转移效应、观念更新和制度改善效应等。鉴于本书重点研究区域产业转移对转出地的影响,故以典型转出地浙江省为例来进行分析。产业转移对产业集群的影响包括宏观效应和微观效应:宏观效应是改变了区域地理环境从而对产业集群产生重要影响,包括通过促进区域产业结构调整、促进区域产业分工与合作等;微观效应主要是改变了劳动力就业的空间分布从而对产业集群的持续发展产生影响。当然不管是宏观效应还是微观效应的影响都有可能是正面的,也有可能是负面的。就正面影响而言,产业转移的效应主要是要素整合与产业升级效应,不仅会使转出地自身的结构优化和内部空间联系有机化,而且会优化转入地的产业结构,从而强化转出地与转入地之间的外部联系。

从理论预期上看,产业转移对浙江省产业集群的质量与功能升级具有积极的促进作用。但是基于浙江省产业集群的发展实际,结合前述的调研数据和案例分析,笔者认为,在现阶段浙江产业转移粘性明显,一定意义上导致产业集群低端锁定和升级困难,不过理论分析中既有导致产业转移粘性的集群效应(其影响为正向),也有导致产业转移粘性的沉没成本效应(其影响为负向)。所以最终的影响到底是正还是负,还需要我们用更严谨的、更多的实证研究来证明。本节将利用 1991—2009 年浙江省县级面板的相关数据检验这一推断。

产业集群的质量与功能升级需要创新来实现。而相关研究表明,目前对创新的测量尚没有一个统一的理想方法,包括科技投入、研发费用或专利及新产品数量等在内的各种公开数据是目前对创新的实证研究中应用最广泛的[①]。虽然这些指标远谈不上完美,但因为数据的可得性和及时性而被学者们纷纷采用。而产业升级的实证研究更是面临度量的难题,因为其含义较为广阔,且产业集群升级又包含了地理纬度,更增加了测量的难度。在此,笔者借鉴创新领域实证研究的通行方法,用专利授予量作为创新的代理变量,从而间接度量集群升级的长期潜力和现实基础。

未来世界的竞争是以知识产权为基础的创新竞争,知识产权是一个企业发展,乃至一个国家或区域持续繁荣的战略性要素和核心竞争力源泉,是增强自主创新能力的重要支撑和掌握发展主动权的关键性因素。实施知识产权战略是建设创新型国家和实施自主创新战略的重要保障,其核心任务是促进创新发展,培育自主知识产权。我国的专利包含外观设计、发明和实用新型三种,外观设计主要是指对产品的外形、图案及色彩的结合等所作出的富有美感并适于工业应用的新设计。发明主要是对产品、方法或者其改进所提出的新的技术方案。而实用新型,是指对产品的形状、构造或者对两者结合所提出的适合于实用的新方案。

就专利的三个方面内容而言,包含了笔者最关注的创意设计这一块,在实践中,生产性服务业的诸多业务属于设计领域。日本政府在经济泡沫破灭后确立了"设计兴国"的战略,从而大大提升了日本产业的"软实力"。要改变我国产业集群"世界加工厂"的低端定位,日本的创意设计兴国之路非常值得我们认真学习和研究。应当说,产业集群的成功升级最终会落实在产品的创新上,所以从理论上来看,以新产品数量来度量升级较为合理。但通过在浙江各地的实际调研,笔者体会到以新产品数量作为指标来分析集群升级,在统计上不一定准确,因为大量模仿产品与新

---

① Polenske K R:《创新经济地理》,高等教育出版社,2009 年。

产品的概念与界限是模糊的。而科技投入和研发费用属于投入，产出效果却不确定。由于专利具有相对的客观性，保护期限都在10年以上，其审核程序和标准有一定的权威性。因此笔者认为专利授予量是代表集群升级长期趋势与潜力的合适指标。

根据已有的理论文献及浙江省的实际情况，笔者选取可能影响产业集群升级的自变量为：生产性服务业发展水平、工业化程度及产业转移粘性作为待考察因素，并以人口密度（人/平方公里）、人均GDP（元）和利用FDI（万美元）额为控制变量，运用计量经济学模型筛选出对集群升级影响较大的因素，并以各个变量的标准化系数来确定各个影响因素的相对重要性。相关变量详细定义见表7-3。

表 7-3　相关变量定义表

变量名	变量的含义
ZLL	因变量，专利授予量
FAM	因变量，发明专利授予量
SYX	因变量，实用新型专利授予量
WGS	因变量，外观设计专利授予量
GUZ	核心自变量，各县年末固定资产净值
DKY	自变量，金融机构年末贷款余额
TLQ	自变量，铁路运输量
GLU	自变量，公路运输量
SLU	自变量，水路运输量
ECB	自变量，第二产业比例
FDI	控制变量，利用外资额
RGDP	控制变量，人均国民生产总值
RM	控制变量，人口密度

索洛认为,一个经济学模型的核心就是一组行为规则,即对于一个经济变量的运动同另一些非经济的变量之间关系的一组说明。根据前面的理论分析和推导,本节建立计量经济模型如下:

$$ZLL_{it}(FAM_{it}, SYX_{it}, WGS_{it}) =$$
$$\beta_0 + \beta_1 FDI_{it} + \beta_2 RM_{it} + \beta_3 RGDP_{it} + \beta_4 TLQ_{it}(GLU_{it}, SLU_{it}) +$$
$$\beta_5 DKY_{it} + \beta_6 GUZ_{it} + \beta_7 ECB_{it} + u_{it} + v_t \qquad (7\text{-}1)$$

面板数据是同时在时间序列及截面空间上获取的二维数据。面板数据模型作为一种新的计量经济研究方法,具有数据量大,模型设定更合理的优点,提高了自由度和有效性;其样本参数的估计比截面数据模型和时间序列模型更准确,而且提供了更多的样本信息,降低了经济变量间的多重共线性,具有更高的估计效率[①]。另外,相比于横截面数据,面板数据还可以研究个体的动态行为,如个体异质性在某持续期间内是否存在序列相关等。故笔者选用面板数据进行回归估计,但没有采用逐步回归法,因为这种模型如果一开始排除了应加入的变量会犯遗漏相关变量的错误,并带来严重的后果[②]。为避免或减少异方差的影响,首先笔者对非比例变量进行取对数处理,因为对数据取对数不会改变时间序列的性质和相互之间的关系。故回归方程表示为:

$$\ln ZLL_{it}(FAM_{it}, SYX_{it}, WGS_{it}) = \beta_0 + \beta_1 \ln FDI_{it} + \beta_2 \ln RM_{it} +$$
$$\beta_3 \ln RGDP_{it} + \beta_4 \ln TLQ_{it}(GLU_{it}, SLU_{it}) +$$
$$\beta_5 \ln DKY_{it} + \beta_6 \ln GUZ_{it} + \beta_7 ECB_{it} + u_{it} + v_t \qquad (7\text{-}2)$$

面板数据模型通常有 3 种,即混合估计模型、固定效应模型和随机效应模型。在模型选择时尤其需要对固定效应模型和随机效应模型的适用性进行检验,最常用的检验方法就是豪斯曼检验。豪斯曼检验是基于 OLS 和 2SLS 估计值的比较判断其差异是否在统计上显著。对面板数据而言,不论固定效应还是随机效

---

① 张晓峒:《应用数量经济学》,机械工业出版社,2009 年。

② 因此,古扎拉蒂认为实证建模必须以理论为指导,否则容易陷入死胡同。

应都是随机的,都是概括了那些没有观测到的、不随时间而变化的、但影响被解释变量的因素(尤其当截面个体比较多的时候,这种假设是比较合理的)。非观测效应究竟应假设为固定效应还是随机效应,关键看这部分不随时间变化的非观测效应对应的因素是否与模型中控制的观测到的解释变量相关,如果这个效应与可观测的解释变量不相关,则这个效应成为随机效应。这也正是Hausman 设定检验所需要检验的假说。

因此,在采用面板数据的实证研究中,需要利用 Hausman 统计量和 F 统计量检验模型的选择。H 统计量用于检验应建立随机效应模型还是固定效应模型;而 F 统计量则用于检验应建立混合模型还是固定效应模型[①]。其中:

F 统计量定义为:

$$F = \frac{\dfrac{(FSS_r - RSS_u)}{m}}{\dfrac{RSS_u}{(T-k)}} \tag{7-3}$$

其中 RSS_r 代表约束模型的残差平方和,而 RSS_u 则为非约束模型的残差平方和,F 统计量服从自由度为 $(m, T-k)$ 的 F 分布,即有:$F \sim F(m, T-k)$。原假设为:模型中不同个体的截距项相同,若计算出的 F 值大于临界值,则拒绝原假设,应建立个体固定效应模型。Hausman 统计量:

$$H \frac{(\hat{\theta} - \dot{\theta})^2}{\hat{s}^2 - \dot{s}^2} \sim \chi^2(1) \tag{7-4}$$

在原假设(个体效应与解释变量无关,或理解为所有解释变量都是外生的)成立的条件下,渐进服从 $\chi^2(m)$ 分布。若用样本计算的统计量值不大于临界值,则应建立个体随机效应模型。

当然,具体采用什么模型,还要结合经济理论含义和研究者

---

① 张晓峒:《应用数量经济学》,机械工业出版社,2009 年。

的研究目的。根据笔者的数据结构特征和本章特针对浙江省内的集群式产业转移这个固定的研究对象而言,笔者直接选取固定效应模型也是比较合适的。严谨的实证流程要求做豪斯曼检验,因为直接用固定效应模型可能会损失一部分自由度,但文章后面的检验结果证实我们采用固定效应模型通过了豪斯曼检验,这也能够符合笔者的初衷和理论研究的目的。

7.2.2 数据来源与变量的描述统计

因为目前还没有针对各地产业集群的时间序列统计数据,又由于浙江的产业集群多数属于"一县一品"的发展特点,鉴于数据的可得性,笔者在本节利用浙江分县的统计数据来进行集群式产业转移粘性的实证分析和检验。其中,工业化程度用第二产业比例来度量,与张存菊及苗建军等学者采用固定资产度量产业转移粘性不同[1],笔者用固定资产净值(单位是亿元)来表示产业转移的粘性,因为只有固定资产投资之后并产生经济效益一段时间以后才会变为沉没成本,故固定资产净值作为度量产业转移粘性的指标更合适。另外,由于没有 1991 年的直接数据,笔者把统计年鉴中3 个分项(集体、全民和其他)的固定资产净值相加而得;由于缺少杭州市 2008 年的数据,笔者用前后跨度的两个年份的平均数来替代。而生产性服务业的实证数据[2]则由较为典型的物流和金融业发展指标来代表,其中以历年度贷款余额(亿元)来度量金融活动的规模和发展水平,而对于物流业,笔者采用了铁路运量(万吨)、公路运量(万吨)和水路运量(万吨)3 种指标分别来测度它们的影响。

以上所有数据均为 1991—2009 年浙江省各县(市、区)的相关数据,数据摘自《浙江统计年鉴 1992—2010》。2000 年及之后的专利数

---

① 张存菊、苗建军:《基于 Panel-data 的区际产业转移粘性分析》,《软科学》,2010 年第 1 期。

② 服务业的统计问题一直是个世界性难题,而生产性服务业的统计范围亦未得到公认的界定,根据金融业和物流业的产业特性,笔者认为,把二者作为典型的生产性服务业是较为合适的。

据来自浙江省知识产权局网站 http://www.zjpat.gov.cn;而 1999 年
及之前的专利数据来自国家知识产权局网站 http://search.sipo.
gov.cn。笔者对其他缺失值的处理如下:统计年鉴中缺失了 1991—
1992 年分县(市辖区)的第二产业国内生产总值的数值,笔者用工
业总产值与工农业总产值的比重代表第二产业的比重;统计年鉴
中缺失的 1992 年部分县的工业总产值,笔者采用插值法以 1991
年与 1993 年的平均值代替;同样由于缺失 2006 年义乌的 FDI 和
公路货运量等变量的数据,笔者亦采用平均插值法代替。另外,
由于年鉴中没有 1993—1995 年的贷款余额数据,笔者以存款余
额代替。经过以上数据处理,共计得到各变量有效样本点均为
1 311 个。

　　表 7-4 是对各定义变量的描述统计分析。另外,为把握关键
变量的趋势和相互关系,笔者通过 sunflower 图分析本文重点关
注的核心自变量产业转移粘性与度量集群升级的核心指标发明
专利之间的走势,并以我国入世为拐点,分为前后两个阶段,见图
7-2、图 7-3 和图 7-4。可以看出,核心变量之间具有较高的相关
性,而且在入世后,关键变量之间的相关度显著提高。

表 7-4　变量的描述统计

变量	样本量	均值	标准差	最小值	最大值
ZLL	1311	240. 223 5	688. 239 2	0	12 285
FAM	1311	14. 604 12	97. 840 15	0	2 400
SYX	1311	90. 092 3	273. 435 5	0	4 770
WGS	1311	135. 527 8	380. 732	0	5 115
DKY	1311	145. 264 6	610. 101 8	0. 151 6	12 147. 35
GUZ	1311	57. 908 11	151. 004 3	0. 3149	2 127. 02
TLQ	1311	37. 374 1	136. 398 5	0	2 221. 4
SLU	1311	351. 765 8	752. 231 1	0	8 279
ECB	1311	0. 535 173 1	0. 130 024 7	0. 166 666 7	0. 979 445 2

续表

变量	样本量	均值	标准差	最小值	最大值
FDI	1311	5 848.454	21 012.81	0	355 179
GLU	1311	819.585 4	1 248.595	0	12 821
RGDP	1311	16 117.06	16 889.48	627.267 8	287 033.9
RM	1311	504.947 5	287.635 3	47.498 56	1 795.304

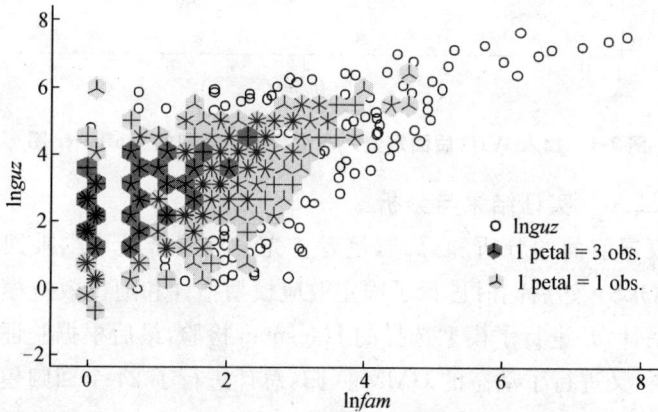

图 7-2　固定资产净值与发明专利的 sunflower 图

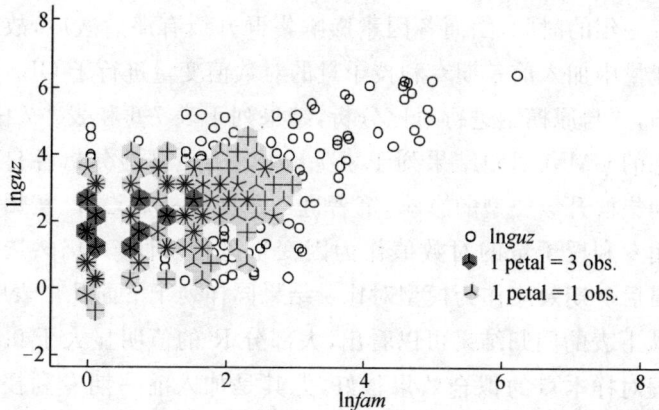

图 7-3　加入 WTO 前固定资产净值与发明专利的 sunflower 图

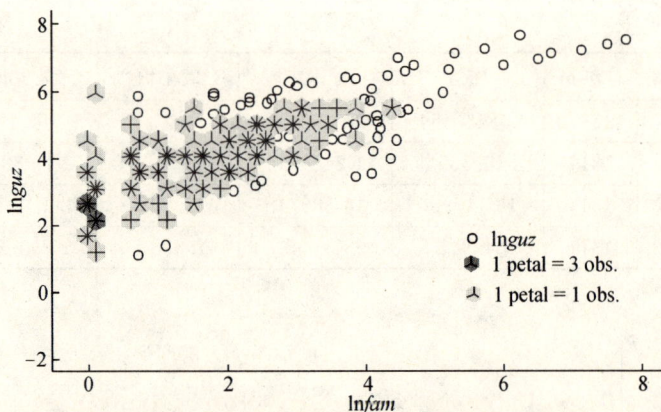

图 7-4　加入 WTO 后固定资产净值与发明专利的 sunflower 图

7.2.3　实证结果与分析

根据前面的分析和总结,笔者首先采用混合最小二乘回归分析法(OLS),然后同时进行了固定效应模型估计和随机效应模型的 GLS 估计,并进行了模型选择的 Hausman 检验,最后根据验证理论的需要,又进行了动态的 GMM 回归,总计进行了 24 个回归模型分析。具体而言,首先把总的专利授予量作为因变量进行了回归分析,结果列于表 7-5 中。由于在现实中从专利申请到授予专利一般需要近一年的时间,因而各因素影响集群升级有滞后效应,故笔者在自变量中加入前一期专利授予量的对数值变量进行了 GLS 估计的回归,并与原模型进行对比分析,结果列于表 7-6 和表 7-7 中,最后动态的 GMM 回归结果列于表 7-8 中。为更好地分析各自变量对不同集群升级类型的影响,笔者进一步使用外观设计、实用新型和发明专利授予量的对数值作为因变量进行了回归,仍然选择各自的滞后一期效应作为模型对比。结果同样列于下面几个表中。

从下表的回归结果可以看出,大部分 R^2 的值明显大于 0.7,说明方程对样本点的拟合效果很好,尤其是加入前一期专利授予量的对数值变量后,回归结果明显更优于原模型,包括 R^2 和调整的

R^2 都比原来的数值要大,模型的解释力增强,说明专利申请影响的滞后效应较为明显。其中由贷款余额表征的金融服务业发展水平给集群的动态升级带来了活力,具有显著的正向作用,这也印证了金融是经济的核心。但这种正向作用在动态 GMM 模型中并不显著,甚至对发明专利的影响是负面的,说明金融发展对专利申请尤其是发明专利只能起到短期的促进作用,且影响效应边际递减。

在代表物流业发展的指标中,除公路运量外均体现为显著的负面影响,尤其是水路运量。不过,在滞后期情况下包括在 GMM 模型中,铁路与水路运量的影响也是负的居多。这说明浙江物流业的发展瓶颈成为集群升级的重要制约因素。从铁路投资的角度看,浙江由于长期处于备战前线,国家投资一直较少,非常典型的如民营经济非常发达的台州市直到 2009 年才刚刚开通火车,这说明铁路运输服务业制约了浙江产业集群的进一步升级。与此相类似,江苏沿海地区的经济发展一直也是尴尬至极。据统计,江苏省沿海地带每平方公里的国内生产总值仅是广东省沿海地带的 1/6,山东省沿海的 1/5,浙江省沿海的 1/4。目前,江苏进一步发展面临的劳动力、土地和资源环境等硬约束日益加剧,但同时江苏坐拥近千公里的海岸线,超过 1 000 万亩的沿海滩涂,且沿海地区人口密度仅为江苏全省的 1/2。江苏沿海区域发展上升为国家战略后,包括港口物流和海洋农业在内的海洋经济的大发展应该而且能够带领此区域走出沿海经济发展的"洼地"。

从海洋运输和内河运输角度看,按理说浙江是沿海经济大省,而且河湖众多,水路运输应当对产业集群升级有积极的正面贡献,但几乎所有的回归结果均表明具有显著的负面影响,这说明其水运潜力远未发挥出来,从而对集群升级的贡献不足。总之,以物流业为典型代表的生产性服务业发展尚不足以支撑浙江集群的有效升级,急需大力支持并实现跨越式发展。2011 年 3 月,浙江海洋经济发展示范区上升为国家战略,这为宁波—舟山及温州、台州等众多沿海港口的有机协同发展提供了强大的推动力,浙江应充分利用这一战略机遇,大力发展包括港口物流在内的海洋经济,支撑其产业集群的转型升级。

表 7-5　产业转移粘性影响集群升级的 OLS 回归结果

自变量	因变量			
	lnZLL	lnFAM	lnSYX	lnWGS
	模型 1	模型 2	模型 3	模型 4
常数项	−9.355*** (1.442)	1.488 (1.718)	−5.597*** (1.475)	−16.06*** (1.675)
lnFDI	0.092 6** (0.043 2)	0.027 2 (0.051)	0.123*** (0.044 2)	0.093 3* (0.049 4)
ln$RGDP$	0.617*** (0.133)	−0.458*** (0.158)	0.114 (0.136)	1.348*** (0.153)
lnDKY	0.601*** (0.093 3)	0.672*** (0.118)	0.699*** (0.095 5)	0.629*** (0.114)
lnGUZ	−0.016 4 (0.113)	0.354** (0.143)	−0.127 (0.116)	−0.17 (0.137)
lnTLQ	0.128*** (0.034 7)	0.180*** (0.041 1)	0.193*** (0.035 5)	0.058 7 (0.040 6)
lnSLU	−0.171*** (0.024 7)	−0.064 6** (0.030 3)	−0.127*** (0.025 2)	−0.211*** (0.03)
lnGLU	0.161*** (0.056 9)	0.089 8 (0.066 8)	0.191*** (0.058 2)	0.161** (0.064 5)
lnRM	0.288*** (0.103)	−0.233* (0.125)	0.232** (0.105)	0.204* (0.118)
ECB	3.714*** (0.549)	1.295** (0.657)	3.214*** (0.561)	3.937*** (0.656)
R^2	0.841 1	0.728 8	0.791 7	0.855 2
调整 R^2	0.836 4	0.720 0	0.785 5	0.850 7
模型方法	混合 OLS	混合 OLS	混合 OLS	混合 OLS
样本数	316	290	316	302

　　(资料来源:《浙江统计年鉴》(1992—2010),另注:回归使用的软件是 Stata12,括号内为标准差,*** 表示在 1%的水平上显著,** 表示在 5%的水平上显著,* 表示在 10%的水平上显著。)

另外,度量产业转移粘性的固定资产净值指标对集群升级的影响在不同的模型中具有差异性。在混合模型中其影响主要是负面的,说明产业转移粘性不利于产业集群的升级,但唯独对发明专利具有正面影响,而且在5％水平上显著。在动态GMM模型中的正显著性程度降低,而在固定效应模型中均具有非常显著的正面影响。笔者分析认为,这是当前产业转移阶段的特征反应,即在我国总体经济还没有实质面临刘易斯拐点到来的情况下,具有劳动力吸纳功能的集群效应成为产业转移粘性的主要因素,从而对产业集群的升级具有显著的正面影响,而沉没成本效应导致的负面影响目前尚不显著,但是加入滞后一年的专利量对数值的回归表明产业转移粘性的影响虽然仍然为正向,但多数已经在统计上不显著了。这说明从长期动态的角度看,集群效应导致的产业转移粘性在弱化,而沉没成本效应导致的产业转移粘性的负面影响将会愈加明显,从而倒逼浙江产业集群加快升级步伐。尤其是目前世界金融危机的加剧给浙江经济的转型升级带来了难得的机遇,危机对浙江沿海一带制造业特别是劳动密集型、技术含量较低的纯加工型或初级生产企业冲击较大,这形成了一种"倒逼机制",会迫使这些企业加快转型升级的步伐。

在控制变量中,以二产比例度量的工业化程度对集群升级有极为显著的正向影响,而且大部分的影响系数均达到了1以上,说明工业化的发展水平是产业集群发展的重要依托,同时产业集群的发展也极大地推动了浙江的工业化程度,这和前面产业转移粘性的集群效应的正向影响可以相互印证。而人均GDP水平与专利授予量等变量大部分呈现出显著正相关的关系,说明经济发展水平与集群升级的内在要求是一致的,当经济发展到一定阶段,其需求的持续升级必然要求作为供给方的生产(产业集群)也要进行升级。人口密度的正向作用在混合模型中比较显著,但在固定效应模型和滞后期固定效应模型里面均是负效应但不显著,在动态GMM模型中也不显著,说明人口变量对产业集群升级的长期影响不很确定。另外,FDI 的影响作用呈现出不稳定的结果,时正时负,但在统计上均不显著,尤其是在动态 GMM 模型中多数的符号为负。这说明外国直接投资的作用机理较为复杂,对东道国的经济发展和产业升级的影响机制和渠道较多,综合影响较难判定,在实践中需具体问题具体分析,这和当前学界的认识是一致的。

表 7-6　产业转移粘性影响集群升级的固定效应与随机效应分析

自变量	因变量							
	lnZLL		lnFAM		lnSYX		lnWGS	
	模型 5	模型 6	模型 7	模型 8	模型 9	模型 10	模型 11	模型 12
常数项	−3.024	−5.088***	−1.534	0.672	−2.969	−2.589	−4.581*	−10.90***
	(2.108)	(1.761)	(2.518)	(1.959)	(1.917)	(1.7)	(2.625)	(2.104)
lnFDI	0.015 3	0.052 8	−0.127**	−0.053 8	0.005 78	0.039 4	0.032 1	0.072 3
	(0.046 9)	(0.044 9)	(0.056 1)	(0.052 4)	(0.042 6)	(0.0419)	(0.056 4)	(0.053 8)
lnRGDP	0.346*	0.394**	0.175	−0.275	0.228	0.112	0.522**	0.952***
	(0.205)	(0.168)	(0.249)	(0.185)	(0.186)	(0.164)	(0.255)	(0.2)
lnDKY	0.464***	0.518***	0.177	0.389***	0.198	0.362***	0.920***	0.743***
	(0.146)	(0.119)	(0.182)	(0.137)	(0.133)	(0.115)	(0.179)	(0.114)
lnGUZ	0.466***	0.317**	0.493**	0.584***	0.501***	0.372***	0.284	0.066 8
	(0.179)	(0.143)	(0.238)	(0.169)	(0.162)	(0.139)	(0.217)	(0.173)
lnTLQ	−0.088 8	−0.003 67	−0.019 6	0.101*	−0.034 9	0.036 8	−0.152**	−0.062 6
	(0.057 1)	(0.047 6)	(0.068 9)	(0.052)	(0.051 9)	(0.046 1)	(0.068 7)	(0.056 3)
lnSLU	−0.081 4*	−0.132***	0.015 6	−0.050 5	−0.040 3	−0.087 3**	−0.069 8	−0.137***
	(0.047 6)	(0.035 6)	(0.061 9)	(0.039 3)	(0.043 3)	(0.035 4)	(0.056 7)	(0.0426)
lnGLU	0.115	0.139**	0.112	0.150**	0.117*	0.157**	0.117	0.113
	(0.075 2)	(0.067 6)	(0.090 4)	(0.076 1)	(0.068 3)	(0.064 1)	(0.09)	(0.079 9)
lnRM	−0.263	−0.069 9	−0.164	−0.215	−0.085 5	−0.097 8	−0.593***	−0.116
	(0.181)	(0.135)	(0.213)	(0.147)	(0.164)	(0.133)	(0.216)	(0.156)
ECB	3.270***	3.679***	0.485	0.843	2.959***	3.152***	2.703***	3.657***
	(0.58)	(0.552)	(0.708)	(0.656)	(0.527)	(0.514)	(0.745)	(0.702)
F 检验值	100.94		23.00		64.09		137.80	
Wald 检验值		1 057.06		372.60		656.26		1318.82
R^2	0.764 4	0.759 1	0.448	0.430 3	0.673 2	0.666 9	0.822 8	0.816 1
模型方法	FE	RE	FE	RE	FE	RE	FE	RE
Hausman 检验值	20.87 $P=0.013\ 3$		39.51 $P=0.000\ 0$		38.15 $P=0.000\ 0$		45.58 $P=0.000\ 0$	
样本数	316	316	290	290	316	316	302	302

（资料来源:《浙江统计年鉴》(1992—2010),表中,FE 表示固定效应模型,RE 表示随机效应模型。）

表 7-7 产业转移粘性影响集群升级的固定效应与随机效应的滞后分析

自变量	因变量							
	lnZLL		lnFAM		lnSYX		lnWGS	
	模型 13	模型 14	模型 15	模型 16	模型 17	模型 18	模型 19	模型 20
常数项	−2.238 (1.713)	−4.350*** (1.034)	−0.202 (2.489)	−0.22 (1.514)	−2.173 (1.578)	−2.785*** (0.951)	−3.777 (2.401)	−8.292*** (1.543)
lnFDI	0.009 31 (0.037 6)	0.017 (0.029 8)	−0.064 4 (0.057 4)	0.026 4 (0.044 9)	−0.025 8 (0.034 8)	0.000 326 (0.028 5)	0.059 8 (0.052 2)	0.060 3 (0.040 4)
lnRGDP	0.135 (0.172)	0.391*** (0.096 3)	−0.002 25 (0.258)	−0.144 (0.146)	0.099 8 (0.158)	0.217** (0.089 4)	0.36 (0.242)	0.805*** (0.142)
lnDKY	0.116 (0.12)	0.102 (0.069 2)	0.242 (0.183)	0.314*** (0.115)	0.028 3 (0.109)	0.12⁹ * (0.066 3)	0.321* (0.177)	0.116 (0.104)
lnGUZ	0.357** (0.142)	0.046 6 (0.076 7)	0.252 (0.242)	0.135 (0.126)	0.382*** (0.131)	0.012 4 (0.072 9)	0.323 (0.197)	0.004 91 (0.114)
lnTLQ	−0.021 3 (0.045 6)	0.030 9 (0.024 2)	0.042 4 (0.066 6)	0.102*** (0.036 1)	−0.000 117 (0.041 9)	0.038 4 (0.023 6)	−0.086 4 (0.062 6)	0.019 6 (0.033 7)
lnSLU	−0.026 1 (0.038 2)	−0.050 5*** (0.017 8)	−0.010 6 (0.060 3)	−0.043 6* (0.025 9)	−0.015 9 (0.035)	−0.031 9* (0.016 4)	−0.033 2 (0.051 6)	−0.087 9*** (0.026)
lnGLU	0.076 2 (0.060 4)	0.063 1 (0.039 6)	0.149 (0.092 7)	0.026 6 (0.06)	0.090 4 (0.055 7)	0.064 1* (0.037 7)	0.068 2 (0.081 7)	0.081 9 (0.053 5)
lnRM	−0.076 4 (0.145)	0.032 8 (0.070 8)	−0.252 (0.204)	−0.121 (0.111)	−0.026 1 (0.133)	−0.013 6 (0.067)	−0.209 (0.198)	0.084 8 (0.097)
ECB	1.780*** (0.513)	1.366*** (0.428)	0.696 (0.791)	1.435** (0.666)	1.750*** (0.471)	1.222*** (0.403)	1.056 (0.773)	1.009 (0.638)
lnZLL (−1)	0.611*** (0.046 6)	0.706*** (0.037 6)						
lnFAM (−1)			0.384*** (0.065 9)	0.565*** (0.050 6)				
lnSYX (−1)					0.600*** (0.047 5)	0.769*** (0.035 4)		
lnWGS (−1)							0.442*** (0.052 2)	0.543*** (0.045 3)
F 检验值	156.43		24.10		103.51		140.68	
Wald 检验值		3 821.65		1 130.01		3 383.24		2 494.16
R²	0.852 3	0.846 2	0.513 9	0.496 4	0.792 5	0.777 9	0.850 1	0.841 6
模型方法	FE	RE	FE	RE	FE	RE	FE	RE
Hausman 检验值	20.88 P=0.022 0		23.67 P=0.008 5		43.58 P=0.000 0		25.70 P=0.004 2	
样本数	306	306	262	262	306	306	282	282

（资料来源：《浙江统计年鉴(1992—2010)》。）

表 7-8　产业转移粘性影响集群升级的 GMM 分析

自变量	因变量			
	lnZLL	lnFAM	lnSYX	lnWGS
	模型 21	模型 22	模型 23	模型 24
常数项	−2.839	−6.935*	−3.015	−3.401
	(2.308)	(3.685)	(2.261)	(3.022)
lnFDI	−0.029 7	−0.141**	−0.056 4	0.042 4
	(0.045 6)	(0.068)	(0.043 6)	(0.055 2)
ln$RGDP$	0.136	0.797*	0.13	0.356
	(0.255)	(0.407)	(0.249)	(0.343)
lnDKY	0.14	−0.248	0.044 3	0.456**
	(0.158)	(0.236)	(0.145)	(0.22)
lnGUZ	0.311*	0.598**	0.331*	0.156
	(0.177)	(0.295)	(0.169)	(0.239)
lnTLQ	−0.003 36	0.056 9	0.016 9	−0.088 7
	(0.053 4)	(0.071 9)	(0.048 6)	(0.069 6)
lnSLU	0.005 68	−0.049 6	0.010 8	0.045
	(0.043 7)	(0.086 2)	(0.042)	(0.057 5)
lnGLU	0.024	0.113	0.177**	−0.067 5
	(0.076 3)	(0.118)	(0.075 8)	(0.11)
lnRM	0.165	−0.246	0.064 9	−0.106
	(0.223)	(0.281)	(0.208)	(0.267)
ECB	1.141*	2.186**	1.401**	0.669
	(0.637)	(0.967)	(0.609)	(0.916)
lnZLL(−1)	0.600***			
	(0.052)			
lnFAM(−1)		0.304***		
		(0.072 5)		
lnSYX(−1)			0.537***	
			(0.058 1)	
lnWGS(−1)				0.428***
				(0.067 8)
Wald 检验值	810.37	172.60	535.35	645.95
P	0.000 0	0.000 0	0.000 0	0.000 0
模型	GMM	GMM	GMM	GMM
样本数	269	218	269	245

（资料来源：《浙江统计年鉴（1992—2010）》。）

　　从上面几个表的回归结果可以看出,各变量大多数均有显著的影响,模型整体拟合较好,但从动态模型看,各变量的显著性都有所降低。尤其是对发明专利授予量的对数值进行回归发现仅有少数几个因素显著:固定资产净值的影响仍然为正,而且较为显著;贷款余额的影响在混合模型里在统计上是显著的,但在加入专利滞后一期变量时就不显著了,在长期中也不显著,说明金融投入对发明专利的申请存在边际递减效应,第二产业比例的情况也很类似,说明我国东部地区的工业化路径急需进行调整。铁路及水路运量影响为负,仍然说明铁路业和水运业等物流产业的瓶颈问题。

　　其他变量中,人口密度控制变量仅在混合模型中多数显著影响为正;而在动态 GMM 模型中,人均 GDP 影响虽然为正,但多数并不显著;FDI 对发明专利量的影响是显著为负面的,说明 30 多年来吸引外资策略反而不利于发明专利的持续增加。对发明专利的多个回归模型的总体拟合度是最低的,其中的原因,笔者猜测可能是发明专利作为最深层次的创新,其影响因素较为复杂,远不止笔者捕捉到的经济层面的这些影响因子,应该还有社会层面等各种激励或制约因素的影响。这也是笔者今后需要继续深入挖掘和研究的一个方面。

　　对于实用新型的回归,发现固定资产净值的影响在固定效应模型及滞后分析中显著为正,但在 GMM 分析中的显著性有所降低;铁路和水路等变量的影响和前面一样,都是以负面影响为主,对外观设计的影响也类似。总之,这印证了笔者在前面的理论分析和案例调研的判断。加强生产性服务业的发展是浙江产业集群升级的当务之急。

　　总体上看,本书比较关注的核心变量产业转移粘性及工业化程度对产业集群升级具有显著的影响,而经济服务化的程度尤其是生产性服务业的发展对产业集群升级的影响尚不甚显著。这提示未来浙江等东部地区应该加快发展生产性服务业,如港口物流和创意设计产业等,尤其是服务外包产业,以支持浙江产业集群的有效升级。但在产业转移实践中应警惕"产业空心化"和环境污染的风险,尤其是在新的替代产业还没有发展起来之前,不要盲目进行产业转移。基于就业的吸纳功能,劳动密集型产业集群的社会效益也是需要考量的重要因素。一般来讲,服务业的就业吸纳系数远高于传统制造业,故应把劳动力转移、服务业发展与区际产业转移有机结合起来,这样既能解决就业问题,同时又有利于各区域产业的动态升级。另外,产业转移往往伴随环境污染的转移,所以,在产业转移过程中应注意发展低碳经济和循环经济,减少环境污染的负面影响。

7.3 集群式产业转移与升级的拓展分析

产业集群升级是一个动态的发展过程,它的实现需要依托产业集群的大规模生产与配套系统的完善,包括各种先进生产设备、工艺流程与技术的应用及严格的质量管理和环境管理,尤其是现代化的营销物流、创意设计与商业渠道等服务业层次的提升;集群升级的最终体现就是研发的新产品持续推向市场并获得定价权,即相应的市场势力。宏基电脑的创始人施振荣先生提出"微笑曲线",实际上表达的是产业链中研发设计、制造业、品牌运营和分销服务等不同环节新增加价值的获得比例是不同的。在目前的状态下,依赖劳动力为主的制造环节,新增的价值比例是极低的,而在研发设计、品牌运营和分销服务等方面所创造的价值比例是较高的。因此,在促进产业集群升级的过程中,通过区际产业转移的推进可以提高整个集群生产过程集约化程度和运营效率及总收益。对转出地而言,应积极发展总部经济,进行跨区域产业链网协作,把某些适宜于放在中西部的生产环节转移出去,可以促进东部沿海地区集群品牌的建设与推广,同时也有利于中西部地区生产方式和生产效率的变革,从而实现劳动生产率的大幅度提高,促进我国区域经济的协调可持续发展和包容性增长。

改革开放 30 年多来,中国的对内开放与对外开放进程是非常不对称和不一致的,这种情况对地区差距产生了极大的负面影响。一方面,东部沿海地区正在成为世界制造业中心,如浙江的"块状经济"正体现了产业集群的突出特征,但另一方面,"民工荒"的一再出现预示着经济转型和升级的必要性和紧迫性。金融危机正是东中西部制造业对接形成跨区域产业链网的有利时机。目前,浙江等东部沿海地区正处于全面提升工业化、信息化、城市化、市场化、国际化水平的关键时期,机遇和挑战前所未有。从价值链和微笑曲线的视角(见图 7-5)看,笔者认为传统产业集群升级并不困难。就以服装设计为例,企业家需要把中国传统文化中的许多经典因素与现代的数字信息化技术相结合,如唐装和旗袍的设计加上最新的面料一样会得到诸多消费者的青睐。由于需求的变化无穷,产业升级实际上没有极限,可以说在任何时代,创意的空间都是无穷的。王志成等认为文化创意产业强调人们的创造性与高科技的紧密结合,并通过对传统产业的渗透重塑各经济部门①。当然,仅仅有形式上的创意是不够的,还需要真正的、质变的革命性创新。

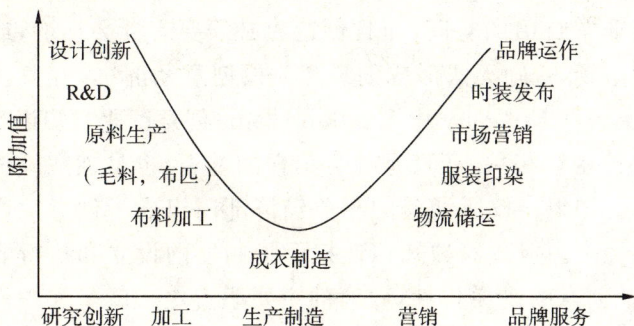

图 7-5 纺织服装产业全球价值链的"微笑曲线"

---

① 王志成、谢佩洪、陈继祥:《城市发展创意产业的影响因素分析及实证研究》,《中国工业经济》,2007 年第 8 期。

在经济全球化和知识经济发展背景下,文化创意产业已经成为发达国家经济增长的新模式和重要增长极,同时也成为塑造国家形象与企业软实力的主要途径之一。动态地看,创意产业是经济发展到一定阶段时的产物。根据国际发展经验,一国或地区通常在达到人均 GDP 8 000 美元时,就会较为自发地形成富有区域特色的创意产业链。一般认为,创意产业的发展起源于英国。英国官方于 1997 年成立了"创意产业特别工作组"(Creative Industry Task Force),大大推动了英国文化创意产业的发展。目前在英国,创意产业已经成为仅次于金融业的第二大产业。统计资料显示,全世界每天创造的文化创意产业产值达到 220 亿美元,并以约 5% 的速度在递增。良好的文化环境和精神氛围,不仅可以对经济主体积极参与创新行为形成有效激励,培养人们养成良好的创新行为习惯,而且可以凝聚产学研各界的创新共识,协调产学研之间及产业链内部的创新关系,降低创新中的交易成本。

Romer 认为必须由法律造成人为的稀缺性,才能使知识产权成为经济学意义上的财产[①]。创意产业之父 Howkins 作为《知识产权宪章》的负责人和英国创意集团的主席及创始人,认为创意需要有非常自由的空间,而且创造力必须要有社会性的,或者经济性的市场,否则无法形成创意产业或创意经济[②]。在其代表作 *The Creative Economy* 中 Howkins 指出,创意产业与知识产权的法律保护密切相关,产权是社会信任的基石,也是创意经济发展的基石。知识产权所涵盖的相关经济部门组成了创意性产业和创意性经济。但政府的知识产权保护制度的设立和执行非常关键,由于创意的易模仿性,政府的主要职责之一就是保护产权和

---

① Romer P M. Endogenous Technological Change. Journal of Political Economy, 1990,98(5).

② Howkins J. The Creative Economy. How People Make Money from Ideas. the Penguin Press, 2001.

创作自由,并对创作人提供一定的经济激励。

　　文化创意产业中财富的创造既不是主要依靠人类的简单劳动,也不是主要依靠传统要素如资金的运作等,而主要是通过人的创意和创造性劳动所获得,所以,知识产权在文化创意产业发展中占据着极为重要的地位,具有决定性的作用。据统计,世界上大约 90％的最新技术是以专利形式表现的。专利等知识产权资产具有战略资源特性,能够给创意企业带来持久竞争优势。在后金融危机时期,我国沿海地区的经济与贸易结构亟待调整与优化,积极发展创意产业有利于促进经济发展方式转变。而良好的知识产权运营可以最大限度实现知识产权的商业价值的有效转化,对提高东部地区文化创意产业的国际竞争力,不仅具有理论指导意义,而且有重要的实践意义。

　　在我国,创意产业刚刚兴起,即使是创意产业发展最迅速的上海,其产值也仅占到 GDP 的 7.5％左右。而发达国家创意产业的产值一般占 GDP 的 12％以上①。虽然我国五千年的文化发展史形成了厚重的文化产品积淀,但因为传播手段和媒介技术发展的相对滞后,文化产品生产方式单一、规模化水平不足,严重制约了文化创意产业的发展速度和效益②。

　　我国的产业集群要实现可持续发展,就要在更大的空间里不断集聚并向更高阶段发展。以纺织服装业为例,其主要产能的80％以上集中在广东、江浙等东部地区。从产业链网跨区域整合的视角看,中西部可以承接东部地区转移出的劳动密集型部分,东部地区则应该加强自主创新,突出创意设计的重要性,从品牌、研发等环节力争实现产业集群升级。这方面也有较为成功的例子,如宁波太平鸟集团,95％的制造环节已经外包。走进位于海

①　厉无畏、王如忠:《创意产业——城市发展的新引擎》,上海社会科学出版社,2005 年。
②　陈海宁:《中国文化创意产业的演化机制与发展对策》,《江苏大学学报(社会科学版)》,2009 年第 6 期。

曙区的太平鸟总部,犹如进入创意街区,不闻机杼声,但见时尚秀①。太平鸟的全国专卖店已开到了1 600多家。同时,太平鸟一年要投放5 000多个新款,在太平鸟专卖店,每天都有新款,周期为20多天的"快单"已占15%。而在太平鸟之前,美特斯邦威扬名天下的"虚拟制造"所遵循的其实也是快时尚的路径。

目前是浙江等东部省份先进制造业升级和现代服务业发展的关键时期。我国沿海经济正处于转型升级的关键阶段,呈现出结构多元、空间多元等特点。需要改变浙江制造业以量的扩张为主的模式,改变产业结构低端锁定现象,把握产业结构演变趋势,主动地推进产业结构的转换与优化升级,需要自主创新,增强工业创新的动力,同时需要大力发展现代服务业,如电子商务、物流配送、总部经济、文化创意经济等产业的发展。现代服务业和先进制造业之间是一种双向互动的啮合关系:先进制造业的发展拉动现代服务业的发展,现代服务业推动先进制造业的升级优化,两者共生共进,相互依赖。要着眼于产业链网整合,优化现代服务业和先进制造业互动发展的平台建设。

促进东部省份的经济转型升级,就要发展创意经济、网络经济、总部经济、空港经济等新型业态,努力形成新的经济增长点。同时,需要在尊重市场发展规律的前提下,进一步强化政府宏观调控能力,合理引导生产性服务业空间集聚,促进生产性服务业健康快速发展。集群中企业、科研机构、金融机构、服务咨询机构和政府机构等的日益健全和有机协同,产品制造者、原材料供应商和产品消费者之间结成的无形网络,知识和信息在集群企业间的传播和转移,最终不断产生和积累新知识。一旦有新的产品或工艺技术在集群内出现,很快就会通过发达的服务机构在集群内传播、溢出和渗透,从而将一个创新活动发展成一群创新活动,后进企业通过模仿和学习,缩小差距,节约成本。所以基于与服务

---

① 陈国强:《中国服装产业蓝本寓言——宁波服装观察》,中国纺织出版社,2008年。

业的集群化互动发展能使制造型企业低成本地学习新技术。

首先，要完善现代服务业与制造业互动机制。发展现代生产性服务业的主要障碍在于交通、通信和金融等领域存在的行政垄断。国外经验表明，放松管制、降低产业进入壁垒、引入市场机制、强化竞争会显著促进现代服务业的发展。加快先进制造业生产性服务部门的社会化，促进制造业对现代服务业的推动作用的发挥；围绕"为制造业提供专业服务"为核心大力发展现代服务业，提升现代服务业对制造业的拉动效应；构建制造业和现代服务业信息互动的平台，促进两者信息互动；完善现代服务业和制造业互动模式，促进两者互动深化。对外应加大现代服务业的开放力度。如通过引入竞争打破服务业的行政垄断，通过开放引进国内紧缺的关键性人才，促使有条件的服务业企业"走出去"等，积极利用国际市场培育竞争优势。

其次，要积极发展生产性服务业集群。现代服务业尚没有成为我国沿海经济的主导力量，制造业集群内部尚未形成良性的资源共享机制，而服务业集群提供的服务主要是功能群服务，目前并未形成制造业产业链上一体化的现代服务业集群。由于产品与服务的不同，服务业集聚与制造业集聚的机理存在较大差异。未来应大力营造各种类型企业间的合作氛围，打造服务业集聚与制造业集聚协同创新的平台，促进政产学研各部门形成长效的协同创新机制。例如，可模仿西方企业间合作联盟的形式开发新技术，共同申请新专利，并组成专利池，共同一致对外，形成竞争合力。

作为产业集群升级的重要范式，专利池已经被证明具有较高的创新溢出效应，从而成为西方发达国家进行产业动态升级和保持国际竞争力的重要保障。西方关于专利池的研究已相对系统和成熟，例如：Shapiro通过一个博弈模型，证明了多个专利权人集中进行包裹许可与各个专利权人单独许可相比，最终产品的专利费加价会比后者小很多,从而使得产品价格更低,产量更高①。Kim 认为在有纵向一体化企业存在的垂直市场上,互补性专利池能够提高市场效率②。Lerner 和 Tirole 等在更加丰富的专利关系框架下建立了"LT 模型"。在该模型当中,多项专利间的关系不一定是完全替代或完全互补关系,而是被赋予介于这两个端点之间一定程度的替代性或互补性。他们认为,专利池提高市场效率的充要条件是联盟内的专利具有足够高的互补性,而不必完全互补。另外,替代性专利池允许独立许可的成本高而收益却很小,互补性专利池则相反③。

　　Aoki 和 Ménière 构建了以一个技术标准重复更新为背景的专利竞赛模型,比较不同联盟规则对企业研发投资的影响。结论表明,在标准由多家公司通过专利联盟联合设置,且固定的成员平分各期标准价值的情况下,标准具有显著的公共产品性质,"搭便车"动机导致整体研发投入不足,即下行偏离整体最优投入水平④。Brenner 基于 LT 模型讨论了专利池的最优形成规则⑤。而国内的相关研究则刚刚开始,其中有代表性的研究如:朱雪忠等发现企业进入专利池的预期对我国自主创新有强激励作用⑥。杜晓君认为专利池将成为高新技术产业发展和竞争的主导范式,

　　① Shapiro C. Navigating the Patent Thicket: Cross Licenses, Patent Pools, and Standard-setting. NBER Conference on Innovation Policy and Economy, 2001.

　　② Kim S H. Vertical Structure and Patent Pools. Review of Industrial Organization, 2004, 25(3).

　　③ Lerner J, Strojwas M and Tirole J. The Design of Patent Pools: The Determinants of Licensing Rules. Rand Journal of Economics, 2007, 38(3).

　　④ Aoki R and Ménière Y. Collective Innovation in a Standard Setting Context. Hitotsubashi University, Mines Paris Tech, 2008.

　　⑤ Brenner S. Optimal Formation Rules for Patent Pools. Economic Theory, 2009, 40(3).

　　⑥ 朱雪忠、詹映、蒋逊明:《技术标准下的专利池对我国自主创新的影响研究》,《科研管理》,2007 年第 2 期。

并分析了专利池的序贯创新效应①。对此问题的深入解析笔者将另文详细阐述。

　　另外,从区域空间演化的角度看,发达国家的实践经验表明,空间集聚能显著推动生产性服务业的发展,而且生产性服务业的空间演化表现出集聚与转移并存的规律特点。国际大都市发展的历程显示,大都市城市副中心在承担城市关键功能方面发挥重要作用,而生产性服务业集聚到一定阶段会向城市副中心转移。应鼓励各地区根据自身要素资源、经济和技术等综合条件,发展具有相对优势的生产性服务业业态。要科学规划生产性服务业集聚区,增加对生产性服务业发展的投入,如制定适宜的优惠政策,对高科技服务型企业,在注册和上市方面应放宽对其物质资本的限制条件;在财税方面应允许其提足进入成本的研发和培训费用等。促进生产性服务业的产业集群发展,特别是加大公共服务平台建设,使之成为现代服务业与先进制造业互动发展的良好基石。

---

① 杜晓君、马大明、宋宝全:《专利联盟的序贯创新效应研究》,《科学学与科学技术管理》,2011年第2期。

8 总结与展望

从东部地区集群升级的现实需求看,应积极发展创意及物流等生产性服务业。以创意、物流等为代表的生产性服务业可以有效提升一个城市及区域经济的竞争力,而创新是创意经济时代的本质特征。长期以来,我国东部沿海的出口产品主要是靠低价格的竞争优势赢得国际市场。但 21 世纪国际贸易竞争更加激烈,知识经济已主导着全球科技革命浪潮,我国东部的外向型经济发展模式面临严峻的挑战。在新的国际经济竞争环境中,中国外向型经济要立于不败之地,必须加快转变依靠资源和劳动力消耗为主导的出口增长模式,注重经济发展的质量,以科技进步为先导,不断进行技术创新,调整与改革经济增长的动态结构,充分挖掘出自身的动态综合比较优势,提升经济增长中的全要素生产率。

从中西部的角度看,推动承接大规模的产业转移,仍有很大难度。产业转出地的持续产业升级并没有在行政干预下迅速实现,因而转移产业总量仍然显得相对稀缺,这令承接地之间的竞争加剧。在缺乏整体有序、合理规划的产业转移指导方略下,基于"理性"考量的中西部各地方政府,就会竞相出台各种优惠政策,有可能带来诸多负面影响。据不完全统计,重污染的化工厂占据了一半以上中国人饮用水的源头。为迎接产业转移,原有地域经济形态被打破,并引发资源分配、区域分工、城市定位、环境污染等一系列新问题,转出地与承接地之间、各承接地之间、企业与地方政府之间,诸多利益方亦纷争不断。吴晓波认为从可持续发展的角度看,政府资源配置的政策杠杆,应从政策的供给者转型为制度环境的塑造者,要重视提升各层面经济主体参与度和促进各主体内生能力的增长，更加侧重于动态的包容性增长①。总体来看，当前国内日益突出的结构性矛盾和贫富差距已成为经济持续发展的壁垒。要实现区域、城乡经济的均衡发展和各地产业结构的优化，就需要大力推进东部发展生产性服务业，支撑产业集群有效升级；而中西部要合理有序承接产业转移，尤其是劳动密集型传统制造业的产业转移，这样才能实现协调式的全面均衡发展。

8.1 主要结论

促进产业在区域之间的有序转移是推动我国区域经济协调发展和包容性发展以及有效解决"三农"问题的战略举措，也符合市场经济条件下产业空间运动的演化规律。产业转移成为世界经济发展的重要特征，而我国已成为产业转移的主战场。产业集群作为介于市场和企业之间的一种网络型产业组织形态，已成为提升区域产业竞争力的重要载体，为我国外向型经济的发展作出了巨大贡献。在后金融危机时期，对浙江等相对发达的东部沿海省份而言，要进一步推进经济结构优化升级，加快经济发展方式转变，一个重要突破口和主攻方向就是促进产业集群的转型和升级。

本书结合国际和区际产业转移迅猛发展的背景，基于中国国情和 HK 模型尝试构筑了一个基于综合比较优势演化的推拉理论模型，并以博弈的视角剖析了产业转移中的地方政府和企业间的互动行为模式，从动态演化的视角分析了产业集群的稳定性和创新路径选择，然后结合对浙江省的产业集群发展和安徽皖江地区产业承接的实地调研进行了实际验证。本研究通过多案例分

---

① 摘自新华网："包容性发展与中国转型升级"学术研讨会，http：// www. zj. xin-huanet. com/newscenter/2011－03－03/content_22193788. html。

析和面板数据的计量检验对浙江集群式产业转移与升级的模式、动因和运行机制进行评价后认为,目前产业转移粘性明显,且浙江产业集群升级缓慢,已经出现低端路径锁定的风险,应积极发展生产性服务业来支撑产业集群的有效升级。具体如下:

(1)应将产业集群升级和产业转移结合起来作系统优化考虑,集群效应和沉没成本导致的产业转移粘性因素会极大地影响产业集群的升级。一个地区的产业转移和集群升级路径由其综合比较优势演化路径所决定。不同地区由于其产业结构以及各种要素资源环境约束的不同,其未来的演化路径有所差异。综合比较优势演化和产业集群升级的路径不一定是线性和连续的,常常表现为非线性演化,在实现升级的过程中很可能会出现"分岔"。笔者提出的综合比较优势演化论拓展了要素禀赋的范围,认为不仅传统的劳动、土地、资本包括技术和创新是生产要素,当今时代经济发展比较重要的信息、社会资本、企业家精神及制度禀赋等都属于生产要素,而且实际上,规模经济的需求也可以作为比较优势源泉之一,并成为独立的分工前提。所有上述因素统称为综合比较优势,都对产业在某地的适宜性产生极为重大的影响。

(2)中国改革开放以来由政府主导而形成的区域经济发展梯度现象有力地说明,政府的决策和发展战略对区域经济发展具有重大影响与作用。产业转移中不同经济主体具有主动性和适应性。在中国现行体制环境下,产业转移中的企业和地方政府行为经常陷入"囚徒困境",基于当今政治体制中"为任一方"的时间限制,地方政府在产业转移中同样难以选择合作,偏重于经济增长导向的绩效考核机制与任期限制是导致产业转移中各区域难以配合的重要原因。从长远趋势看,理性区域合作具有必然性,产业转移成为推动区域协调发展实现包容性增长的战略选择。而产业转移是一个多经济主体的动态博弈过程。经济主体对自身利益的短期功利化追求是产业转移政策作用有限乃至失效的根本原因。仅有中央政府的产业转移政策是不够的,还需要建立具体的区域产业协调模式和机制,并进行一系列的制度创新才能提高产业转移政策的效果,实现产业结构调整与优化的目标。

(3) 区域产业转移的效应之一就是改变了劳动力就业的空间分布,从而对产业集群的可持续发展产生重要影响。中国区域之间仍然存在着较大的生产要素价格差异,庞大的人口基数和巨额的农村人口表明中国农村剩余劳动力转移仍然是长期趋势,"刘易斯拐点"尚未实质性到来。我国的区际产业转移往往是由于企业内部交易成本上升或国家政策的调整、劳动力和土地价格上涨以及环境污染规制、市场需求变化等引起的。随着近年来东部地区产业结构进入调整与升级阶段,沿海地区原有的体制优势、政策优势、区位优势和成本优势在不断趋于弱化,产业集群的竞争优势随着环境的变化也可能会渐渐丧失。特别是要素成本的全面上涨,沿海地区这种以高度消耗资源、高度依赖出口市场、处于产业链低端、价低量大为基本特征,主要依靠低成本、低价格获取竞争优势的传统发展模式受到了越来越严峻的挑战。大量劳动密集型、资源型产业开始向我国的中西部地区转移。当前沿海经济已经到了全面转型升级的新阶段。但从全国的层面看,区域产业转移尚未出现大面积的跨行政区发展态势,省内转移仍是主流。区域产业转移的流向遵循距离衰减规律,而且大部分是就近转移。

(4) 在线性空间中,厂商间的古诺竞争会引起空间集聚;而厂商间的伯川德竞争导致部分产业空间转移。产业集群的发展和演化有其内在的规律,在产业集群演化的过程中,其稳定性非常重要,它直接影响到政府政策的制定和实施。集群发展中的路径依赖既有可能导致产业集群的稳定发展,也有可能导致产业集群的锁定或衰落,其稳定性受到产业转移的重大影响。产业集群是一个复杂的非线性系统,集群演化的基本动力包括技术创新和制度创新,在不同的历史发展条件下,技术创新和制度创新的作用权重并不均等,技术创新与制度创新共同决定产业集群内企业数目的增长速度。产品差异化程度的提高能够降低需求的价格弹性,丰富消费者的选择,并提高其最终的总效用。产品差异化程度的提高能够降低竞争强度,促进产业集群实现有效升级和可持续发展。由消费者多样化需求驱动的对生产性服务业的引致需求能够提高产业集群内各协作企业的生产经营效率,大力发展生产性服务业可以有效支撑产业集群的升级。产业集群发展到一定阶段,可以进行跨区域的产业链协作,对产业链的某些环节进行产业转移,这对于产业转出方和承接方均有好处。产业转移可以使转出地腾出空间发展更高端的产业,促进产业升级,同时也可以有效地推动承接地产业的发展,进而促进当地的就业和经济增长。

(5)从演化的视角看,由于浙江严重缺乏自然资源,从而使得浙江省成为我国产业转移的最典型转出地,其综合比较优势在于体制创新和机制创新带来的协同优势。实证分析表明浙江大部分制造业的区位熵值大于1,说明其制造业竞争力较强。总体上看,浙江很多企业进行了成功的产业转移,这往往是产业集群自然演化的结果,如温州地区的许多制造业和手工业,正在以产业集群的方式向中西部转移。再如浙江湖州织里童装产业外包给安徽的朗溪、望江等地企业或直接到安徽办厂也是典型的案例。从省内情况看:集群式转移已经渐成规模,但转移粘性明显。根据笔者到中部地区的调研,浙江等地产业转移到中部如安徽皖江等地区的态势确实已经形成,趋势日趋明显。从产业承接方来看,转移来的企业主体不仅包括国内企业,外商投资企业的比重也很高,说明东部发展外向型经济的模式有可能复制到中西部地区。成本因素和市场因素是浙江产业转移的两大主导因素;产业转移的方式较为多元,包括最简单的设立办事处,以及市场扩张、资源综合利用、企业重组、厂房租赁、同当地企业建立伙伴关系进行联合生产及设立生产基地或研发中心等方式,笔者发现转移形式采用最多的还是设立销售中心或专卖店,约占到了一半的比例。目前的产业转移主要属于增量式转移,较少进行存量式转移,这主要是因为基于集群效应和沉没成本的产业转移粘性以及产业承接方的制度环境及其衍生的各种风险。

(6)在固定效应模型中,笔者采用的度量产业转移粘性的固定资产净值指标对集群升级具有显著的正面影响。这是当前产业转移阶段的特征反应,即我国经济还没有实质面临刘易斯拐点到来的情况下,具有劳动力吸纳功能的集群效应成为产业转移粘性的主要因素,从而对集群升级有显著的正面影响,而沉没成本效应导致的负面影响尚不显著。但是加入滞后一年的专利量对数值的回归和动态 GMM 回归表明产业转移粘性的影响虽然仍然为正向,但在统计上的显著性均有降低。这说明从长期动态的角度看,集群效应导致的产业转移粘性在弱化,而沉没成本效应导致的产业转移粘性的负面影响将会愈加明显,从而倒逼浙江产业集群加快升级步伐。另外,金融业对创新的正向影响具有边际递减效应。而以物流业为典型代表的生产性服务业的发展尚不足以支撑浙江集群的有效升级,急需大力支持并实现跨越式发展。工业化程度对产业集群升级具有显著影响,说明工业化是集群发展的重要依托,同时集群的发展也极大地推动了浙江的工业化发展。在产业转移实践中应警惕"产业空心化"和环境污染的风险,在新的替代产业没有发展起来之前,不要盲目进行产业转移,在产业转移过程中应减少环境污染的负面影响。未来浙江等东部地区应该大力发展生产性服务业如物流、金融、营销控制系统及文化创意产业等,尤其是服务外包产业,以支持浙江产业集群的有效升级。

8.2 政策启示

(1)协调"有形之手"和"无形之手":经济发展的关键是建立

鼓励财富创造的制度框架,政府的"有形之手"应最大限度地调动微观主体的积极性和主动性。从长远看,政府资源配置的政策杠杆应更加侧重于动态的包容性增长。而完善的市场制度作为"无形之手",不仅可以传递正确的市场信号,而且应当产生正确的市场激励。产业转移双方地方政府应有意识地创造合作的条件和氛围,依据区域发展目标和区域合作的基本原则,建立区域协调和决策机制是至关重要的。只有建立制度化的区域合作协调机制,才能实现长期合作的动态均衡,实现区域资源配置的帕累托最优。建立一个良好运转的国内统一大市场,将有助于让经济增长果实惠及中西部地区,并实现中国经济的可持续增长和包容性发展。不过,区域合作应遵从产业转移规律,充分发挥个人和企业家的能动性,充分发挥市场配置资源的基础性作用。让市场机制引导产业集群转移,才能在动态的发展过程中顺应比较优势,实现产业升级。明智的政策是加强市场机制的作用,而不是削弱市场机制发挥作用,以避免不当行政干预带来的无效率产业转移。

（2）推动产业有序转移,积极发展生产性服务业:东部要实现区域、城乡经济的均衡发展和各地产业结构的优化,就需要大力推进东部发展生产性服务业,支撑产业集群有效升级;而中西部要合理有序承接产业转移,尤其是劳动密集型传统制造业的产业转移,这样才能实现协调式的全面均衡发展。对浙江等东部沿海地区而言,企业进行产业转移是应对产业集群面临的资源制约和生产要素成本上升的可行路径选择,可以提高区域资源配置效率,提高东部产品的市场竞争力。政府需要在国家区域政策的总框架下,根据各区域的综合比较优势确定主导产业,出台相应的产业规划,以对东中西部的产业转移起到引导作用。目前东部地区向外转移的产业,大多是劳动密集型、高能耗、高污染的加工制造业。这些产业的转移可能会重复东部地区的污染悲剧。如不控制可能出现工业园遍地开花、破坏环境的问题。应引导产业园优化布局,整合重组。高标准、高起点建设生态产业园区,形成合理产业链条。另外,就业乃民生之本。推进产业转移和产业集群的升级要统筹城乡就业,妥善处理资本密集型产业与劳动密集型产业的关系。应鼓励发展具有广阔市场前景和关乎国计民生的劳动密集型产业,积极发展就业容量大的服务性企业和中小企业及微型企业。

在经济全球化和经济转型升级的背景下,服务业与制造业进入了一个高度相关、双向互动的阶段。生产性服务业作为当今产业国际竞争的焦点和全球价值链中的主要增值点和盈利点,具有较强的产业关联性,在国民经济发展中居于战略性地位。积极培育现代生产性服务业如金融、研发或创意等高端服务业的空间集聚,对促进产业集群可持续发展,进而实现整个经济系统的转型与升级有重要意义。在这个过程中,要按照服务业集聚的规律办事。完善服务贸易和服务外包产业发展的政策法规,建立多部门联动的协调服务机制,加强知识产权保护,建设有利于知识产权创造和运用的制度环境。而企业应加强工业设计,推动产业创意化,积极承接高技术产业转移和服务外包,逐步实现由中国"制造"向中国"智造"的转变。

8.3 不足与展望

本书虽对集群式产业转移与升级问题的探索取得了一些进展,提出了一点自己的认识与看法,并进行了实证检验,但鉴于数据可得性方面的困难以及本人理论功底的不足,笔者觉得有诸多问题还没有讲透说清,尚需今后付出更多努力。集群式产业转移与升级的研究面临着很多方法论上的挑战:如有些中观变量无法进行直接的测度,产业组织活动本身的复杂性较高等。这些局限使我们有时难以对变量间的因果关系做出清晰的界定。另外,本书的调研主要在浙江省进行,同时也是用浙江的面板数据进行的实证分析,个案研究的结论可能也适用于与浙江的资源禀赋和综合比较优势类似的地区,但能否推广到一般性理论需要下一步进行更多的调研和考察,深化认识,继续研究。

经济转型升级是一个长期过程,"刘易斯拐点"的到来也是中国经济发展的必然趋势。归结起来,结合以上发展背景,在以下几个方面亟待做进一步的探求:一是基于综合比较优势演化理论在全国层面探索当前中国产业转移与产业集群升级的互动影响与机理,本书只是提出了初步的综合比较优势演化论的研究框架,但对该理论框架的更多内容应结合主流经济学的数理模型,尤其是结合中国制度变革的演进及产业转型升级的过程进行进一步的充实并进行形式化,以期能形成有中国特色的产业转移和集群升级理论假说。二是要做更多的微观案例研究和深入调研,对实践中发生的产业转移和集群升级路径、模式及存在的问题进行总结并上升到理论高度进行概括并作更多的实证检验,如集群式转移模式与产业空心化的动态关系及产业转移对中西部环境的负面影响等等。另外,产业升级永无极限,因为人类的需求总是动态变化的。而推动产业升级的创意、创新的影响因素较为复杂,远不止笔者捕捉到的经济层面的一些影响因子,应该还有社会层面等各种因素的影响。这也是笔者今后需要继续深入挖掘和研究的一个方面。

参考文献

[1] ACS Z J, Anselin L and Varga A. Patens and Innovation Counts as Measures of Regional Production of New Knowledge. Research Policy, 2002, 31(7):1069—1085.

[2] Aghion P and Howitt P. Model of Growth through Creative Destruction. Econometric,1992(60):323—352.

[3] Alchian A. Uncertainty, Evolution and Economic Theory. Journal of Political Economy,1950,6(58):211—221.

[4] Ali I. Inequality and the Imperative for Inclusive Growth in Asia. Asian Development Review. 2007, 24 (2). Asian Development Bank (ADB). Manila.

[5] Anselin L, Varga A and ACS Z J. Geographic and Sectoral Characteristics of Academic Knowledge Externalities. Regional Science, 2000(79): 435—443.

[6] Antonio A and Carlos L G. "Can We Live on Services?" Exploring Manufacturing Services Interfaces and Their Implications for Industrial Policy Design,Working Paper presented at DRUID Academy University of Cambridge /The Moeller Centre,2012(1).

[7] Aoki R and Ménière Y. Collective Innovation in A Standard Setting Context. Hitotsubashi University, Mines Paris Tech, 2008.

[8] Arthur W B. Complexity and Economy. Science,1999,284:107—118.

[9] Ball M. Institutions in British Property Research: A Review. Urban Studies, 1998(35): 1501—1517.

[10] Bergman E M and Feser E J. Industrial and Regional Clusters:Concepts and Comparative Applications,Regional Research Institute. West Virginal University,1999.

[11] Belton F, Dinghuan H, William M and Xiaobo Z. The Evolution of an Industrial Cluster in China. China Economic Review, 2010(4):1—14.

[12] Best and Michael H. Cluster Dynamics,Ch. 3 in:The New Competitive Advantage:The Renewal of American Industry. Oxford University Press,2001.

[13] Brenner S. Optimal Formation Rules for Patent Pools. Economic Theory, 2009, 40(3): 373—388.

[14] Buckley P J and Casson M C. The Future of the Multinational Enterprise in Retrospect and in Prospect. Journal of International Business Studies, 2003, 34: 219—222.

[15] Burt R S. Structural Holes: The Social Structure of Competition. Harvard University Press, 1992.

[16] Cameron G C and Clark B D. Industrial Movement and the Regional Problem,University of Glasgow Social and Economic Studies, Occasional Paper No. 5. Oliver & Boyd, 1966.

[17] Clague C, Keefer P, Knack S and Olson M. Contract Intensive Money: Contract Enforcement, Property Rights, and Economic Performance. Journal of Economic Growth, 1996 (4): 185—211.

[18] Coase R H. The Nature of the Firm. Economica, 1937(4): 386—405.

[19] Coffey W J and Baily A. Producer Services and Systems of

Flexible Production. Urban Studies, 1992, 29 (3): 857 —868.

[20] Colbert B A. The Complex Resource Based View. Strategic Management Journal, 2004, 29: 341—358.

[21] Cooke P and Morgan K. The Associational Economy: Firms. Regional and Innovation. Oxford University Press,1998.

[22] Daniels P W. Locational Dynamics of Producer and Consumer Services. Ch. 8 in Service Industries: A Geographic Appraisal. Methuen, 1985.

[23] D'Artis K. The Economic Geography of Labour Migration: Competition, Competitiveness and Development. Applied Geography, 2011,31: 191—200.

[24] Dickey D A and Fuller W A. Distribution of the Estimators for Autoregressive Time Series with A Unit Root. Journal the American Statiscal Association, 1979:427—431.

[25] Dongya L, Yi L and Mingqin W. Industrial Agglomeration and Firm Size: Evidence from China. Regional Science and Urban Economics, 2012, 42:135—143.

[26] Dunne P and Hughes A. Age, Size, Growth and Survival. The Journal of Industrial Ecnomics, 1994, 42 (2): 115 —140.

[27] Dunning J. Trade, Location of Economic Activity and the Multinational Enterprise: A Search for an Eclectic Approach. First published in B. Ohlin Per Ove Hesselborn and Per Magnus Wijkmaned. Macmillan, 1977.

[28] Dunning J. The Paradigm of International Production. Journal of International Business Studies, 1988, (spring) 1—31.

[29] Dunning J. Location and the Multinational Enterprises: A Neglected Factor? Journal of International Business Studies. 1998, 29. 1. First Quarter.

[30] Ellision G and Glaeser E L. The Geographic Concentration of Industry: Does Natural Advantage Explain Agglomeration? American Economic Review, 1999, 89 (2): 311 —316.

[31] Eswaran M and Kotwa A. The Role of the Service Sector in the Process of Industrialization. Journal of Development Economics, 2002, 68: 401—420.

[32] Feenstra R. Integration of Trade and Disintegration of Production in the Globalization. Journal of Economic Perspectives, 1998, 12(4).

[33] Friedman J. World Cities Revisited: Comment. Urban Studies, 2001, 38(13): 2535—2536.

[34] Fritz O, Mahringer H and Valdenama M. A Risk-oriented Analysis of Regional Clusters. M. Steiner. Clusters and Regional Specialization. Pion,1998:181—191.

[35] Fuchs V R. The Service Economy. Columbia University Press, 1968: 12—15.

[36] Fujita M. Towards the New Economic Geography in the Brain Power Society. Regional Science and Urban Economics, 2007,37:482—490.

[37] Fujita M, Krugman P and Venables A J. The Spatial Economy: Cities, Regions, and International Trade. MIT Press, 1999.

[38] Garwood J D. An Analysis of Postwar Industrial Migration to Utah and Colorado. Economic Geography, 1953, 29(1): 79—88.

[39] Geo W R. Producer Services, Trade and the Social Division of Labor. Regional Studies,1996(4).

[40] Gereffi G. International Trade and Industrial Upgrading in the Apparel Commodity Chain. Journal of International Economics,1999,48(1):37—70.

[41] Gereffi G and Korzeniewicz M. Commodity Chains and Global Capitalism. Praeger, 1994.

[42] Gordon I R and McCann P. Industrial Clusters:Complexes, Agglomeration and/or Social Networks? Urban Studies. 2000,37(3).

[43] Grabher G. The Weakness of Strong Ties: the lock-in of Regional Development in the Rural Area. In: Grabher, G. (Ed.), the Embedded Firm on the Socioeconomics of Industrial Networks. Routledge, 1993:255—277.

[44] Granovetter M S. The Strength of Weak Tie. American Journal of Sociology, 1973, 78: 1360—1380.

[45] Grossman G M and Helpman E. Trade, Knowledge Spillovers and Growths. European Economic Review,1991, 35: 517—526.

[46] Hakansson H and Snehota I. Eds. Developing Relationships in Business Networks, Routledge, 1995:42.

[47] Hakea H. Synergetic -An Introduction. Springer Phys, 1977,66:248.

[48] Hansen N. The Strategic Role of Producer Service in Regional Development. International Regional Science Review,1994,23(1):13—20.

[49] Hatch C. Learning from Italy's Industrial Renaissance. The Entrepreneurial Economy,1987(1): 4—11.

[50] Hayami Y. (ed.). Toward the Rural-based Development

of Commerce and Industry: Selected Experiences from East Asia. World Bank, 1998.

[51] Henderson J. Danger and Opportunity in the Asia-Pacific. In: Thompson, G (eds). Economic Dynamism in the Asia-Pacific. Routledge, 1998: 356—384.

[52] Hidalgo C A. etal. The Product Space Conditions the Development of Nations. Science, 2007,317(7):482—487.

[53] Hotelling H. Stability in Competition. Economic Journal, 1929,39:41—57.

[54] Howells and Green. Location, Technology and Industrial Organization in UK services. Progress in Planning, 1986 (2).

[55] Howkins J. The Creative Economy. How People Make Money from Ideas. the Penguin Press, 2001.

[56] Huang Z, Zhang X and Zhu Y. The Role of Clustering in Rural Industrialization: A Case Study of Wenzhou's Footwear Industry. China Economic Review, 2008, 19: 409—420.

[57] Huang Z, Lv J, Sun H, Hu J and Song Y. Sticky Factors in the Industrial Relocation of Cluster. Social Science Journal,2011,48: 560—565.

[58] Humphrey J and Schmitz H. Governace and Upgrading: Linking Industrial Cluster and Global Value Chain Research. IDS Working Paper, No. 120, Institute of Development Studies, University of Sussex, 2000.

[59] Humphrey J and Schmitz H. How Does Insertion in Global Value Chains Affect Upgrading Industrial Cluster? Regional Studies, 2002, 9(36).

[60] Illeris S. Producer Services: the Key Factor to Economic

Development. Entrepreneurship and Regional Development, 1989(1).

[61] Illeris S. The Service Economy: A geography Approach. John Willey & Sons, 1996.

[62] James C, Davis J and Vernon H. The Agglomeration of Headquarters. Regional Science and Urban Economics, 2008(38):445—460.

[63] Kaplinsky R. Globalization and Inequality: What Can Be Learned from Value Chain Analysis? Journal of Development Studies, 2000, 37(2).

[64] Kaplinsky R and Morris M. Handbook for Value Chain Research. http://www. ids. ac. uk/global,2001.

[65] Keeble D. Industrial Location and Planning in the United Kingdom. Methuen & Co, 1976.

[66] Kemper N J and Pellenbarg P H. Industrial Mobility in the Netherlands. SOM Research Report, Groningen, 1997.

[67] Kim S H. Vertical Structure and Patent Pools . Review of Industrial Organization, 2004,25(3): 231—250.

[68] Kojima K. Capital Accumulation and the Course of Industrialization, with Special Reference to Japan. Economic Journal, 1960, 70(280): 757—768.

[69] Kojima K. Direct Foreign Investment: A Japanese Model of Multinational Business Operation. Praeger Publishers,1978.

[70] Krugman P. Growing World Trade: Causes and Consequences. Brookings Papers on Economic Activity,1995(1).

[71] Krugman P. History Versus Expectations. Quarterly Journal of Economics,1991a,106:651—667.

[72] Krugman P. Increasing Returns and Economic Geography.

Journal of Political Economy,1991b, 99:483—499.

[73] Krugman P. Space: The Final Frontier. Journal of Economic Perspectives, 1998, 12:161—174.

[74] Kurt A. Social Capital, Inclusive Networks, and Economic Performance. Journal of Economic Behavior & Organization, 2003(50) :449—463.

[75] Lazer D M J. The Co-Evolution of Individual and Network. Journal of Mathematical Sociology, 2001(1): 69—108.

[76] Lerner J, Strojwas M and Tirole J. The Design of Patent Pools:The Determinants of Licensing Rules. Rand Journal of Economics, 2007, 38(3): 610—625.

[77] Lerner J and Tirole J. Efficient Patent Pools. American Economic Review, 2004, 94(3): 691—711.

[78] Lundvall B and Borras S. The Global Learning Economy: Implications for Innovation Policy. TSER Programmer Report, Commission of the European Union, 1998(1).

[79] Lynn M and Fulvia F. Local Clusters,Innovation Systems and Sustained Competitiveness. Prepared for The Meeting on Local Productive Clusters and Innovation Systems in Brazil,2000.

[80] Mark, R, Uwe D, Bernard F and Tuo S. Evaluating China's Road to Prosperity: A New Economic Geography Approach. Regional Science and Urban Economics, 2012(1):1—51.

[81] Markusen A. Regional Networks and the Resurgence of Silicon Valley. Allen and Unwin,1990.

[82] Markusen A. Sticky Places in Slippery Space: a Typology of Industrial Districts. Economic Geography, 1996, 72:293—313.

[83] Mccormick D. African Enterprise Clusters and Industriali-

zation: Theory and Reality. World Development, 1999, 27 (9): 1531—1551.

[84] Mclaughlin G E and Robock S. Why Industry Moves South: A Study of Factors Influencing the Recent Location of Manufacturing Plants in the South. Kingsport Press, National Planning Association, Kingsport Tennessee, 1949.

[85] May R. Simple Mathematical Models with very Complicated Dynamics. Nature, 1977, 261:459—467.

[86] May R. Stablity and Complex in Model Ecosystems. Princeton University Press, 1995, 109:13—36.

[87] Nadvi K and Schmitz H. Industrial Clusters in Less Developed Countries: Review of Experiences and Research Agenda. Institute of Development Studies Discussion Paper No. 339, University of Sussex, 1994.

[88] Nelson R and Winter S. An Evolutionary Theory of Economic Change. Harvard University Press, 1982, 256.

[89] Nelson. Understanding Technical Changes as an Evolutionary Process. North Holland, 1987.

[90] Nelson. The Co-evolution of Technology and Institutions as the Driver of Economic Growth. Foster J, Metcalfe S Frontiers of Evolutionary Economics. Edward and Elgar Publishing Limited, 2001:19—30.

[91] Nicolis G and Prigogine I. Self-Organization in Non-equilibrium Systems. J. Wiley, New York, 1977.

[92] Ottaviano G I P and Thisse J F. Agglomeration and Trade Revisited. CEPR Discussion Paper, 1998.

[93] Porter M E. The Competitive Advantage of Nations. The Free Press, 1990.

[94] Porter M E. Clusters and New Economics of Competition.

Harvard Business Review,1998(12).

[95] Powell W. Neither Market nor Hierarchy: Network Forms of Organization. Research in Organizational Behavior, 1990, 12.

[96] Prahalad C K and Venkat R. The Future of Competition: Co-Creating Unique Value With Customers. Harvard Business School Press,2004.

[97] Ricardo Hausman and Bailey Klinger. The Structure of the Product Space and the Evolution of Comparative Advantage. CID Working Paper No. 146, 2007.

[98] Riddle:Service-Led Growth: The Role of the Service Sector in World Develepment, Praeger, 1986.

[99] Richard A. Congestion Tolling with Agglomeration Externalities. Journal of Urban Economics, 2007,62:187—203.

[100] Roberta R, Anna C and Giovanna H. Italian Industrial Districts on the Move: Where Are They Going? European Planning Studies, 2009, 17(1): 19—41.

[101] Romer P M. Endogenous Technological Change. Journal of Political Economy,1990,98(5):71—102.

[102] Ruan J and Zhang X. Finance and Cluster-based Industrial Development in China. Economic Development and Cultural Change, 2009, 58(4).

[103] Sammarra A. Relocation and the International Fragmentation of Industrial Districts Value Chain: Matching Local and Global Perspectives. In Belussi, F, and Sammarra, A. (eds), Industrial Districts, Relocation and the Governance of the Global Value Chain(Padova: Cleup),2005: 61—70.

[104] Sammarra A and Belussi F. Evolution and Relocation in

Fashion-led Italian Districts: Evidence from Two Case-studies. Entrepreneurship and Regional Development, 2006(18): 543—562.

[105] Scott A J. Industrial Organization and Location: Division of Labor, the Firm and Spatial Process. Economic Geography, 1986, 62(3): 215—231.

[106] Scott A J. From Silicon Valley to Hollywood: Growth and Development of the Multimedia Industrial in California. Braczyk, H. J. et al. Regional Innovation Systems. UCL Press, 1998.

[107] Shapiro C. Navigating the Patent Thicket: Cross licenses, Patent Pools, and Standard-setting. NBER Conference on Innovation Policy and Economy, 2001:119—150.

[108] Smith D M. Industrial Location: An Economic Analysis. John Wiley & Sons, 1971.

[109] Sonobe T and Otsuka K. Cluster-based Industrial Development: An East Asia model. Palgrave Macmillan, 2006.

[110] Sun H P. Industry Relocation and Manufacturing Clusters Upgrading. Advanced Materials Research, 2010, 102—104:786—790.

[111] Tallman S, Jenkins M, Henry N and Pinch S. Knowledge Clusters and Competitive Advantage in Global Industries. Working Paper Presented in Strategic Management Society Conference, 1999.

[112] Teece D and Pisano G. The Dynamic Capabilities of Firms: An Introduction Industrial and Corporate Change, 1994:3.

[113] Toshihiro O. Trade Liberalization and Agglomeration

with Firm Heterogeneity: Forward and Backward Linkages. Regional Science and Urban Economics, 2009,39:530 —541.

[114] Tichy. Clusters: Less Dispensable and More Risky than Ever, Cluster and Regional Specialization. Published by Pion Limited, 207 Brandenburg Park, London NW25JM,1998.

[115] Valter D G and Marcello P. Local and Global Agglomeration Patterns: Two Econometrics-based Indicators. Regional Science and Urban Economics, 2011, 41: 266 —280.

[116] Van Dijk J and Pellenbarg P H. Firm Relocation Decisions in the Netherlands: An Ordered Logit Approach. Regional Science, 2000, 79: 191—219.

[117] Vernon R. International Investment and International Trade in the Product Cycle. Quarterly Journal of Economics,1966,63:281—293.

[118] Weber M. The Protestant Ethic and the Spirit of Capitalism. George Allen, 1930.

[119] Wen-Jung Liang, Hong Hwang and Chao-Cheng Mai. Spatial Discrimination: Bertrand vs. Cournot with Asymmetric Demands. Working Paper, 2004.

[120] Williamson O E. Transaction Cost Economics: The Governance of Contractual Relations. Journal of Law and Economics, 1979, 22: 233—261.

[121] Williamson O E. Market and Hierarchies: Analysis and Antitrust Implications. The Free Press, 1985.

[122] 阿兰·斯密德:《制度与行为经济学》,中国人民大学出版社,2004 年。

[123] 阿瑟·刘易斯:《国际经济秩序的演变》,商务印书馆,1984年。

[124] 安虎森:《空间经济学教程》,经济科学出版社,2006年。

[125] 奥斯特罗姆等:《制度激励与可持续发展》,上海三联书店,2000年。

[126] 白玫:《企业迁移研究》,南开大学博士学位论文,2003年。

[127] 保罗·奥默罗德:《蝴蝶效应经济学》,中信出版社,2006年。

[128] 蔡昉、王德文、曲玥:《中国产业升级的大国雁阵模型分析》,《经济研究》,2009年第9期。

[129] 蔡宁、杨闩柱、吴结兵:《企业集群风险的研究:一个基于网络的视角》,《中国工业经济》,2003年第4期。

[130] 陈刚、刘珊珊:《产业转移理论研究:现状与展望》,《当代财经》,2006年第10期。

[131] 陈国强:《中国服装产业蓝本寓言——宁波服装观察》,中国纺织出版社,2008年。

[132] 陈海宁:《中国文化创意产业的演化机制与发展对策》,《江苏大学学报(社会科学版)》,2009年第6期。

[133] 陈继祥:《产业集群与复杂性》,上海财经大学出版社,2005年。

[134] 陈劲、王焕祥:《演化经济学》,清华大学出版社,2008年。

[135] 陈建军:《产业区域转移与东扩西进战略——理论与实证分析》,中华书局,2002年。

[136] 陈建军:《要素流动、产业转移和区域经济一体化》,浙江大学出版社,2009年。

[137] 陈剑锋:《产业集群的理论与实践研究》,武汉理工大学博士学位论文,2003年。

[138] 陈平:《文明分岔、经济混沌和演化经济动力学》,北京大学出版社,2004年。

[139] 陈蕊:《区域产业梯度转移调控研究》,合肥工业大学博士学位论文,2008年。

[140] 陈耀、冯超:《贸易成本、本地关联与产业集群迁移》,《中

工业经济》,2008 年第 3 期。

[141] 陈仲常、臧新运:《农村劳动力转移的区域差异与跨区流动度的估量》,《经济问题》,2006 年第 1 期。

[142] 程大中:《生产者服务论》,文汇出版社,2006 年。

[143] Cheng Hsiao:《面板数据分析(影印版)》,北京大学出版社,2005 年。

[144] 程胜、张俊飚:《产业集群动态演化过程的稳态和混沌分析》,《学术月刊》,2007 年第 10 期。

[145] 褚劲风:《世界创意产业的兴起、特征与发展趋势》,《世界地理研究》,2005 年第 12 期。

[146] 达莫达尔·古亚拉提:《经济计量学精要》,机械工业出版社,2006 年。

[147] 道格拉斯·诺思:《制度、制度变迁与经济绩效》,上海人民出版社,2008 年。

[148] 戴宏伟、王云平:《产业转移与区域产业结构调整的关系分析》,《当代财经》,2008 年第 2 期。

[149] 邓海、郭惟地、章涛、周琼:《产业转移:想象与现实》,浙商网,2010-9-21,http://biz.zjol.com.cn/05biz/system/2010/09/21/016949012.shtml.

[150] 杜晓君、马大明、宋宝全:《专利联盟的序贯创新效应研究》,《科学学与科学技术管理》,2011 年第 2 期。

[151] 范剑勇:《长三角一体化、地区专业化与制造业空间转移》,《管理世界》,2004 年第 11 期。

[152] 方澜:《中国纺织产业集群的演化理论与实证研究》,东华大学博士学位论文,2006 年。

[153] 冯根福、刘志勇、蒋文定:《我国东中西部地区间工业产业转移的趋势、特征及形成原因分析》,《当代经济科学》,2010 年第 2 期。

[154] 弗兰克·奈特:《风险、不确定性与利润》,商务印书馆,

2006 年。

[155] 范纯增、姜虹:《产业集群间互动发展的动力机制、合争强度与效应》,《经济地理》,2011 年第 8 期。

[156] 符正平、曾素英:《集群产业转移中的转移模式与行动特征》,《管理世界》,2008 年第 12 期。

[157] 昝廷全:《系统经济学》,中国经济出版社,1997 年。

[158] 干春晖:《产业经济学教程与案例》,机械工业出版社,2007 年。

[159] 高伟生、许培源:《区域内地方政府合作与竞争的博弈分析》,《企业经济》,2007 年第 5 期。

[160] 格罗斯曼、赫尔普曼:《全球经济中的创新与增长》,何帆等译,中国人民大学出版社,2003 年。

[161] 耿伟:《内生比较优势演进的理论与实证》,中国财政经济出版社,2008 年。

[162] 古扎拉蒂:《计量经济学》,林少宫译,中国人民大学出版社,2000 年。

[163] 顾朝林:《产业结构重构与转移——长江三角地区及主要城市比较研究》,江苏人民出版社,2003 年。

[164] 顾强主编:《中国产业集群》(第七辑),机械工业出版社,2008 年。

[165] 郭丽:《产业区域转移粘性分析》,《经济地理》,2009 年第 3 期。

[166] 郭力、陈浩、曹亚:《产业转移与劳动力回流背景下农民工跨省流动意愿的影响因素分析》,《中国农村经济》,2011 年第 6 期。

[167] 郭茜琪:《制度视角:从产业同构走向产业分工》,中国财政经济出版社,2008 年。

[168] 何慧爽、刘东勋:《要素禀赋论与国际产业转移的刚性及其突破》,《国际经贸探索》,2006 年第 3 期。

[169] 贺灿飞、魏后凯:《信息成本、集聚经济与中国外商投资区位》,《中国工业经济》,2001 年第 9 期。

[170] 赫尔普曼、克鲁格曼:《市场结构和对外贸易》,上海人民出版社,2009年。

[171] 贺胜兵、刘友金、周华蓉:《沿海产业为何难以向中西部地区转移——基于企业网络招聘工资地区差异的解析》,《中国软科学》,2012年第1期。

[172] 洪银兴:《从比较优势到竞争优势》,《经济研究》,1997年第6期。

[173] 胡济飞:《企业的产业转移行为影响因素分析》,浙江大学硕士学位论文,2009年。

[174] 胡宇辰:《产业集群对梯度转移理论的挑战》,《江西财经大学学报》,2007年第5期。

[175] 侯经川:《基于博弈论的国家竞争力评价体系研究》,武汉大学博士学位论文,2005年。

[176] 侯经川、黄祖辉、钱文荣:《比较优势与制度安排》,《公共管理学报》,2006年第4期。

[177] 侯经川、黄祖辉、钱文荣:《创新、动态比较优势与经济竞争力提升》,《数量经济技术经济研究》,2007年第5期。

[178] 黄河、罗琼、梅岭:《民工荒,谁在慌?》,《南方周末》,2010年3月4日第3版。

[179] 黄宁:《基于比较优势动态化的中国贸易条件研究》,人民出版社,2008年。

[180] 黄少军:《服务业与经济增长》,经济科学出版社,2000年。

[181] 黄祖辉:《转型、发展与制度变革——中国三农问题研究》,上海人民出版社,2008年。

[182] 黄祖辉:《包容性发展与中国转型》,《人民论坛》,2011年第4期。

[183] 吉本斯:《博弈论基础》,中国社会科学出版社,1999年。

[184] 吉敏、胡汉辉:《苏南产业集群升级的路径选择——基于产业集群式跨国转移发展的构想》,《软科学》,2009年第2期。

［185］吉姆·柯林斯、杰里·波勒斯:《基业长青》,中信出版社,2009 年。

［186］姜安印:《转型成长中区域突破现象的制度解释》,人民出版社,2008 年。

［187］姜明伦、于敏:《中国包容性增长指数构建研究》,《江淮论坛》,2012 年第 2 期。

［188］杰克·弗罗门:《经济演化——探究新制度经济学的理论基础》,经济科学出版社,2003 年。

［189］金碚:《工业经济学新体系研究》,《中国工业经济》,2005 年第 1 期。

［190］金丽国:《区域主体与空间自组织》,上海人民出版社,2007 年。

［191］金祥荣、朱希伟:《专业化产业区的起源与演化——一个历史与理论视角的考察》,《经济研究》,2002 年第 8 期。

［192］金煜、陈钊、陆铭:《中国的地区工业集聚:经济地理、新经济地理与经济政策》,《经济研究》,2006 年第 4 期。

［193］鞠芳辉、谢子远、谢敏:《产业集群促进创新的边界条件解析》,《科学学研究》,2012 年第 1 期。

［194］卡尔·波兰尼:《大转型:我们时代的政治与经济起源》,浙江人民出版社,2007 年。

［195］康芒斯:《制度经济学》,科学出版社,2003 年。

［196］柯武刚、史漫飞:《制度经济学》,商务印书馆,2000 年。

［197］库尔特·多普菲:《演化经济学:纲领与范围》,高等教育出版社,2004 年。

［198］劳尔·普雷维什:《外围资本主义:危机与改造》,商务印书馆,1990 年。

［199］理查德·E·凯夫斯:《创意产业经济学》,新华出版社,2004 年。

［200］李刚:《"包容性增长"的学源基础、理论框架及其政策指向》,《经济学家》,2011 年第 7 期。

[201] 李海舰、原磊:《论无边界企业》,《中国工业经济》,2005 年第 4 期。

[202] 李辉文:《现代比较优势理论研究》,中国人民大学出版社, 2006 年。

[203] 李凯、李世杰:《产业集群的组织分析》,经济管理出版社, 2007 年。

[204] 李宁:《21 世纪经济地域空间结构的新变化》,《经济地理》, 2002 年第 1 期。

[205] 李善同、高传胜:《中国生产者服务业发展与制造业升级》, 上海三联书店,2008 年。

[206] 李松志、杨杰:《国内产业转移研究综述》,《商业研究》, 2008 年第 2 期。

[207] 李松志:《基于集群理论的佛山禅城陶瓷产业转移时空演替机理研究》,《人文地理》,2009 年第 1 期。

[208] 李占国、孙久文:《我国产业区域转移滞缓的空间经济学解释及其加速途径研究》,《经济问题》,2011 年第 1 期。

[209] 厉无畏、王如忠:《创意产业——城市发展的新引擎》,上海社会科学院出版社,2005 年。

[210] 联合国跨国公司中心:《1992 年世界投资报告》,对外贸易教育出版社,1993 年。

[211] 梁琦:《产业集聚论》,商务印书馆,2004 年。

[212] 梁琦:《产业集聚的均衡性和稳定性》,《世界经济》,2004 年第 6 期。

[213] 林毅夫:《潮涌现象与发展中国家宏观经济的重新构建》, 《经济研究》,2007 年第 1 期。

[214] 林毅夫、蔡昉、李周:《中国的奇迹:发展战略与经济改革》, 上海人民出版社,1999 年。

[215] 林毅夫、李永军:《比较优势、竞争优势与发展中国家的经济发展》,《管理世界》,2003 年第 7 期。

[216] 蔺雷、吴贵生:《制造业发展与服务创新》,科学出版社,2008 年。

[217] 刘泮印:《产业集群背景下中小企业战略联盟模式与运行机制研究》,中国海洋大学博士学位论文,2007 年。

[218] 刘春香:《产业集群条件下中小企业的配套协作行为研究——以温州产业集群为例》,《科技进步与对策》,2007 年第 8 期。

[219] 刘恒江、陈继祥、周莉娜:《产业集群动力机制研究的最新动态》,《外国经济与管理》,2004 年第 7 期。

[220] 刘力、程华强:《产业集群生命周期演化的动力机制研究》,《上海经济研究》,2006 年第 6 期。

[221] 刘力、张健:《珠三角企业迁移调查与区域产业转移效应分析》,《国际经贸探索》,2008 年第 10 期。

[222] 刘明、李善同:《改革开放以来中国全要素生产率变化和未来增长趋势》,《经济研究参考》,2011 年第 33 期。

[223] 刘友金:《中小企业集群式创新》,中国经济出版社,2004 年。

[224] 刘友金、肖雁飞、廖双红、张琼:《基于区位视角中部地区承接沿海产业转移空间布局研究》,《经济地理》,2011 年第 10 期。

[225] 刘友金、袁祖凤、易秋平:《共生理论视角下集群式产业转移进化博弈分析》,《系统工程》,2012 年第 2 期。

[226] 刘世锦:《中国产业集群发展报告 2007－2008》,中国发展出版社,2008 年。

[227] 刘嗣明、童欢、徐慧:《中国区际产业转移的困境寻源与对策探究》,《经济评论》,2007 年第 6 期。

[228] 刘志彪:《现代产业经济学》,高等教育出版社,2003 年。

[229] 刘志彪等:《服务业驱动长三角》,中国人民大学出版社,2008 年。

[230] 卢锋:《服务外包的经济学分析:产品内分工视角》,北京大学出版社,2007 年。

[231] 卢根鑫:《国际产业转移论》,上海人民出版社,1997年。

[232] 陆瑾:《产业组织演化研究——从对主流经济理论的批判到基于演化框架的分析》,复旦大学博士学位论文,2005年。

[233] 鲁德银:《企业家行为、企业迁移、产业集群与农村城镇化政策》,《财经研究》,2007年第11期。

[234] 罗浩:《中国劳动力无限供给与产业区域粘性》,《中国工业经济》,2003年第4期。

[235] 罗纳德·肖恩:《动态经济学导论》,对外经济贸易大学出版社,2005年。

[236] 岁男、曹丽莉:《中国制造业集聚程度变动趋势实证研究》,《统计研究》,2005年第8期。

[237] 马克思:《资本论》(第一卷),上海三联书店,2009年。

[238] 马歇尔:《经济学原理》,商务印书馆,2005年。

[239] 马子红:《中国区际产业转移与地方政府的政策选择》,人民出版社,2009年。

[240] 毛广雄:《基于社会资本理论的产业转移研究:江苏南北共建开发区模式解析》,《人文地理》,2010年第4期。

[241] 梅特卡夫:《演化经济学与创造性毁灭》,中国人民大学出版社,2007年。

[242] 孟韬:《网络视角下的产业集群组织研究》,中国社会科学出版社,2009年。

[243] 聂华林、高新才:《欠发达地区区域经济发展的战略创新》,《中国人民大学学报》,1999年第2期。

[244]《宁波中国名牌产品达61个,居全国第三浙江省第一》,中国质量新闻网,2007-9-13,http://www.cqn.com.cn/news/zljd/zhjsh/171239.html.

[245] 彭莉:《浙江产业集群化发展现状与问题研究——以台州缝制设备制造业为例》,《新疆农垦经济》,2008年第6期。

[246] Polenske K R.:《创新经济地理》,高等教育出版社,2009年。

[247] 乔伟丽:《湖北承接加工贸易产业转移研究》,武汉理工大学硕士学位论文,2009 年。

[248] 秦夏明、董沛武、李汉玲:《产业集群形态演化阶段探讨》,《中国软科学》,2004 年第 12 期。

[249] 青木昌彦:《什么是制度? 我们如何理解制度?》,《经济社会体制比较》,2000 年第 6 期。

[250] 仇保兴:《小企业集群研究》,复旦大学出版社,1999 年。

[251] 钱学森、于景元、戴汝为:《一个科学新领域——开放的复杂巨系统及其方法论》,《自然杂志》,1990 年第 1 期。

[252] 钱文荣、邬静琼:《城市化过程中农村企业迁移意愿实证研究》,《浙江社会科学》,2003 年第 1 期。

[253] 阮建青:《基于产业集群模式的农村工业化萌芽与成长机制研究》,浙江大学博士学位论文,2009 年。

[254] 芮明杰、李想:《网络状产业链构造与运行》,上海人民出版社,2009 年。

[255] 萨谬·鲍尔斯:《微观经济学:行为,制度和演化》,中国人民大学出版社,2006 年。

[256] 申恩平:《企业群落演化路径与厂商行为研究》,浙江大学博士学位论文,2005 年。

[257] 盛昭瀚、蒋德鹏:《演化经济学》,上海三联书店,2002 年。

[258] 石东平、夏华龙:《国际产业转移与发展中国家产业升级》,《亚太经济》,1998 年第 10 期。

[259] 石奇:《集成经济原理与产业转移》,《中国工业经济》,2004 年第 10 期。

[260] 世界银行增长与发展委员会:《增长报告——可持续增长和包容性发展的战略》,中国金融出版社,2008 年。

[261] 斯蒂芬·马丁:《高级产业经济学》,上海财经大学出版社,2003 年。

[262] 史马迁:《史记》,中华书局,2006 年。

[263] 史晋川、金祥荣、赵伟、罗卫东:《制度变迁与经济发展:温州模式研究》,浙江大学出版社,2002年。

[264] 苏东水:《产业经济学》,高等教育出版社,2005年。

[265] 苏晓光:《宁波生产性服务业发展求突破》,《宁波经济》,2008年第11期。

[266] 隋映辉、解学梅、赵琨:《全球产业转移:分散化、集群路径与规制》,《福建论坛》,2007年第8期。

[267] 孙华平:《生产性服务业的空间集聚及演化》,《浙江树人大学学报》,2009年第3期。

[268] 孙华平:《我国发展创意产业的优势与现状分析》,《中国信息报》,2009年6月24日,第7版。

[269] 孙华平:《产业集群网络动态演化的稳定性分析》,《统计与决策》,2009年第17期。

[270] 孙华平:《产业集群发展的路径锁定与升级对策》,《浙江万里学院学报》,2010年第3期。

[271] 孙华平:《长三角港口物流产业发展博弈分析》,《价格月刊》,2010年第7期。

[272] 孙华平、黄祖辉:《区域产业转移中的地方政府博弈》,《贵州财经学院学报》,2008年第3期。

[273] 孙华平、黄祖辉:《民营企业承接国际生产性服务业转移研究》,《浙江树人大学学报》,2008年第3期。

[274] 孙华平、黄祖辉:《区际产业转移与产业集聚的稳定性》,《技术经济》,2008年第7期。

[275] 孙华平、谢子远、孙莹:《基于全球价值网的产业集群升级研究》,《华东经济管理》,2012年第5期。

[276] 孙雅玲、孙华平:《服务业FDI与服务贸易关系的实证研究》,《浙江树人大学学报》,2010年第4期。

[277] 孙雅玲、孙华平:《宁波服务贸易比较优势测度及竞争战略选择》,《价格月刊》,2010年第8期。

[278] 孙洛平、孙海琳:《产业集聚的交易费用理论》,中国社会科学出版社,2006年。

[279] 泰勒尔:《产业组织理论》,中国人民大学出版社,1997年。

[280] 谭文柱、王缉慈、陈倩倩:《全球鞋业转移背景下我国制鞋业的地方集群升级——以温州鞋业集群为例》,《经济地理》,2006年第1期。

[281] 汤吉军:《沉淀成本经济学与国有经济动态演化分析》,经济科学出版社,2008年。

[282] 田家欣、贾生华:《网络视角下的集群企业能力构建与升级战略:理论分析与实证研究》,浙江大学出版社,2008年。

[283] 田敏:《总部经济与中心城市产业升级研究》,西南财经大学博士学位论文,2008年。

[284] 王传宝:《全球价值链视角下地方产业集群升级机理研究》,浙江大学出版社,2010年。

[285] 王红亮、李国平:《创意产业对转变经济增长模式的促进作用》,《经济纵横》,2007年第5期。

[286] 王辉龙:《集群、租与产业转移:一个理论分析框架》,《华东经济管理》,2009年第10期。

[287] 王缉慈:《创新的空间:企业集群与区域发展》,北京大学出版社,2001年。

[288] 王缉慈:《超越集群——中国产业集群的理论探索》,科学出版社,2010年。

[289] 王金武:《我国生产性服务业和制造业互动分析及其对策研究》,武汉理工大学硕士学位论文,2005年。

[290] 王静华:《产业集群演进的理论与案例分析》,复旦大学博士学位论文,2007年。

[291] 王猛:《截至2009年外商直接投资中国达9454亿美元》,国际在线,2010-4-14,http://news.163.com/10/0414/15/6488B1QF000146BD.html.

[292] 王若明:《2009/2010 宁波纺织服装产业发展报告》,中国纺织出版社,2010 年。

[293] 王世军:《综合比较优势理论与实证研究》,中国社会科学出版社,2007 年。

[294] 王文成、杨树旺:《中国产业转移问题研究:基于产业集聚效应》,《中国经济评论》,2004 年第 8 期。

[295] 王志成、谢佩洪、陈继祥:《城市发展创意产业的影响因素分析及实证研究》,《中国工业经济》,2007 年第 8 期。

[296] 王业强:《国外企业迁移研究综述》,《经济地理》,2007 年第 1 期。

[297] 王忠平、王怀宇:《区际产业转移形成的动力研究》,《大连理工大学学报》,2007 年第 1 期。

[298] 王仲智:《产业集群:网络视角的考察》,中国环境科学出版社,2007 年。

[299] 汪斌:《国际区域产业结构分析导论——一个一般理论及其对中国的应用分析》,上海三联书店,2001 年。

[300] 威廉姆森:《资本主义经济制度》,商务印书馆,2002 年。

[301] 魏江、申军:《产业集群学习模式和演进路径研究》,《研究与发展管理》,2003 年第 2 期。

[302] 魏后凯:《现代区域经济学》,经济管理出版社,2006 年。

[303] 魏后凯:《沿海经济向哪里转型》,《浙江经济》,2009 年第 15 期。

[304] 魏后凯:《产业转移的发展趋势及其对竞争力的影响》,《福建论坛(经济社会版)》,2003 年第 4 期。

[305] 魏后凯、白玫:《中国上市公司总部迁移现状及特征分析》,《中国工业经济》,2008 年第 9 期。

[306] 韦伯:《工业区位论》,商务印书馆,1997 年。

[307] 文嫮、曾刚:《从地方到全球:全球价值链框架下集群的升级研究》,《人文地理》,2005 年第 4 期。

[308] 吴家曦:《2008 浙江省中小企业发展报告》,社会科学文献

出版社,2009 年。

[309] 吴晓波:《能力构建是实现包容性增长的核心》,《人民论坛》,2011 年第 4 期。

[310] 夏兰、周钟山:《基于网络结构视角的产业集群演化和创新》,中国市场出版社,2006 年。

[311] 向国成、韩绍凤:《综合比较优势理论:比较优势理论的三大转变》,《财贸经济》,2005 年第 6 期。

[312] 晓明:《包容性发展与中国转型升级学术研讨会综述》,新华网,2011－3－3,http：// www. zj. xinhuanet. com/news-center/content22193788. html.

[313] 解平:《贫困地区如何实现包容性发展》,《甘肃日报》,2011 年 4 月 11 日,第 11 版。

[314] 熊彼特:《经济发展理论》,商务印书馆,1990 年。

[315] 徐朝阳、林毅夫:《发展战略与经济增长》,《中国社会科学》,2010 年第 3 期。

[316] 徐玖平、胡知能:《经济管理的动态理论》,科学出版社,2004 年。

[317] 徐康宁:《产业集聚形成的源泉》,人民出版社,2006 年。

[318] 许继琴:《产业集群与区域创新系统》,经济科学出版社,2006 年。

[319] 亚当·斯密:《国民财富的性质和原因的研究》,商务印书馆,1972 年。

[320] 杨洪焦、孙林岩、吴安波:《中国制造业聚集度的变动趋势及其影响因素研究》,《中国工业经济》,2008 年第 4 期。

[321] 杨静、杨建梅:《企业集群竞争力 GEM 模型与钻石模型的对比研究》,《科技进步与对策》,2003 年第 10 期。

[322] 杨其静:《企业家的企业理论》,中国人民大学出版社,2005 年。

[323] 杨小凯:《专业化与经济组织》,经济科学出版社,1999 年。

[324] 姚先国、朱海:《产业区"灵活专业化"的两种不同模式比

较——兼论"特质交易"观点》,《中国工业经济》,2002 年第 6 期。

[325] 俞国琴:《中国地区产业转移》,学林出版社,2006 年。

[326] 于俊年:《计量经济学软件 EViews 的使用》,对外经济贸易大学出版社,2006 年。

[327] 约翰·福斯特等:《演化经济学前沿》,贾根良译,高等教育出版社,2005 年。

[328] 约翰·厄里:《全球复杂性》,李冠福译,北京师范大学出版社,2009 年。

[329] 臧旭恒、何青松:《试论产业集群租金与产业集群演进》,《中国工业经济》,2007 年第 3 期。

[330] 曾咏梅:《产业集群嵌入全球价值链的模式研究》,《经济地理》,2011 年第 3 期。

[331] 张存菊、苗建军:《基于 Panel-data 的区际产业转移粘性分析》,《软科学》,2010 年第 1 期。

[332] 张公嵬:《珠三角产业转移与产业集群升级路径分析》,《现代管理科学》,2008 年第 1 期。

[333] 张公嵬:《我国产业集聚的变迁与产业转移的可行性研究》,《经济地理》,2010 年第 10 期。

[334] 张海涛、苏同华、钱春海:《创意产业兴起的背景分析与启示》,《中国软科学》,2006 年第 12 期。

[335] 张辉:《企业价值链理论与我国产业发展研究》,《中国工业经济》,2004 年第 5 期。

[336] 张辉:《全球价值链下地方产业集群转型和升级》,经济科学出版社,2006 年。

[337] 张健:《泛珠区域产业转移的结构效应与环境效应分析》,广东外语外贸大学硕士学位论文,2009 年。

[338] 张捷:《产品构造、文化禀赋与分工组织——水平分工格局下贸易结构的形成机制初探》,《新政治经济学评论(总第 6

期)》,上海人民出版社,2007年。

[339] 张明倩:《中国产业集聚现象统计模型及应用研究》,中国标准出版社,2007年。

[340] 张谋贵:《皖江城市带承接产业转移示范区建设研究》,《中国城市经济》,2010年第3期。

[341] 张宁:《东企西迁的理论与实证分析》,兰州大学硕士学位论文,2008年。

[342] 张其仔:《比较优势的演化与中国产业升级路径的选择》,《中国工业经济》,2008年第9期。

[343] 张小蒂、王焕祥:《国际投资与跨国公司》,浙江大学出版社,2004年。

[344] 张晓峒:《应用数量经济学》,机械工业出版社,2009年。

[345] 张孝锋、蒋寒迪:《产业转移对区域协调发展的影响及其对策》,《财经理论与实践》,2006年第4期。

[346] 张书军、王珺、李新春、丘海雄:《产业集群、家族企业与中小企业创业国际研讨会综述》,《经济研究》,2007年第5期。

[347] 张婷婷、高新才:《我国欠发达地区承接产业转移实证比较研究》,《青海社会科学》,2009年第1期。

[348] 张伟:《后发优势与贸易发展》,中国社会科学出版社,2003年。

[349] 张维迎:《博弈论与信息经济学》,上海人民出版社,1999年。

[350] 张五常:《中国的经济制度》,中信出版社,2009年。

[351] 张旭昆:《制度演化分析导论》,浙江大学出版社,2007年。

[352] 张燕:《价值网——一种新的战略思维组合》,《价值工程》,2002年第2期。

[353] 章宝林、王文平:《人力流动对集群升级的作用机制研究》,《软科学》,2009年第1期。

[354] 赵伟:《长三角经济:一个多层次核心－外围综合框架》,《浙江社会科学》,2007年第5期。

[355] 赵伟、陈文芝:《沉没成本与出口滞后》,《财贸经济》,2007

年第 10 期。

[356] 郑宏星:《产业集群演进的制度分析》,中国社会科学出版社,2008 年。

[357] 郑文智:《国内制造业集群式转移趋势及其约束条件研究》,《中国软科学》,2007 年第 10 期。

[358]《中国制造之雅戈尔解读》,雅戈尔集团公司内部资料。

[359] 周黎安:《晋升博弈中政府官员的激励与合作——兼论我国地方保护主义和重复建设问题长期存在的原因》,《经济研究》,2004 年第 6 期。

[360] 周浩:《企业集群的共生模型及稳定性分析》,《系统工程》,2003 年第 4 期。

[361] 邹至庄:《中国经济转型》,中国人民大学出版社,2005 年。

[362] 朱华友、孟云利、刘海燕:《集群视角下的产业转移的路径、动因及其区域效应》,《社会科学家》,2008 年第 7 期。

[363] 朱坚真、周映萍:《我国东部向中部地区产业转移的态势、问题与建议》,《江南大学学报(人文社会科学版)》,2009 年第 6 期。

[364] 朱雪忠、詹映、蒋逊明:《技术标准下的专利池对我国自主创新的影响研究》,《科研管理》,2007 年第 2 期。

[365] 朱允卫、董美双:《基于全球价值链的温州鞋业集群升级研究》,《国际贸易问题》,2006 年第 10 期。

[366] 庄晋财、沙开庆、程李梅、孙华平:《创业成长中双重网络嵌入的演化规律研究》,《中国工业经济》,2012 年第 8 期。

[367] 庄晋财、吴碧波:《西部地区产业链整合的承接产业转移模式研究》,《求索》,2008 年第 10 期。

附　录

调研企业名录

1	宁波东钱湖林腾制衣有限公司	19	宁波东钱湖荣成制衣厂
2	宁波毅豪印绣花厂	20	宁波东钱湖波诺娃制衣有限公司
3	江东联成服饰有限公司	21	汇丰针织制衣（汇鑫服饰）
4	宁波创意服装厂	22	宁波贺丰绣花厂
5	宁波明达彩印有限公司	23	宁波千百合服饰有限公司
6	宁波市杰逊服饰有限公司	24	宁波双美绣花厂
7	宁波顺利针织厂	25	宁波汇进电脑绣花厂
8	宁波兴信织造制衣厂	26	宁波欣亚制衣有限公司
9	宁波康利制衣厂	27	宁波丽信制衣有限公司
10	宁波蕾胜服装厂	28	普天姆服饰有限公司
11	宁波集锦制衣有限公司	29	宁波某无名纱厂
12	宁波邱隘嘉琪制衣有限公司	30	宁波燕庆服饰有限公司
13	鄞州诗蒂服饰有限公司	31	宁波琳琳制衣有限公司
14	陵腾制衣有限公司	32	宁波恒宇服装厂
15	宁波宇璟制衣有限公司	33	宁波福达制衣厂
16	宁波顺衣服装厂	34	宁波诗琪服饰有限公司
17	宁波高度服装厂（设计企业）	35	宁波碧豪制衣有限公司
18	宁波利鑫制衣厂	36	宁波黎明针织有限公司

37	宁波鄞州古林全天鹅制衣厂	62	鄞州日成针织服装厂
38	宁波艾薇服饰有限公司	63	鄞州波杰尔制衣厂
39	宁波宝鑫服饰有限公司	64	鄞州东海绣品厂
40	宁波成圣服饰有限公司	65	鄞州承昊制衣有限公司
41	宁波双银制衣有限公司	66	宁波佳楠制衣厂
42	宁波清荣服饰有限公司	67	宁波光明针织有限公司
43	鄞州新起服饰标牌厂	68	宁波天宇针织有限公司
44	宁波时灵制衣厂	69	宁波维楮制衣有限公司
45	宁波盈昌织造厂	70	宁波雅晨服饰有限公司
46	宁波雄润服饰印花厂	71	宁波宁科制衣厂
47	宁波德美家纺有限公司	72	宁波王涛服饰有限公司
48	鄞州下应巾帼绣品厂	73	宁波弘佳印花厂
49	鄞州恒发服装有限公司	74	宁波瑞瑞服饰有限公司
50	鄞州华鑫绣花厂	75	宁波奥宇服饰有限公司
51	宁波益凯针织服饰有限公司	76	鄞州高德服饰有限公司
52	宁波宏宇服饰有限公司	77	鄞州润盛服装辅料厂
53	宁波羽艺服饰有限公司	78	宁波晟雅服饰有限公司
54	鄞州天明制衣厂	79	宁波狮丹努针织有限公司
55	鄞州邱隘青荣织造厂	80	宁波华凯纺织品有限公司
56	宁波德邦盛衣有限公司	81	宁波中秀服饰有限公司
57	宁波华琳制衣有限公司	82	宁波鄞州锦斌服饰有限公司
58	鄞州腕鹏制衣有限公司	83	宁波振汇服饰有限公司
59	鄞州邱隘巧佳电脑绣花厂	84	宁波添仕制衣厂
60	鄞州邱隘通达针织厂	85	鄞州艳艳织带厂
61	宁波华艺服饰有限公司	86	宁波凯佳服饰有限公司

续表

87	宁波旗兴纺织有限公司	111	宁波洛兹集团
88	宁波华艳制衣有限公司	112	宁波雅戈尔集团
89	宁波名饰服装有限公司	113	宁波布利杰集团
90	宁波市鄞州吉士缘服饰	114	宁波博洋集团
91	宁波市鄞州唐宁服饰有限公司	115	宁波爱尔妮集团
92	淘宝网店某店主（位于鄞州区古林镇）	116	宁波远盛纺织有限公司
93	宁波升维制线有限公司	117	宁波老 K 制衣有限公司
94	宁波富婷服饰有限公司	118	宁波东捷缝纫机有限公司
95	宁波金羽服饰有限公司	119	宁波永安服饰有限公司
96	宁波静霞服饰有限公司	120	宁波瀛利制衣厂
97	宁波梦依柔床上用品厂	163	宁波爱伊美集团
98	宁波瑞丽祥制衣有限公司	122	宁波鄞州佳联服装厂
99	宁波天宇绣花厂	123	宁波勤鹰服饰有限公司
100	宁波大时代服饰标牌厂	124	宁波圣麒国际贸易有限公司
101	宁波法诗威制衣有限公司	125	宁波卓洋家纺集团
102	宁波多尺寸电子商务有限公司	126	宁波泰尔服装辅料
103	宁波依格赛特服饰有限公司	127	宁波爱邦聚达进出口有限公司
104	宁波兴裕针织有限公司	128	宁波爱丽制衣
105	宁波川纺制衣厂	129	宁波东华针织时装有限公司
106	宁波鄞州麦克英孚婴童用品有限公司	130	宁波禾腾制衣厂
107	宁波申洲集团	131	鄞州新城带业有限公司
108	宁波培罗成集团	132	宁波菲戈集团
109	宁波太平鸟集团	133	宁波罗蒙集团
110	宁波杉杉摩顿服装有限公司	134	宁波伊利宝服饰有限公司

135	宁波仕达实业有限公司	153	宁波吉安特服饰有限公司
136	宁波竞宏纺织厂	154	鄞州珂颖织带有限公司
137	宁波和领元面辅料有限公司	155	宁波方宏机械有限公司
138	宁波诺尔贝迪服饰制衣有限公司	156	新启航服装标牌厂
139	宁波三鄞机械有限公司	157	宁波丹盈服饰有限公司
140	宁波裕人针织机械有限公司	158	宁波方翔鞋业服饰有限公司
141	宁波春芽子服饰厂	159	宁波三寅衣架有限公司
142	宁波索科纺织品公司	160	俊杰针织面料有限公司
143	宁波中汇针织有限公司	161	宁波艾特制衣厂
144	宁波意达丰羊绒制品公司	162	新大昌织造有限公司
145	宁波关键点品牌策划	163	宁波精艺成服装辅料厂
146	宁波叠加印务有限公司	164	宁波张丰织带厂
147	宁波佳璐印务有限公司	165	奉化盛达制衣厂
148	宁波金昌转印厂	166	宁波欣得戈服饰有限公司
149	宁波黎昇花边有限公司	167	宁波欧宝机械有限公司
150	宁波萌恒抽纱有限公司	168	宁波帆盛服饰有限公司
151	宁波波士制衣有限公司	169	宁波永安服饰有限公司
152	宁波大丰服饰有限公司	170	宁波博奥服饰有限公司

宁波服装企业调查问卷

问卷编码：_____

说明：本调查纯属学术研究性质，所有资料不对外公开。谢谢您的支持与合作！

浙江大学　2010 年 6 月

被访企业名称：_____

地址：_____　性质：_____

被访者姓名：_____　联系电话：_____

一、企业基本信息

1. 企业成立时的所有制形式：_____。
   - (1) 国有
   - (2) 集体
   - (3) 股份制
   - (4) 个体私营
   - (5) 三资

2. 工人数量：_____，其中外地员工比例：_____，来自区域：_____；您的工人的工资是以什么形式计算的：_____；平均工资：_____。
   - (1) 提成制
   - (2) 基本工资＋提成制
   - (3) 固定工资
   - (4) 其他

3. 企业是否通过 ISO9000 系列认证：____。(1) 是　(2) 否
   企业是否通过 ISO14000 系列认证：____。(1) 是　(2) 否

4. 主要产品：_____。

5. 近两年企业的经营绩效如何？(1) 良好　(2) 一般
   (3) 不佳

6. 企业目前的营业额_____，利润率_____；
   2005 年的营业额_____，利润率_____；
   2000 年的营业额_____，利润率_____。

二、市场

1. 国内市场比例_____;国际市场比例_____;主要分布在哪些国家_____。

2. 产品出口渠道:_____。(1)自营出口 (2)通过外贸公司代理 (3)其他_____。

三、企业间竞争与协作

1. 企业竞争压力主要来自:_____。(1)本地同行 (2)临县同行 (3)国内同行 (4)海外同行

2. 企业竞争的手段主要有:_____。(1)降价 (2)质量竞争(3)技术竞争 (4)营销手段 (5)品牌

3. 您认为本地的信任与合作水平如何?_____。 (1)很高 (2)较高 (3)一般 (4)较低 (5)很低

4. 近期有产业转移的意愿么?_____。(1)有 (2)没有。如果有,产业转移的目的地是_____。

5. 产业转移的方式主要有哪些?_____ 转移的动因是什么?_____。

四、政府、行业协会及其他机构

1. 您认为本地行业协会对本行业企业的影响力:_____。 (1)没有 (2)一般 (3)较强

2. 贵公司最需要政府为自己做什么(投资和免税除外): _____。

3. 贵公司的市场信息、产品信息主要来自:_____。 (1)政府部门 (2)行业协会 (3)私人社交网络 (4)中介服务机构 (5)其他

五、资金借贷情况

1. 您平时资金困难时,主要是通过什么途径解决的?____。 (1)自己积累 (2)向亲戚朋友借 (3)民营金融机构(利率:_____) (4)银行贷款 (5)其他_____。

2. 在贵企业经营过程中,您获得过金融机构贷款么? ＿＿＿＿。

(1) 得到过　(2) 无

获得金融机构贷款是否需要提供住房证明或其他资产的抵押或担保? ＿＿＿＿＿＿＿。

(1) 需要　　　　　　　　(2) 不需要

3. 若现在金融机构可以放贷款给贵企业,是否会接受?

＿＿＿＿＿＿＿＿。

(1) 会的　　　　(2) 不会　　　　(3) 不一定

六、商业信用情况

1. 去年,您主要的客户有几位? ＿＿＿＿＿＿。是哪些国家(或地区)的? ＿＿＿＿＿＿＿。

2. 交易量最大的客户是哪个国家? ＿＿＿＿＿＿＿＿。交往了多少年? ＿＿＿＿＿＿＿。

七、遇到的困难

1. 您有没有遇到被客户拖欠货款,最后不付的情况? ＿＿＿＿。

(1)有　(2) 没有

2. 客户不付款最主要的原因是＿＿＿＿＿＿＿＿。

(1) 故意有钱不还

(2) 对方在生意上遇到困难,确实没钱

(3) 对方因其他原因确实没钱

(4) 其他

3. 您碰到这种情况,最常用的解决方式是:＿＿＿＿＿＿＿＿。

(1) 打官司　　　　　(2) 政府或中介机构协助解决

(3) 私下解决　　　　(4) 其他

4. 如果您没有与供应商或客户发生过付款纠纷,假设您现在遇到了纠纷,您会如何解决? ＿＿＿＿＿＿＿＿。

(1) 打官司　　　　　(2) 政府或中介机构协助解决

(3) 私下解决　　　　(4) 其他

八、品牌与推广

1. 您销售的产品有无自己的品牌:_____。(1) 有   (2) 无

2. 去年,您推销您的产品(或加工服务)的主要方式_____。

    (1) 自己主动出去联系客户   (2) 广告

    (3) 通过商会的介绍   (4) 亲戚、朋友、老乡介绍

    (5) 同行调剂   (6) 老客户

    (7) 其他

3. 在对外业务交往上,您的时间大概是如何安排的?

    (1) 维系老客户____%   (2) 寻找新客户____%

九、本地文化传统与社会资本

1. 您认为本地最为突出的文化传统和社会资本有哪些?_____。

    (1) 吃苦与拼搏精神   (2) 家族主义   (3) 服装文化传统

2. 您认为本地文化传统或社会资本对本地经济发展的重要性如何?_____。

    (1) 很重要   (2) 一般重要   (3) 不重要

3. 您是如何想到从事服装行业的?

图 索 引

表 索 引

后 记

　　本书是在我的博士论文基础上修改而成的。我的博士论文是在我的导师、我国著名农业经济学家黄祖辉教授的悉心指导下完成的。在攻读博士学位的四年时间里,我不舍昼夜,仿佛跌进了经济学的汪洋大海,竭尽全力,以求有所得。在这个过程中,黄老师严谨求实的治学态度始终鞭策着我刻苦学习、一丝不苟地完成课题研究和论文的写作。黄老师告诫我们,研究中国现实的经济问题最复杂也最有意义,对中国经济问题的学理式深入研究是经济学待开发的金矿。关键是踏实调研,以"真实问题"为导向开展研究,并注重从独特的学术角度出发,严谨细致地对所提出的问题进行精细严密的论证;对所提出的假设和命题反复推敲,并采用合适的测度指标进行实证研究。黄老师开阔的视野和敏锐的思维给了我深深的启迪,并让我终身受用。上善若水,宁静致远,导师的渊博学识与宽厚仁爱是我一生学习的典范。值此书稿出版之际,衷心地向深爱的黄老师表示诚挚的感谢!

　　试图从综合比较优势演化的视角构建本书的理论框架,并对集群式产业转移与升级的内在机制进行解析,源于我一直以来在国际贸易领域学习和工作的背景,同时也源于在浙江大学经济学院张小蒂教授博士生课堂上共同对"比较优势陷阱"的精彩讨论和辨析。而我对产业经济学的偏爱与兴趣则源于 2001 年 10 月在山东大学百年校庆时参加山大经济学院举办的"优秀经济学大学生夏令营"活动,包括臧旭恒等著名产业经济学家在内的众多教授对产业经济的解读令我痴迷,使我喜欢上了这个研究领域。最终,在 2007 年我得偿所愿,考入浙江大学攻读产业经济学博士。因此,我一直想把产业经济学与国际贸易两块主要的领域作为我一生的研究方向。事实上,现代比较优势论已经不仅仅是国际贸易理论的基石,它能够并且已经成为一个开放经济条件下各种经济资源配置的一般均衡理论,本书提出的综合比较优势演化论更是体现了系统论、协同论和全息论的思想。在经济全球化深入发展与区域经济深度融合的趋势下,综合比较优势演化论不仅可以为一个国家或地区的经济发展与社会分工提供理论指导,而且可以作为一个城市、一个组织甚至是个人战略选择的决策依据。不过正如博士答辩委员会专家何大安教授提出的,本文仅仅是对劳动力等基础要素的综合比较优势的演化分析,对制度、社会资本及企业家精神等也只是简单阐述;加入其他要素如资本、土地、信息等的一般均衡经济分析是未来可拓展的方向之一,并可以和新经济地理的理论框架有机融合起来统筹分析。

感谢读博期间给我们授课的各位浙大的老师!尤其感谢汪淼军教授、张旭昆教授、朱希伟博士、蒋岳祥教授、金雪军教授、肖文教授、宋玉华教授、陈凌教授等。在他们的课堂上,我获得了很多深刻的经济学启发。另外,旁听姚先国教授和陆铭教授结合经济社会最新发展的劳动经济学前沿课程也让我深受启发。感谢国家发改委招标课题"'十二·五'期间我国区域产业转移及产业集群升级问题研究"的资助;特别感谢浙大管理学院吴晓波教授、郭斌教授和清华大学顾淑林教授的宝贵指导和良好建议,在参与他们主持的加拿大 IDRC 课题"Innovation Systems for Inclusive Development:Lessons from Rural China and India"中,我深受启发,获益良多。

尤其感谢中国社科院经济研究所裴长洪所长、浙江万里学院商学院院长闫国庆教授和现代物流学院副院长程言清教授及刘春香博士、谢子远博士、彭新敏博士、姜明伦博士以及各位我在万里学院的学生为我完成书稿提供的调研帮助与鼎力支持。感谢宁波服装协会周红燕秘书长提供的宝贵资料,感谢奥克斯副总裁陈迪明先生、雅戈尔集团董事会刘新宇女士、诸暨市珍珠协会黄建伟秘书长、阮仕珍珠股份有限公司阮铁军董事长、湖州织里镇王英镇长、安徽芜湖繁昌县农办闵主任等在调研中给予的各种帮助和支持。感谢北大林肯土地研究院和华南农大经管学院提供的培训机会，培训中我接触和学习了土地规划和农业经济管理的前沿知识。

特别感谢以浙大经济学院赵伟教授为主席的答辩委员会各位专家，感谢何大安教授、钱文荣教授、马述忠教授、黄先海教授、顾国达教授以及给我的博士论文匿名评阅和评审的诸位教授。他们对论文的中肯评价既让我深受鼓舞又使我倍感学无止境。感谢胡瑞法教授、胡定寰教授、侯经川教授、叶春辉博士、阮建青博士、朱允卫博士在论文选题、数据处理和计量方法等方面的宝贵支持与帮助。感谢室友杨高举博士后、黄建平博士后和刘征博士后的各种帮助。感谢孙莹、赵婷、陈如、陈瑞祥、王跃梅、李世兰、周蕾、陈国亮、柴志贤、王锋、梁蒙和高钰玲、孙维峰、张日波、徐敏燕、王朋、胡济飞、邵科、陈林兴等博士同学和师兄师妹们提供的多方面帮助。

时光荏苒，到江苏大学工作已经一年多了，忙碌的教学与科研活动如白驹过隙，转瞬即会合于读博时的种种记忆，内心不免诸多感慨。感谢江苏大学财经学院的领导陈丽珍教授对我的帮助，蒙其不弃，我有幸得以忝列师门！陈老师学风严谨、师德高尚、为人沉稳，作为我的博士后合作导师，她对学生的真诚关怀与谆谆教导使我终身受益。感谢国贸系陶忠元主任、陈海波副院长和国际经贸研究所所长王正明教授对我的各种帮助与大力支持；感谢我的同事胡绪华博士、鄢军博士、陈海宁博士、王为东博士、李文超博士等在国际经贸研究所论坛沙龙上对本书提出的宝贵意见和作出的启发性评论。尤其感谢江苏大学新成立的新农村发展研究院的常务副院长庄晋财教授对我的悉心指导和亲切关怀。庄教授博大深厚的思想境界和严谨扎实的学者作风令我等后辈十分敬仰和深深佩服，庄教授也是我一生学习的榜样。感谢江苏大学知识产权研究中心主任唐恒教授的各种帮助,尤其感谢龙兴乐博士在数据处理和计量方法方面对我的指导与帮助!感谢陈银飞博士、曾华博士和刘桂锋博士对我的关心和在学术上的鼎力支持。感谢江苏大学专著出版基金的资助,感谢江苏大学出版社的大力支持,有了这些资助和支持,本书才得以顺利出版。

深深感谢亲爱的父母的养育之恩;感谢妹妹和妹夫的热情帮助与鼎力支持。没有他们的帮助,我不可能完成攻读博士期间的繁重任务。深深感谢我的妻子刘风芹一直以来对我不断的支持、鼓励和帮助!感谢我的儿子孙海齐,是他让我的生命充盈而快乐!谨以此书献给我亲爱的家人和我可爱的儿子!

本书比之原来的博士论文,主要有以下改动:首先,对论文的章节结构做了梳理和部分调整,使之成为一个相对更为完整的逻辑体系;在面板数据的实证部分加上了随机效应与原来的固定效应模型作对比,并给出了对二者进行检验的豪斯曼检验值,使得实证分析更加严谨。其次,更新了集群式产业转移的最新相关文献(至2012年),添加了区域包容性发展的部分最新文献;结合区域经济布局和对外开放转型升级的层次考察了产业集群的形成条件以及集群式产业转移的演化趋势。另外,也对综合比较优势演化和"刘易斯拐点"部分的理论分析框架等做了诸多完善和充实,但仍有较大的完善空间。由于时间关系,没来得及在文中的实证部分加入最新年度的数据进行验证,范围也未能以全国层面做面板数据的计量分析,且未能深挖数据背后更多的经济学机理和内涵。这也是我未来努力研究的方向。由于本人学术根基尚浅,书中难免错误之处,恳请学界前辈与同仁不吝赐教指正。

孙华平
2011 年 6 月于杭州
2012 年 11 月于镇江